불안한 세상에서 안정된 관계를 만드는 심리학

인간관계 완전정복

와일드북
와일드북은 한국평생교육원의 출판 브랜드입니다.

불안한 세상에서 안정된 관계를 만드는 심리학
인간관계 완전정복

초판 1쇄 인쇄 · 2026년 4월 25일
초판 1쇄 발행 · 2026년 4월 30일

지은이 · 노성현·고혜인·이지연·정난숙·박영현·권민성·최꽃님·전희원·김미선·고종숙
　　　　　김경옥·이혜숙·김지현·손희주·차정란·이은진·백소라·김　정·이공주·임려원
발행인 · 유광선
발행처 · 한국평생교육원
편　집 · 장운갑
디자인 · 박형빈

주　소 · (대전) 대전광역시 유성구 도안대로589번길 13　2층
　　　　　 (서울) 서울시 서초구 반포대로 14길 30(센츄리 1차오피스텔 1009호)
전　화 · (대전) 042-533-9333 / (서울) 02-597-2228
팩　스 · (대전) 0505-403-3331 / (서울) 02-597-2229

등록번호 · 제2018-000010호
이메일 · klec2228@gmail.com
instagram @wildseffect

ISBN 979-11-94710-36-3 (13100)
책값은 책표지 뒤에 있습니다.

인간관계 완전정복

노성현·고혜인·이지연·정난숙·박영현·권민성·최꽃님·전희원·김미선·고종숙
김경옥·이혜숙·김지현·손희주·차정란·이은진·백소라·김　정·이공주·임려원 공저

와일드북
WILDS

불안한 세상에서 관계는 왜 이렇게 어려운가. 사람은 혼자 살수 없지만, 사람 때문에 가장 많이 아프다. 가까워지고 싶은 마음과 상처받기 싫은 마음이 동시에 우리를 흔든다. 사랑받고 싶지만 두렵고, 이해받고 싶지만 말로 꺼내기 어려운 마음들이 우리 안에 함께 산다. 상담실에서 만나는 사람들 대부분은 관계 이야기로 시작한다.

"회사에서 너무 힘들어요."

"부모님과는 도저히 대화가 안 돼요."

"사람을 믿기가 무서워요."

그 말들 속에는 누군가에 대한 불만보다 그 관계 안에서 자꾸 작아지는 나에 대한 슬픔이 더 많다.

우리는 어릴 적부터 관계 속에서 자기를 배워왔다. 누군가의 표정을 살피고, 말 한마디에도 상처를 받으며, 사랑을 얻기 위해 애썼다. 그 과정에서 우리는 '나답게'보다 '맞춰 주며' 사는 법을 더 빨리 익혔다. 그래서 어른이 되어서도 관계 앞에서는 여전히 조심스럽다. 상대의 눈치를 보고, 감정을 숨기고, 본심을 감추며 버티는 것이 익숙해졌다. 그렇게 우리는 '관계를 유지하는 법'을 배웠지만, 정작 '나를 지키는 법'은 배우지 못했다. 이 책은 이 지점에서 시작된다. 관계의 피로 속에서 다시 '나'로 돌아오는 여정, 그것이야말로 인간관계 회복의 출발점이다. 관계의 핵심은 언제나 상대가 아니라 나 자신이다. 내가 나를 이해할수록 타인을 이해할 여유가 생기고, 나를 돌볼수록 관계도 덜 흔들린다. 누군가를 바꾸려 애쓰는 대신, 내 마음의 패턴을 이해하는 순간 관계는 조금씩 달라지기 시작한다.

'인간관계 완전정복'은 심리상담 전문가 20명이 함께 모여 쓴 책이다. 이들은 모두 오랜 시간 사람의 마음을 마주해 온 이들로, 이미 본 책에 참여한 작가들 중 상당수가 '우울증 완전정복'과 '중독 완전정복'을 함께 써낸 경험이 있다. 그때처럼 이번에도 각자의 현장과 상담실에서 길어 올린 이야기를 나누며, 한 사람의 마음이 어떻게 관계 속에서 지쳐가고 다시 회복되는지를 담았다.

1장은 노성현, 고혜인, 이지연이 썼다. '모든 관계는 나로부터 시작된다.'라는 주제 아래 관계의 근원인 자기 이해를 탐색한다. 2장은 정난숙, 박영현, 권민성의 글로 구성되었다. 가족이라는 첫 관계 안에서 형성된 감정의 뿌리를 돌아본다. 3장은 최꽃닢, 전희원, 김미선이 참여했다. 일터에서 사람과 부딪치며 지치는 마음을 어떻게 회복할 수 있는지를 현실적으로 풀어냈다. 4장은 고종숙, 김경옥, 이혜숙이 함께했다. 친구와 연인처럼 가까운 관계 속에서 일어나는 감정의 온도 차와 거리 두기의 지혜를 이야기한다. 5장은 김지현, 손희주, 차정란, 이은진의 글로 엮였다. 상처와 미움, 그리고 화해와 용서의 과정을 통해 관계의 봄을 다시 맞이하는 이야기다. 마지막 6장은 백소라, 김정, 이공주가 함께 써 주었다. 관계 속에서 흔들리지 않고 나답게 살아가기 위한 마음의 루틴과 성장의 태도를 담았다.

전체 구성과 기획은 임려원이 맡았다. 그는 그동안 수많은 내담자와의 상담, 수퍼비전, 그리고 공동 집필 프로젝트를 통해 '사람과 사람 사이의 회복'이야말로 심리학이 도달해야 할 최종 지점임을 믿어왔다. 이 책은 그 믿음의 연장선 위에 있다. 사람 때문에 힘들다고 말하지만, 사실은 그 사람을 대하는 내 마음이 더 힘들 때가 많다. 잘 보이고 싶고, 미움받기 싫고, 괜찮은 사람으로 보이고 싶은 마음이 나를 계속 긴장하게 만든다. 그 긴장은 결국 내가 만든 올가미가 되어, 숨 쉬듯 자연스러워야 할 관계를 버겁게 만든다. 사람 사이에서 지친다는 건 결국 나를 잃어버렸다는 신호다. 내가 어떤 감정에 예민하게 반응하는지, 어떤 말에 유난히 흔들리는지 알게 되면 그때부터 관계는 조금씩 달라진다. 상대가 변하지 않아도 내가 나를 이해하는 순간 관계는 더 이상 예전 같지 않다.

이 책은 인간관계의 정답을 말하려고 하지 않았다. 대신, 관계로 지쳐버린 마음이 다시 숨 쉴 수 있도록 돕고 싶다. 상처를 치유하고, 오해를 이해로 바꾸며, 나답게 연결되는 방법을 함께 찾아가려 한다. 불안한 세상 속에서도 우리는 관계를 통해 여전히 회복할 수 있다. 그리고 그 회복의 중심에는 언제나 '나'가 있다.

당신은 틀리지 않았다. 다만 너무 오래 이해받지 못했을 뿐이다. 이 책이 그 마음에 닿아 다시 누군가와 마주 앉을 용기를 건네주길 바란다.

공저자 일동

❀ 이 책에 등장하는 모든 이름과 이야기는 실제 인물을 보호하기 위해 일부 각색되었다. 다만 그 안에 담긴 마음의 결은, 우리가 함께 겪고 지나온 삶의 진실에서 출발한다.

1장 모든 관계는 나로부터 시작된다

사람 때문에 힘들다고 말하지만, 사실은 그 사람을 대하는 내 마음이 더 힘들다. 그때 우리는 '상대가 문제야.'라고 말하지만, 사실은 내 안의 오랜 패턴이 나를 흔드는 것이다. 관계는 언제나 나로부터 시작된다. 누군가의 말보다 먼저 일어나는 건 내 반응이고, 그 반응을 만든 건 내 안의 기억이다. 어릴 적부터 익숙했던 사랑의 방식, 마음이 다칠까 두려워 만든 방어들, 그 모든 것이 지금의 나를 만든다. 사람 사이에서 자꾸 힘들다는 건, 내 마음이 나를 불러 세우는 신호다. '이제는 나를 좀 들여다봐 달라.'고 말하는 마음의 속삭임이다. 좋은 관계는 나를 잃지 않은 채로 연결되는 것이다. 나를 지키는 경계는 이기심이 아니라 관계를 오래 지탱하기 위한 최소한의 선이다. 사랑받고 싶지만 동시에 두려운 마음, 가까워지고 싶지만 밀어내고 싶은 마음, 그 모순된 감정을 이해하는 일, 그것이 진정한 자기 이해이다.

관계의 중심에는 언제나 '나'가 있다. 내가 어떤 마음으로 바라보고, 어떤 감정으로 반응하느냐에 따라 관계의 온도는 달라진다. 타인을 이해하려 애쓰기보다, 먼저 내 마음의 결을 알아차릴 때 시선이 달라지고, 말이 부드러워진다. 좋은 관계는 내가 나를 충분히 알아주고 다독일 때, 그 여유가 타인에게 연결된다.

관계는 늘 좋은 의도로 시작하지만, 이상하게도 마음이 자주 아프다.

재은은 "사람들과 잘 지내고 싶다."라는 말로 상담을 시작했다. "처음엔 괜찮은데, 시간이 지나면 꼭 힘들어져요. 상대가 조금만 무뚝뚝해도 '내가 뭘 잘못했나?'부터 생각해요." 상담자는 그녀에게 '좋은 사람 콤플렉스'에 대해 이야기했다. 항상 상대를 배려하고 먼저 이해하려는 태도 뒤에는 "싫어하지 말아 주세요."라는 불안이 숨어 있다. 그녀는 "맞아요. 저를 싫어할까 봐 늘 조심하게 돼요."라고 했다. 상담이 이어지며, 재은은 사람 사이의 피로는 '상대의 문제'보다 '자신의 패턴'에서 비롯된다는 것을 알아가기 시작했다. 그녀는 어린 시절, 늘 화를 참던 엄마 곁에서 자랐다. 감정을 드러내면 사랑받지 못할까 봐 웃으며 버티는 법을 배웠던 것이다. 그녀는 조금씩 작게 연습하기 시작했다. "오늘은 그냥 피곤해서 연락을 못 했어." 예전 같으면 미안함에 길게 변명했겠지만, 이번엔 솔직하게 말했다. 놀랍게도 상대는 "그럴 수 있지."라며 아무렇지 않게 받아들였다. 그녀는 이제 누군가와의 관계에서 '좋은 사람'이 아니라 '진짜 나'로 서 있기를 선택한다.

사람 사이에서 지치고 힘든 이유

　사람은 사람 속에서 다치고 또 사람 속에서 치유된다. 그래서 관계는 언제나 우리 삶의 중심에 있지만 동시에 마음을 가장 쉽게 지치게 만드는 일이기도 하다. 누군가의 무심한 말 한마디에 마음이 스치고 애써 맞춘 미소 하나에 하루가 달라진다. 좋은 관계를 만들고 싶어 애쓰지만, 뜻대로 되지 않을 때 우리는 조용히 속으로 묻는다.

　'나는 왜 사람 사이에서 이렇게 자꾸 힘들까?'

　관계의 어려움은 꼭 상대 때문만은 아니다. 사실 그 안을 자세히 들여다보면 늘 내가 있다. 좋은 사람으로 보이고 싶어서 거절당하지 않기 위해서, 누군가의 기분을 살피느라 내 마음은 늘 한 걸음 뒤로 물러나 있다. 그렇게 조금씩 자신을 뒤로 미루다 보면 어느새 나는 나의 자리를 잃어버린다. 겉으로는 괜찮은 척하지만, 마음속에서는 조용히 피로가 쌓여 간다. 사람 사이에서 피곤한 이유는 대체로 타인의 마음을 지나치게 의식하기 때문이다. '이 말을 하면 관계가 어색해지지 않을까?', '내가 너무 이기적으로 보이지 않을까?' 하는 생각이 나를 망설이게 만든다. 그래서 내 감정보다 상대의 감정을 먼저 챙기고 진심보다 배려를 앞세운다. 그렇게 만들어진 관계는 겉보기에는 평화롭지만, 안쪽에서는 조금씩 금이 간다. 진심이 아니라 역할로 유지되는 관계는 오래가기 어렵다. 그 안에는 내가 없기 때문이다. 관계가 힘들다고 느껴질 때, 그것은 잘못된 관계의 징조가 아니라 마음의 신호일지도 모른다.

"이제는 나를 조금 더 알아봐 줘."

그 신호를 놓치지 말아야 한다. 타인의 시선을 좇느라 애쓰던 발걸음을 잠시 멈추고 내 마음이 지금 어떤지 조용히 물어보자. '서운한가? 외로운가? 쉬고 싶은가?' 그 물음에 솔직해질 때 비로소 관계의 피로는 조금씩 풀리기 시작한다. 사람 사이에서 힘들다는 건 관계를 잘못 맺고 있다는 뜻이 아니다. 그건 내가 나에게 다시 돌아가야 한다는 뜻이다. 누군가의 기분에 따라 흔들리는 나를 보며 이렇게 다정하게 말해줄 수 있으면 좋겠다.

"괜찮아, 이제는 네 마음을 먼저 챙겨도 돼."

그 순간부터 관계는 달라진다. 타인의 마음을 맞추는 대신 나의 감정을 이해하기 시작할 때, 비로소 우리는 조금 덜 지치고 조금 더 자유로워진다.

반복되는 관계의 패턴, 그 중심에는 나의 신념이 있다

'관계가 어려운 이유는 뭘까? 단순히 상대가 나와 맞지 않아서일까?'

우리가 비슷한 사람에게 끌리고 비슷한 이유로 상처받는 것은 우연이 아니다. 그건 내 안의 익숙한 감정과 신념이 관계 속에서 같은 방식으로 되살아나기 때문이다. 어릴 적부터 '잘해야 사랑받는다.', '실수하면 미움받는다.'라는 말을 들으며 자란 사람은 자신의 가치를 타인의 인정에 기대기 쉽다. 그래서 누군가의 표정이 조금만 달라져도 마음은 먼저 불안해진다. '내가 뭘 잘못했나?'라는 생각이 스치면 그 불안이 나를 조심스럽게 만든다. 더 잘해야 할 것 같고, 실수하면 안 될 것 같은 마음이 쌓여 어느새 나는 '나답게'보다 '괜찮아 보이게' 사는 사람이 된다. 이런 마음은 시간이 지나면서 '거절 불안'으로 자리를 옮긴다. 누군가의 부탁을 거절하지 못하고, 불편한 상황에서도 웃으며 "괜찮아요."라고 말하는 습관이 생긴다. 겉보기엔 배려처럼 보이지만 그 안에는 '좋은 사람이어야 관계가 유지된다.'라는 믿음이 숨어 있다. 하지만 그런 관계는 오래 버티기 어렵다. 상대를 위한 배려 같지만, 사실은 거절에 대한 두려움에서 비롯된 방어이기 때문이다.

그렇게 유지되는 관계는 결국 나는 점점 나와 멀어지고, 진심이 아닌 '역할'로 살아가게 된다. 관계의 피로에서 벗어나려면 상대를 바꾸려는 마음보다 먼저 내 안의 감정 패턴을 알아차릴 필요가 있다.

'나는 언제 불안해지는가?'
'누구 앞에서 유난히 위축되는가?'
'무엇이 나를 쉽게 상처받게 하는가?'

이 질문들은 관계의 방향을 밖에서 안으로 돌려놓는다. 타인을 이해하기 위해 시작한 질문이 나 자신을 향하게 될 때, 관계는 조금 덜 복잡해지고, 마음은 한결 편안해진다. 관계를 바꾸는 힘은 언제나 '나를 이해하는 데서' 시작된다.

힘듦은 관계의 실패가 아니라 나를 이해하라는 신호

관계가 어려워질 때 우리는 종종 자신을 탓하거나 반대로 상대를 원망한다. 하지만 그 힘듦은 누가 잘못해서 생긴 결과가 아니다. 그것은 내 마음이 지쳐 있다는 뜻이고, 내가 어디에서 아파하고 있는지 봐 달라는 마음의 표현이다. 사람 사이에서 느끼는 서운함이나 외로움, 불안은 모두 마음의 언어다. 그 감정을 억누르지 않고 조용히 바라볼 수 있을 때, 관계는 더 이상 상처를 주고받는 곳이 아니라 나를 조금 더 이해하고 단단해지는 자리가 된다. 누군가와의 관계에서 불편함이 밀려오는 그때가 내 마음이 무엇을 느끼고 있는지 천천히 알아갈 수 있는 순간이다.

'나는 어떤 말을 들을 때 상처받는가?'
'어떤 순간에 마음이 닫히는가?'

그 질문에 귀 기울이면 관계의 방향이 달라진다. 타인에게 느끼던 불안이 '이제는 내 마음을 더 잘 알아가야겠다.'라는 깨달음으로 바뀔 때 관계는 덜 복잡해지고 마음은 더 따뜻해진다.

인간관계 완전정복

서운함은 예고 없이 스며든다. 아무렇지 않은 말 한마디, 무심한 표정 하나가 마음의 문을 살짝 긁고 지나가면, 그 여운이 하루 종일 가시지 않는다. 그런데 그 감정의 실마리를 따라가다 보면, 그 끝에는 타인이 아니라 늘 '나'가 앉아 있다. 내가 얼마나 사랑받고 싶은지, 얼마나 이해받고 싶은지를 조용히 드러내는 자리, 서운함은 사실 마음이 내는 작은 신호일지도 모른다.

민수는 늘 사람들에게 상처를 많이 받는다고 말했다. 특히 직장 상사를 볼 때마다 알 수 없는 분노가 치밀었다. 회의 중 상사가 지적이라도 하면 얼굴이 달아오르고, 퇴근 후에도 그 말을 곱씹으며 잠을 이루지 못했다. "그 사람만 보면 예전 아버지가 떠올라요. 늘 제 의견은 무시하고, 자기가 옳다고만 하던 사람……."

상담을 이어가며 점점 깨닫기 시작했다. 자신이 상사에게 느끼는 분노는 '현재의 사건'이 아니라 어릴 적 아버지에게 느꼈던 억눌린 감정의 잔향이었다. 그는 아버지 앞에서 늘 침묵하며 참았고, 그 침묵이 쌓여 '나는 늘 존중받지 못한다.'라는 신념으로 굳어 있었다. 상사의 행동이 그 신념을 건드릴 때마다, 과거의 분노가 현재로 되살아난 것이었다. "상사가 아버지처럼 느껴질 때가 있어요. 근데 이제는 알 것 같아요. 그건 그 사람이 아니라, 내 안의 상처였다는 걸." 그는 점차 그를 미워하기보다 자신의 감정이 왜 그렇게 요동쳤는지를 이해하려 애썼다. 분노의 화살을 타인에게 돌리는 대신 그 감정의 뿌리를 자기 안에서 찾았을 때 그는 처음으로 '감정의 주도권'을 되찾을 수 있었다.

서운함이 스며드는 순간 감정은 말을 대신한다

불쑥 서운함이 찾아온다. 소리 없이 스며들어 하루의 공기를 바꾸어 놓는다. 아무렇지 않게 건넨 말 한마디, 무심한 눈빛 하나가 스치고 지나가면, 그 자리에 작은 파문이 일어난다. 겉으로는 괜찮은 듯 보이지만 여운은 생각보다 오래 남는다. 머리로는 대수롭지 않다고 말하면서도 마음은 자꾸만 그 장면으로 돌아간다. '왜 그때 그런 표정을 지었을까?', '내가 뭘 잘못했나?' 하고 되뇌다 보면, 서운함은 어느새 감정의 이름을 얻고 나를 붙잡는다.

'나는 지금 이 관계 안에서 조금 더 이해받고 싶어.'

'내가 건넨 마음을 알아봐 줬으면 좋겠어.'

말로 다 하지 못한 마음이 때로는 '서운함'이라는 모습으로 올라온다. 감정은 생각보다 빠르다. 말보다 먼저 움직이고 이성보다 먼저 반응한다. 그래서 우리는 상대의 말투나 눈빛, 아무렇지 않은 행동에도 쉽게 마음이 흔들린다. 그건 그 사람이 나에게 상처를 주어서가 아니라 내 안에 이미 있던 아픈 마음이 그 순간 다시 건드려졌기 때문이다. 그래서 감정은 언제나 타인을 향하고 있는 듯 보이지만 그 뿌리는 늘 나에게 있다. 서운함, 분노, 실망, 질투……. 이 모든 감정의 밑바닥에는 하나의 마음이 흐르고 있다.

'나는 사랑받고 싶다.'

우리가 느끼는 수많은 감정의 파도는 결국 하나의 마음으로 이어진다. 나는 사랑받고 싶고, 이해받고 싶고, 존중받고 싶은 사람이다. 그 마음은 누구에게나 있다. 그래서 서운함은 '나를 조금 더 알아봐 줬으면 해'하고 속삭이는 마음의 작은 떨림 같다. 누군가의 무심함 때문에 아픈 줄 알았지만, 사실 그 순간 깨어난 건 내 안에 잠들어 있던 외로움일 수 있다. 그 외로움이 나를 불러 세우며 이렇게 말한다.

"나, 아직 여기에 있어. 나도 사랑받고 싶어."

그래서 서운함은 나를 괴롭히는 나의 적이 아니다. 감정은 언제나 나를 이해해 달라고 손 내밀고 있다. 서운함이 올라올 때마다 타인을 탓하기보다, 그 감정을 느끼고 있는 나 자신을 바라볼 수 있으면 좋겠다. 그 순간 서운함은 내 마음이 나에게 보내는 가장 따뜻한 편지가 된다.

'나는 지금 왜 이렇게 마음이 쓰일까?'
'내가 정말 바라는 건 무엇일까?'

자신에게 조심스레 물어보면, 서운함은 비로소 방향을 바꾼다. 누군가에게 향했던 감정이 나를 향해 되돌아오고, 그제야 마음은 조금씩 풀리기 시작한다. 감정은 언제나 우리 안에서 시작되어 타인을 향해 흘러가고 다시 우리에게로 돌아온다. 그 순환을 막지 않고 바라볼 수 있을 때, 우리는 감정을 통해 타인을 탓하는 대신 나 자신을 이해하게 된다.

감정의 뿌리, 인정받고 싶은 나의 욕구

감정은 언제나 나를 대신해 말한다. 겉으로는 누군가에게 화가 난 것처럼 보여도, 그 안쪽에는 언제나 '나를 알아봐 줘.'라는 바람이 숨어 있다. 누군가의 말에 불쾌함이 밀려올 때, 혹은 무시당한 것 같은 느낌이 들 때, 우리는 쉽게 그 사람을 탓하지만, 사실 그 순간 내 마음속에서는 조용히 이런 목소리가 들린다.

‘나는 소중하게 대우받고 싶어.’
‘나도 괜찮은 사람이라는 걸 알아줬으면 좋겠어.’

그 마음은 부끄러운 것이 아니라 누구에게나 있는 인간적인 욕구이다. 그런데 우리는 그 마음이 상처로 드러날까 봐, 때로는 감정을 꾹 눌러 담는다. 하지만 감정을 억누른다고 해서 사라지는 것은 아니다. 그건 더 깊은 곳으로 숨어들어 언젠가 다른 모습으로 모습을 드러낼 뿐이다. 감정을 바라보는 것은 용기가 필요하다. 내가 느낀 분노와 서운함, 실망과 질투 속에는 늘 무언가 소중한 의미가 숨어 있다. 분노는 나를 지키려는 신호이고, 슬픔은 내가 누군가를 진심으로 사랑했다는 증거인 것처럼 말이다. 감정의 뿌리를 이해하기 시작하면, 그동안 타인에게 쏟아내던 에너지가 서서히 나를 향해 돌아오는 것을 느낄 수 있다.

감정의 거울 속에서 나를 만나다

살다 보면 어떤 사람에게 마음이 불편할 때가 있다. 별다른 말이 오가지 않아도, 그 사람의 표정 하나, 말투 하나가 마음을 건드린다. 이유를 정확히 설명할 수 없지만, 그 감정은 생각보다 오래 남는다. 그럴 때면 마음 한구석에서 이런 속삭임이 들리는 듯하다.

‘지금 너의 안쪽에 아직 닫힌 문이 있어.’

감정은 그 문을 비추는 거울이다. 우리가 누군가에게 느끼는 서운함이나 질투, 혹은 미묘한 불편함은 결국 그 사람의 문제가 아니라 내 마음이 나에게 보여주는 표정이다. 나는 무엇에 쉽게 상처받고, 무엇을 소중하게 여기는 사람인가. 그 답을 알려주는 건 언제나 감정이다. 분노 속에는 나를 지키려는 힘이 있고 서운함 속에는 사랑받고 싶은 마음이 숨어 있다. 질투는 나도 빛나고 싶다는 바람의 다른 이름이다. 감정은 이렇게 말로는 다 하지 못한 나의 진심을 보여준다. 그래서 감정을 밀어내려 할수록 마음은 점점 더 복잡해진다. 감정을 이해한다는 것은 그 복잡함을 풀어내는 일, '괜찮아, 너는 그렇게 느낄 수 있어.' 하고 내 마음을 다정히 바라보는 일이다.

누군가에게 상처받는 순간조차도 그 사람은 내 마음의 거울이 되어 나를 비춘다. 그 거울 속에는 상처 입은 나도 있고, 여전히 사랑을 믿고 싶은 나도 있다. 그 둘을 함께 바라볼 수 있을 때 우리는 조금씩 자란다. 감정을 이해한다는 건 타인을 용서하는 일이 아니다. 그것은 나에게 다시 손을 내미는 일이다. 내 안의 깊은 곳에 숨은 나와 마주할 용기를 내다보면 감정의 거울 앞에 설 수 있다.

사람 사이에서 지친 이유는, 늘 나만 참았기 때문이다. "괜찮아."라고 말하면서도 마음 한편은 서운하고, "좋아요."라고 하면서도 속은 타들어 간다. 착하게 굴수록 더 힘들어지는 이유는 내가 나의 편이 되어주지 못했기 때문이다.

은희는 직장에서 '착한 사람'으로 유명했다. 회의 막바지에 누군가 "은희 씨가 이것도 맡아줄 수 있죠?" 하고 묻기만 하면, 생각할 틈도 없이 "네, 괜찮아요."라고 대답하는 게 습관이었다. 퇴근길에 친구가 갑자기 "오늘 좀 만나줄 수 있어?"라고 연락해도, 피곤해도 기계처럼 "응, 좋아."라고 말했다. 입버릇처럼 괜찮다고 말했지만, 마음은 늘 바닥에 가라앉아 있었다. 사실 은희는 그 말들을 할 때마다 속이 서늘해지는 느낌을 알고 있었다. 이해한다고 말하면서도 이해받지 못한 것 같았고, 웃고 있지만 마음속에서는 작은 파문이 일었다. 그 파문이 잦아드는 날은 거의 없었다. 집에 돌아오면 텅 빈 방 안에서만 진짜 감정이 고개를 들었다. '대체 왜 나는 자꾸 이렇게 지치지?' 그 질문을 품고 잠들던 날들이 많았다.

서로 닿되 삼키지 않는 거리

사람 사이에서 가장 지치게 하는 것은 누군가의 말이 아니라, 언제나 나만 참는 관계다. "괜찮아요.", "좋아요.", "이해해요."라는 말을 습관처럼 내뱉다 보면 마음이 서늘하다. 그 말 사이엔 체념이 숨어 있고 미소 뒤에는 외로움이 있다. 겉으로는 아무 일 없는 듯 평온하지만, 속에서는 보이지 않는 파문이 인다. 누군가 나 대신 울어주는 듯한 기분, 함께 있어도 외롭고, 이야기 중에도 어쩐지 나만 고요한 그 느낌이 오래 남는다. 그래서 문득 이런 질문이 떠오른다. '왜 나는 관계에서 늘 이렇게 지칠까?' 그 질문의 시작점에는 언제나 '경계'라는 단어가 있다.

'착해야 사랑받고, 참고 기다려야 관계가 유지된다.'라고 배운 사람들이 있다. 이들은 부모의 눈치를 보고, 친구의 마음을 헤아리며, 선생님의 기대에 부응하려 애쓰던 어린 시절을 지나오며 '좋은 사람으로 사는 법'에 익숙하다. 그러나 '나로 존재하는 것'에는 서투르다. 타인을 배려하는 일과 나를 잃는 일을 구분하지 못한 채 자라온 것이다. 그래서 여전히 싫다는 말보다 괜찮다는 말이 더 편하고, 거절보다 침묵이 더 안전하게 느껴진다. 그러나 진짜 상처는 상대에게서 오는 것이 아니라 내 감정을 외면하는 그 순간부터 시작된다. 좋은 사람으로 보이기 위해 나를 계속 희생하면 결국 그 착함이 나를 병들게 만든다. 착하다는 건 분명 미덕이지만 경계는 그 미덕이 넘치지 않도록 지켜주는 선이다. 건강한 관계는 흘러가되 넘치지 않고, 닿되 서로를 삼키지 않는 관계이다.

이러한 사람들은 "거절하면 왠지 미안하고 죄스러워요."라고 말한다. 하지만 그 미안함의 정체는 배려가 아니라 불안이 차지하고 있다. "싫어요.", "그건 어려워요." 같은 솔직한 표현은 관계를 깨뜨릴지 두려워 쉽게 꺼내지 못하는 것이다. 그래서 사람들은 자신의 불편함보다 타인의 평화를 택하고, 결국 그 선택의 결과는 늘 같을 뿐이다. 겉으론 아무 일도 없지만 안에서는 관계가 무너진다. 상대의 감정을 지켜주는 동시에 나의 감정도 존중하는 것이 배려다.

서로를 보호하는 경계는 거리감이 아니라 신뢰의 거리이며, 내가 내 감정을 존중할 때 비로소 상대도 나를 존중할 수 있다. 경계는 관계를 지탱해 주는 투명한 울타리고, 거절은 관계를 멀어지게 하는 말이 아니라 관계를 건강하게 유지하기 위한 기술이다.

경계가 무너질 때 마음은 두 방향으로 흔들린다. 한쪽은 분노로, 다른 한쪽은 소진으로 향한다. 참을 만큼 참다가 폭발하거나, 아예 아무 감정도 느끼지 못한다. 마음이 마비되는 것이다. 사람들은 흔히 배려를 미덕이라 말하지만, 너무 오래 참고 너무 깊이 헤아리다 보면 마음의 저울이 한쪽으로 기울기 시작한다. 균형을 잃은 다정함은 자신을 해칠 뿐이다. '내가 없어도 괜찮다.' 그 생각이 자리를 잡으면 곧 '나는 중요하지 않다.'라는 믿음이 되고, 그 믿음은 자존감을 잠식시킨다. 결국 감정의 목소리가 사라진 관계가 되어 사랑도 존중도 더 이상 머무르지 못한다. 그래서 우리는 관계 속에서 가끔 멈춰 설 필요가 있다. 바쁘게 움직이던 발걸음을 멈추고 마음의 소리를 들어야 한다. '나는 지금 무엇을 느끼고 있지?', '이 관계에서 내가 지켜야 할 것은 무엇이지?' 그 짧은 질문 하나가 무너졌던 선을 다시 세운다.

건강한 관계는 강물처럼 흐른다. 가까움 속에서도 틈이 있고, 연결 속에서도 혼자 있을 권리가 있다. 진정한 친밀감은 서로의 차이를 인정하고 존중할 때 생긴다. 상대의 마음에 스며들되 나의 경계를 잃지 않는 일, 그것은 이기심이 아니라 성숙이다. '너를 위해서'가 아니라 '우리 둘을 위해서' 거리를 두는 일, 그건 관계의 완성이 아니라 관계의 유지에 가장 가까운 지혜이다. 가끔은 물러서는 용기가 관계를 더 오래 지탱한다. 너무 가까워서 숨 막혔던 관계, 너무 멀어서 외로웠던 관계 사이에서 우리는 비로소 '적당한 거리'를 배운다.

괜찮지 않아도 괜찮아

나는 누구의 편으로 살아왔을까? 그리고 그 사이에서 나는 내 마음을 단 한 번이라도 제대로 붙들어 준 적이 있었을까? 사람과의 관계를 오래 겪고 나면, 가장 먼저 무너지는 것은 타인과의 거리보다 '나와 나 사이'의 간격이라는 걸 알게 된다. 남에게는 맞춰주면서 정작 내 마음에는 아무런 자리를 남겨두지 않았던 것, 그것이 관계의 피로를 가장 빠르게 키운다. 이제는 오래 미뤄두었던 나를 불러야 한다. 습관처럼 내뱉었던 "괜찮아요."라는 말 뒤에 얼마나 많은 서운함과 외로움이 숨어 있었는지 그 속삭임을 들어줄 차례다. 그리고 천천히 이렇게 말해보자.

"괜찮지 않아도 괜찮아."

이 말은 내가 나를 대하는 방식이 조금씩 바뀌기 시작하고 있음을 알린다. 사람 사이의 지침은 타인의 무게 때문이 아니라 내 감정이 머물 자리를 마련해주지 않았을 때 더 크게 찾아온다. 잠깐 눈을 감고 지금 무엇이 답답하고, 어떤 부분이 스쳐 지나가는지 살펴보자. 나를 향한 이 작은 관심이 쌓일 때 관계의 분위기도 달라진다. 서운한 마음을 억누르지 않고, 불편한 감정을 묻어두지 않을 때 타인을 대하는 방식도 달라진다. 다정함은 자신을 희생해서 만들어내는 것이 아니다. 나를 잃지 않는 방식으로 누군가와 머무르는 법을 배워가는 과정에서 생겨야 한다. 내가 내 편이 되는 일, 그것이 가장 오래가는 친밀함이다.

사람 때문에 힘들다고 말하지만, 사실 그 마음의 근원은 대개 나 자신에게 있다. 타인의 말보다 더 깊이 상처를 내는 건 내가 나를 돌보지 못한 시간 들이다. 괜찮은 척, 이해하는 척, 늘 너그러운 사람으로 버티다 보면 마음의 숨이 막힌다. 어느 날 문득 아무 일도 없는데 눈물이 날 때, 그건 마음이 오래전부터 나를 불러왔다는 뜻이다. 이제는 그 부름에 응답할 차례다. 관계는 결국 '경계'의 예술이다. 너무 가까워도 상처받고 너무 멀어도 외롭다. 사랑을 유지하는 건 서로의 경계를 존중하는 마음이다. 건강한 관계는 흐르되 넘치지 않고, 닿되 삼키지 않는다. 거절은 관계를 오래가게 하는 기술이다. 솔직한 표현이 무례가 되지 않고 물러섬이 단절이 되지 않으려면, 먼저 내가 내 감정을 존중해야 한다. 나를 잃지 않는 사람이야말로 진심으로 누군가를 품을 수 있다.

　가수 장기하의 〈거절할 거야〉라는 노래가 떠오른다. 처음엔 장난스럽게 들리지만, 곰곰이 들어보면 묘하게 마음이 시원해진다. '이제는 거절할 거야'라는 단순한 가사가 마음속 오래된 억눌림을 건드린다. 그렇게 흥얼거리다 보면 조금 웃기기도 하고 왠지 용기가 난다. 우리는 평생 누군가의 부탁을 거절하지 못한 채 살아왔는지도 모른다. 하지만 그 작은 '거절'하나가 나를 되찾는 첫 문장이 될 수 있다. 모든 관계를 완전하게 만들자고 고집 피우는 게 아니다. 중요한 것은 그 안에서 내가 무너지지 않는 일이다. 흘러가되 넘치지 않고, 닿되 삼키지 않으며, 서로를 태우지 않고 따뜻하게 비추는 관계가 필요하다.

인간관계 완전정복

사랑은 언제나 반가움과 두려움이 함께 온다. 마음 한쪽은 품고 싶고, 다른 한쪽은 도망치고 싶다. 그 모순된 움직임 속에는 우리가 사랑을 배우던 시절의 기억이 숨어 있다. 사랑이 어려운 이유는 사랑이 아니라 상처를 먼저 배웠기 때문이다.

어릴 적 우리는 사랑을 얻기 위해 너무 많은 것을 배워야 했다. 울음을 삼키는 법, 눈치를 보는 법, "괜찮아요."라는 말로 마음을 감추는 법, 그렇게 사랑은 종종 연기가 되었고, 진심보다 두려움이 앞섰다. 누군가에게 버려지지 않으려면 더 착해야 한다고, 더 잘해야 한다고 믿으며 자라온 마음은 시간이 흘러도 어른이 되어서도 여전히 그 시절의 언어로 사랑한다. 그래서 우리는 때로 서툴고, 때로 지나치게 애쓴다. 상대를 향한 마음보다 '잃을까 봐 두려운 마음'이 더 커서 사랑이 아니라 불안을 안고 관계를 시작한다.

불안형 애착: 내가 더 노력하면 사랑받을 수 있을까

불안형 애착을 가진 사람들은 사랑 앞에서 늘 조심스럽다. 상대의 말 한마디, 표정 하나에도 마음이 크게 출렁인다. 문자가 늦게 오면 '내가 뭘 잘못한 게 아닐까?' 불안해지고, 짧은 침묵에도 마음이 쪼그라든다. 그래서 그들은 사랑받기 위해 자신을 바꾼다. 상대가 좋아할 만한 말투를 배우고, 그가 편안해할 행동을 익히며, 자신을 조금씩 지워간다. 그 애씀의 끝에 남는 건 공허함이다. 상대의 마음을 확인할수록 안심되기보다 더 불안해지고, 사랑이 깊어질수록 이별의 그림자가 따라붙는다. 결국 그들의 마음속에는 '내가 사랑을 받으려면 끊임없이 노력해야 해.'라는 오래된 신념이 자리하고 있다.

혜진은 남자 친구와 사소한 다툼 후 하루 동안 연락이 없었다. 평소 같으면 '바쁜 날인가 보다!' 하고 넘겼을 텐데, 그날은 왠지 마음이 자꾸 불안하게 흔들렸다. 밤늦게까지 휴대폰을 붙들고 있었지만, 알림음은 울리지 않았다. 그 사이 혜진의 머릿속에서는 온갖 상상이 번져갔다. '내가 너무 예민했나?', '혹시 실망한 건가?', '나를 떠날 생각일까?' 결정적인 순간은 SNS에서 그가 친구들과 웃으며 찍은 사진을 올린 걸 본 뒤였다. 혜진은 온몸이 서늘해지는 느낌을 받았다. '나한테는 연락을 안 하면서…….' 그날 밤 혜진은 남자 친구에게 메시지를 보냈다. "혹시 나한테 화났어?" 그러나 답장은 오지 않았다. 그 침묵은 폭죽 소리보다 더 크게 마음을 흔들었다. 사소한 사진 한 장, 답장 없는 밤, 몇 시간……. 그 시간은 혜진에게 관계가 끝날지도 모른다는 '경보음'으로 작동했다.

불안형 애착의 본질은 두려움이다. '사랑받지 못할까 봐'가 아니라 '사랑을 잃을까 봐' 두렵다. 그래서 사랑을 받기보다 지키려 하고, 관계를 즐기기보다 통제하려 한다. 마음이 자꾸 상대에게 매달리는 건 사랑이 커서가 아니라 그만큼 불안하기 때문이다. 사랑이란 내 불안을 얼마나 다룰 수 있는가의 문제이기도 하다. 사랑은 쥐는 힘이 아니라, 놓아주는 용기에서 시작된다. 상대를 움켜쥘수록 사랑은 숨을 잃고, 마음의 공간을 내어줄수록 관계는 숨을 쉬게 된다. 불안형 애착을 가진 이들에게 필요한 건 자기 자신을 믿는 연습이다. 누군가의 마음을 끝없이 확인하지 않아도 괜찮다는 확신, 떠날 수도 있는 사람을 억지로 붙잡지 않아도 여전히 나는 충분히 괜찮다는 믿음. 그 믿음이 자리 잡을 때 사랑은 비로소 자유롭다.

어린 날의 사랑은 늘 "이 정도면 괜찮지?" 하고 눈치를 보던 사랑이었다면, 어른이 된 지금의 사랑은 "이만큼의 나도 괜찮아."라고 말할 수 있는 사랑이어야 한다. 불안을 덜어내고 마음의 자리를 내어줄 때 사랑은 자란다. 그리고 그때 비로소 사랑은 '사람을 잃지 않는 법'을 배우는 게 아니라 '나를 잃지 않고 사랑하는 법'을 배우는 일이라는 걸 알게 된다.

회피형 애착: 사랑이 너무 가까워서 숨이 막힌다

회피형 애착을 가진 사람들은 사랑이 다가오면 마음이 먼저 움츠러든다. 다정한 말에도 어딘가 불편하고 가까워질수록 이유 모를 불안이 있다. 그래서 그들은 늘 준비한다. 언젠가 떠나야 할지 모른다는 생각, 누군가 다치기 전에 먼저 거리를 두어야 한다는 마음.

그렇게 자신을 보호하는 일에 능숙해진 대신 사랑 앞에서는 서툴다. 그들의 겉모습은 평온하지만, 속에서는 늘 도망칠 길을 찾는다. 사랑이 무너졌을 때의 상처를 이미 알고 있기 때문이다.

> 민재는 여자 친구와 여행을 떠났다. 작은 숙소에 들어온 첫날 밤, 여자 친구는 "이렇게 같이 있으니까 좋다. 앞으로도 자주 여행 가자."라고 했다. 그 말은 다정한 말이었지만 민재는 설명할 수 없는 답답함을 느꼈다. 문이 닫히는 소리, 좁은 방, 책상 위에 나란히 놓인 두 개의 칫솔. 어느 순간 가슴 한쪽이 조여 오는 느낌이 들었다. 평소엔 아무렇지 않았던 일상이 갑자기 '붙잡히는 느낌'으로 바뀌었다. 그날 밤, 여자 친구가 팔을 살며시 걸치자, 민재는 무의식적으로 몸을 조금 뒤로 뺐다. 여자 친구는 상처받은 얼굴로 "내가 불편해?"라고 물었다. 민재는 대답하지 못했다. 불편한 건 여자 친구가 아니라 '너무 가까워지는 그 순간' 자체였기 때문이다. 이 여행 이후 민재는 점점 메시지 답장을 늦추고, 약속을 미루고, 일부러 거리를 두기 시작했다.

어릴 적 감정이 외면당하거나 가까운 누군가가 자주 다쳤던 기억은 오래 남는다. '가까워지면 언젠가 상처받는다.' 이 신념은 어른이 되어서도 마음을 지배한다. 그래서 누군가 마음을 열고 다가오면 본능적으로 문을 닫게 되는 것이다. 감정을 드러내지 않고 무심한 듯 웃으며 대화를 흘려보낸다. 겉으로는 '쿨한 사람'으로 보이지만 사실은 상처를 감당할 자신이 없어 조심스러운 것이다. 회피는 냉정함이 아니라 두려움의 다른 얼굴이다. 그들의 마음속에는 이런 속삭임이 숨어 있다. '나도 연결되고 싶다.' 하지만 그 소리는 늘 작아서 금세 묻혀버린다. 사람들은 회피형을 차갑다고 말하지만, 그들은 마음이 너무 예민해서 쉽게 불타오르지도, 쉽게 망가지지도 않으려 애쓰는 사람들이다. 타인에게 기대는 일이 낯설고 위로를 받는 게 어색하다. 그 대신 자신을 다독이며 외로움을 자존심으로 버틴다. 그러나 자신을 지키기 위해 지은 담장은 결국 자신을 고립시킨다.

'나를 지키는 일'과 '너를 멀리하는 일'은 전혀 다르다. 회피형 애착의 회복은 누군가를 밀어내지 않고도 안전하다고 느끼는 경험에서 시작된다. 감정을 말해도 버려지지 않고 솔직해도 괜찮다는 믿음이 천천히 자리 잡을 때 마음의 문이 열린다. 기다림의 시간 속에서 조금씩 익숙해지는 일, 손끝으로 닫았던 문을 아주 조금만 열어 보는 일도 연습이 필요하다.

사랑이 두렵다고 말하는 사람들에게 나는 이렇게 말하고 싶다.

"두려워도 괜찮아요. 그건 사랑이 당신에게 여전히 중요하다는 증거니까요."

회피는 외면이 아니라 오래된 생존의 흔적이다. 다만 이제는 그 생존이 아닌 관계 속에서도 안전할 수 있다는 새로운 방식을 배워야 할 때다. 가까워지는 일이 곧 상처로 이어지는 것은 아니다. 때로는 누군가의 다정한 한마디가 오래 닫혀 있던 마음의 문을 아주 조용히 열기도 한다. 그렇게 천천히 자신만의 속도로 다시 사랑을 배우면 된다.

안정형 애착: 나는 나로, 너는 너로 함께 있는 관계

안정형 애착을 가진 사람은 사랑 안에서도 숨을 고를 줄 아는 사람이다. 타인의 감정에 쉽게 휩쓸리지 않으면서도 자신의 마음을 억누르지 않는다. 그들은 '가까워져도 괜찮다.'는 감각을 알고 있다. 누군가 곁에 있어도 숨이 막히지 않고 혼자 있어도 버려졌다는 생각이 들지 않는다. 사랑이란 증명하는 것이 아니라 함께 존재하는 일임을 몸으로 배운 사람들이다.

서현은 남편과 큰 갈등을 겪었다. 아이 문제로 말다툼이 격해졌고, 서로 상처 주는 말까지 오가며 둘 다 지쳐 있었다. 다음 날 아침 서현은 마음을 정리하기 위해 혼자 산책을 나갔다. 걷다 보니 전날 남편이 울컥하며 했던 말이 떠올랐다. "나도 잘하고 싶은데……. 나도 내 마음이 어렵다고." 그 말이 서현의 가슴에 조용히 꽂혔다. 그때 처음으로 깨달았다. '아, 이 사람도 나처럼 불안하고, 나처럼 애쓰고 있었구나.' 서현은 집에 돌아가 조용히 남편에게 말했다. "내가 어제 당신에게 많이 아프게 말했지? 미안해. 난 당신을 믿어. 지금까지 해 왔던 것처럼 함께 해결할 수 있을 것 같아." 그 순간 둘의 관계는 놀랍게도 더욱 단단해졌다. 갈등은 오히려 서로를 더 잘 이해하게 되는 계기가 되었다. 서현은 남편과의 갈등 이후, 사랑이 '완벽해야 하는 것'이 아니라 서로의 불완전함을 견디며 자라는 과정이라는 걸 다시 확인한 순간이었다. 감정의 굴곡이 있었지만, 그 굴곡은 이 관계가 무너질 신호가 아니라 더 단단해지는 출발점이 되었다.

이들의 마음속에는 어릴 적 '있는 그대로 괜찮았던 기억'이 자리하고 있다. 울어도 혼나지 않았고 실수해도 관계가 유지되었던 경험. 그 기억이 마음의 안전지대가 되어 사랑을 불안이 아닌 평화로 경험하게 한다. 그래서 안정형 사람들은 사랑 앞에서 계산하지 않는다. 상대가 조금 멀어져도 그것을 곧 상실로 느끼지 않는다. 다름을 견디고 거절을 감당할 줄 안다. 완벽하지 않아도 괜찮다는 믿음이 그들의 사랑을 단단하게 만든다. 모든 사랑이 그렇게 시작되지는 않는다. 불안형의 초조함과 회피형의 두려움은 우리가 겪어온 생의 흔적이기에 사랑을 배우는 과정에서 얻은 생존의 방식일 뿐 고쳐야 할 결함은 아니다. 애착은 기억이고, 기억은 다시 쓰일 수 있다. 새로운 관계에서 안전함과 존중을 경험할 때 사람은 천천히 다시 배운다. 내가 있는 그대로도 사랑받을 수 있다는 사실을 이제야 조금씩 믿게 되는 것이다.

사랑은 상처가 없는 상태가 아니라 상처를 안고도 머무를 수 있는 것이다. 사랑을 피했던 사람도, 사랑을 지키려다 자신을 잃었던 사람도, 결국 같은 자리에 선다. 두려움을 품은 채로 다시 사랑을 배우는 자리는 아주 단순하다. "두려워도 괜찮아." 그 말 한마디면 충분하다. 완벽한 확신이 없어도 좋다. 사랑은 확신에서 자라는 게 아니라 불안 속에서도 머무르려는 용기에서 자라기 때문이다.

아무리 노력해도 늘 부족하게 느껴질 때가 있다. 남들은 괜찮다고 말하지만, 자신에게는 한없이 인색하다. 그럴 때 우리는 자신을 미워한다고 말하지만, 사실은 자신을 이해하지 못하고 있는 것이다. 나를 미워하기보다 모르는 나를 이해해야 비로소 마음이 조금씩 풀린다.

혜민은 상담 첫 회기에서 이렇게 말했다. "저는 왜 이렇게 못났을까요. 친구들은 다 잘사는데, 저만 제자리예요." 그녀는 늘 자신을 다그쳤다. 작은 실수에도 '또 실망시켰어.'라며 자책했고, 누군가 칭찬을 해도 "그건 운이 좋았을 뿐이에요." 라며 깎아내렸다. 누군가 자신을 미워한다기보다 자신이 자기 자신을 더 미워하고 있다는 사실이 그녀를 더 아프게 했다. 상담을 거듭하면서 자신 안의 완벽주의와 끊임없는 비교 습관이 어디서 비롯된 것인지 돌아보게 되었다. 초등학교 시절, 늘 최고를 요구하던 아버지의 목소리가 아직도 귓가에 맴돌았다. "이 정도로는 안 돼. 더 잘해야지." 그 말은 시간이 지나도 사라지지 않았고, 이제는 자신에게 같은 말을 반복하며 자신을 몰아세우고 있었다. 상담자가 물었다. "그때의 어린 혜민이, 정말 그 말을 듣고 싶었을까요?" 그녀는 한참을 말없이 앉아 있다가 울음을 터뜨렸다. "아니요…… 그냥 괜찮다고, 그 정도면 잘했다고 말해주길 바랐어요." 그날 이후 혜민은 자기비판의 순간마다 속으로 이렇게 중얼거렸다. '지금의 나에게 필요한 건 꾸짖음이 아니라 이해야.' 조금씩, 자신을 미워하는 마음이 풀리기 시작했다. 우리는 완벽하지 않아도 괜찮다. 지금의 나도, 나다.

소속과 애정의 갈망으로 나타나는 인정 욕구

심리학자 매슬로우(Maslow)는 인간의 욕구 단계를 설명하면서, 사람이 가장 기본적인 생리적 욕구를 충족한 뒤 점차 상위 단계인 자아실현의 욕구로 나아간다고 보았다. 그 중간쯤에는 '소속과 애정의 욕구'가 자리하고 있다. 이 욕구는 기본적인 생리적 욕구와 안전의 욕구가 어느 정도 채워진 후에 나타나는 사회적 욕구로, 다른 사람들과 관계를 맺고 어떤 집단의 일원이 되며, 사랑하고 사랑받고 싶은 마음을 말한다. 이 마음은 누구에게나 자연스럽게 존재한다. 바쁜 현대사회에서도 동호회에 나가거나 동네 커뮤니티에 참여하고, 러닝 크루 같은 모임에 들어가는 이유도 바로 여기에 있다. 이 욕구가 채워지지 않으면 외로움이나 고립감, 우울감이 쉽게 찾아온다.

우리는 각기 다른 색깔과 형태를 가진 여러 집단 속에서 관계를 맺으며 살아간다. 그 속에서 각자의 특성에 맞게 자신을 투영하며 살아가고 있다. 그리고 그 모든 관계의 공통점은 '내가 그 속에 속해 있다.'는 사실이다. 여기서 흥미로운 점이 하나 있다. 우리는 여러 관계 속에 소속되어 살아가지만 정작 '나 자신에게는 속하지 못한 채' 살아가는 경우가 많다는 것이다. 자신이 누구와 어울리는지, 어떤 집단에 속해 있는지는 잘 알고 있지만, '나는 어떤 사람인가?', '그 관계 속에서 나는 어떤 모습으로 존재하고 있는가?'를 깊이 들여다보는 일은 드물다. 타인의 기대에 맞추어 행동하고 관계를 유지해 나가기 위해 내 감정을 억누르다 보면, 나는 점점 '타인 속에서 기능하는 나'로만 살아가게 된다. 그러는 사이 '진짜(true) 나'는 어떤 사람인지 알기 어렵다. 내가 어떤 상황에서 불안해지고, 어떤 때에 마음이 편안한지를 알아차릴 때 비로소 관계도 안전하고 건강해진다. 자신을 이해하지 못한 채 맺는 관계에서는 타인의 말 한마디에 쉽게 흔들리고 인정받지 못하면 깊이 상처받기 쉽다.

타인의 인정과 평가에 지나치게 의존한 결과로 생긴 완벽주의

'무엇을 해야 사랑받을 수 있다.'는 조건적인 사랑에 익숙해지면 마음속에 '부족하면 사랑받지 못해.', '인정받지 못하면 가치가 없어.'라는 믿음이 자리 잡게 된다. 이 믿음은 관계 속에서 계속 작동한다. '더 잘해야 하고, 더 괜찮아 보여야 하고, 실수하면 안 된다.'라는 긴장감 속에서 자신을 몰아붙이게 된다. 그렇게 되면, 타인의 시선에서 벗어나지 못한 채 '나는 어떤 사람인가?'를 이해하려는 노력은 뒤로 밀리고, 스스로를 증명하려는 강박적 태도, 즉 완벽주의로 이어지기 쉽다. '실수하면 어쩌지?', '인정받지 못하면 어떡하지?' 이런 생각들로 마음을 졸이며 하루를 더 무겁게 만든다.

완벽주의의 표면에는 '더 잘하려는 마음'이 보이지만, 그 이면에는 실수할 때 느껴지는 부끄러움, 비교에서 오는 초조함, 사랑받지 못할까 봐 움츠러드는 두려움처럼 마주하기 어려운 감정들이 숨어 있다. 완벽을 추구하는 행동은 이 감정들을 피하고 싶어 하는 마음과 맞닿아 있고, 그것이 반복될수록 더 강한 압박으로 되돌아온다.

수용전념치료(Acceptance and Commitment Therapy, ACT)에서는 감정이나 경험을 피하려는 과정에서 오히려 고통이 커지는 현상을 '더러운 고통(dirty pain)'이라 부른다. 실수로 인해 잠깐 스치는 불편함, 비교하며 느껴지는 씁쓸함은 누구나 경험하는 '깨끗한 고통(clean pain)'이다. 하지만 완벽주의자는 이런 감정을 견디기보다 없애려 애쓰는 과정에서 오히려 고통을 확장시킨다. 사소한 실수에도 '이제 끝났다.'라고 단정하고, 조금의 부족함에도 '나는 가치 없다.'라고 결론 내리며, 인정받지 못할까 봐 두려워한다. 이런 과정 때문에 완벽주의는 '잘해야 한다.'라는 태도보다 불편한 감정을 느끼지 않으려는 회피이다. 완벽주의의 깊은 고통은 타인의 기준보다 그 기준을 지키지 못했을 때 자신에게 쏟아지는 실망, 자책, 두려움―바로 그 '더러운 고통'이 우리를 더 아프게 한다.

잔혹한 자기부정의 자기혐오

우리는 타인에게 잘 보이고 사랑받고 싶다는 간절함 때문에 자신에게 너무 높은 잣대를 들이댄다. 그 잣대는 현실에서는 결코 닿을 수 없는 곳에 있어서 아무리 애써도 결국 실패와 좌절을 경험하게 된다. 그리고 그 좌절은 자신을 향한 미움인 자기혐오로 이어지기 쉽다. 완벽주의가 쌓아 올린 높은 기준은 우리를 끝없이 지치게 만들고, 그 실패의 경험은 자기혐오를 강화시킨다. 이렇게 자기부정은 점점 더 단단해져 간다. 아무리 노력해도 완벽할 수 없기에 실수하거나 부족함을 느낄 때마다 자신을 향한 분노가 치밀어 오른다. '더 잘해야 해!'라는 다짐은 곧 '나는 왜 이것밖에 못 할까?', '나는 이 정도밖에 안 되는 사람이야!'라는 절망으로 변한다. 이런 생각들은 결국 마음속에서 자신을 몰아붙이는 잔인한 평가자로 바뀌어 버린다. 여기서 말하는 자기혐오는 '나에게 실망했다.'는 단순한 감정이 아니라, 내 존재 자체를 부정하는 깊은 감정이다.

자기혐오에 빠진 사람은 자신의 약점이나 실수, 불완전한 모습을 용납하지 못한다. '실수할 수도 있는 나'를 인정하지 않고 밀어내면서, 결국 가장 근본적인 '나 자신에게 속할 수 있는 기회'를 스스로 잃어버리게 된다. 그렇게 우리는 타인의 인정을 받기 위해 애쓰지만, 정작 나를 가장 심하게 몰아세우는 적은 외부가 아니라 '내 안의 나' 일 때가 많다. 예를 들어, 누군가 나를 인정해 주지 않을 때 처음에는 '왜 나를 알아주지 않지?'라고 서운해하지만, 곧이어 '그래, 나 같은 게 뭘 할 수 있겠어!'라는 생각으로 자신을 깎아내린다.

동시에 마음속 고립감과 우울감은 더욱 커지고, 관계나 삶의 어떤 영역에서도 진정한 기쁨을 느끼기 어려워진다.

자기혐오가 강한 사람일수록 자신을 돌보기 힘들다. 자신이 돌봄의 대상이 될 자격조차 없다고 느끼기 때문이다. 그래서 자신을 미워한 채로 관계를 맺게 되고, 타인의 인정으로 그 상처를 덮으려는 악순환이 반복된다. 우리를 가장 아프게 만드는 것은, 결국 '나를 미워하는 타인'이 아니라 '나를 미워하는 나 자신'이다. 진정한 회복을 위해서는 타인의 인정이나 자기비판이 아니라 나를 이해하고 연민으로 바라보는 일과 가까워져야 한다. 자신을 조금 더 다정하게 바라볼 수 있을 때, 비로소 완벽주의의 굴레에서도 벗어나게 된다.

불완전한 나를 돌보는 자기연민

자기혐오의 악순환에서 벗어나 진정한 자기 이해와 건강한 관계로 나아가기 위해 필요한 것은 '자기연민'이다. 자기연민은 자신을 불쌍하게 여기거나, 실수를 합리화하는 태도가 아니라 자신의 고통을 있는 그대로 인정하고 따뜻하게 돌보는 태도이다. 우리는 누군가 힘들다고 하면 "괜찮아, 그럴 수도 있지." 하며 위로의 말을 건네지만, 자신에게는 '이 정도도 못하냐?'며 차갑게 대할 때가 많다. 그러나 자기연민은 실수했을 때 '괜찮아, 누구나 그럴 수 있어.'라고 자신에게 다정히 말해주는 것이다. 즉, 우리가 힘들고 실수하는 순간에 타인에게 하듯 자신에게도 친절과 이해를 건네는 마음이다.

자기연민은 '자기 이해 → 자기수용 → 자기돌봄'의 세 단계를 거쳐 성장한다. 먼저, 자신의 감정과 욕구를 알아차리고 '이해'하는 것이 출발점이다. 그다음에는 그 감정을 부정하지 않고 있는 그대로 받아들이는 '수용'의 과정이 필요하다. 마지막으로, 그 감정을 돌보는 행동을 선택하는 것이 '자기돌봄'이다. 이를 일상의 예로 표현하면 이렇게 말할 수 있다.

나는 인정받지 못해서 속상했구나~

↓

그럴 수 있지, 지금 많이 힘들었어.

↓

괜찮아, 잠시 쉬어가자.

이렇게 자신에게 말을 건네는 연습이 바로 자기연민이다. 심리학자 크리스틴 네프(Kristin Neff)는 자기연민을 세 가지 요소로 설명한다. 첫째는 '자기 친절(self-kindness)'이다. 완벽주의와 자기혐오 속의 혹독한 자기비판 대신, 고통 앞에서 자신을 따뜻하게 대하는 태도이다. 둘째는 '보편적 인간성(common humanity)'이다. 자신의 실패나 상처가 나만의 문제가 아니라, 불완전함은 모든 인간이 함께 겪는 보편적인 경험임을 인정하는 것이다. 셋째는 '마음챙김(mindfulness)'이다. 고통스러운 감정을 과도하게 동일시하거나 회피하지 않고, 그 감정을 있는 그대로 알아차리며 균형 잡힌 시각을 유지하는 것이다. 결국 자기연민은 약해지는 것이 아니라, '나

도 괜찮은 사람이다.'라는 믿음을 회복시켜 다시 마음을 단단하게
정돈하는 힘인 것이다.

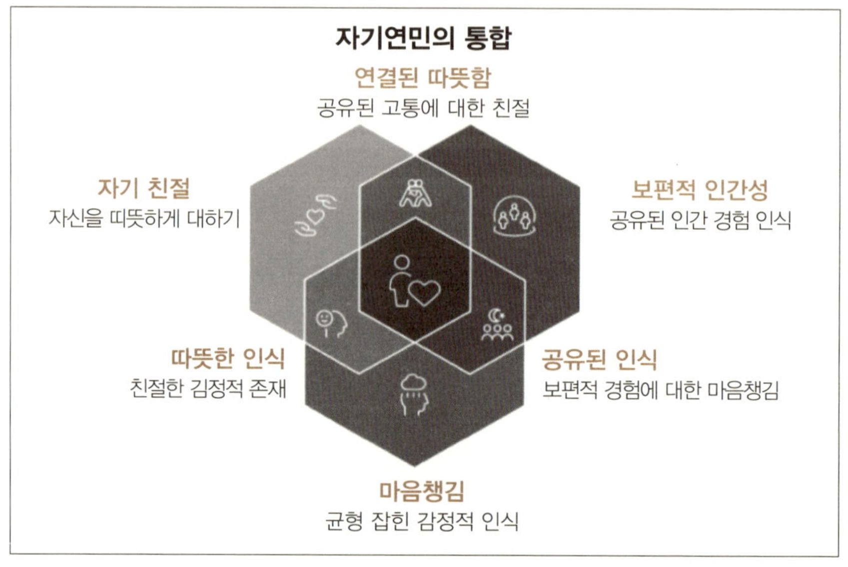

우리는 늘 누군가를 이해하려 애쓰지만 정작 자신을 이해하는 데는 서툴다. 타인의 마음에는 공감하면서, 내 마음에는 이유를 묻지 않는다. 나를 알아가는 순간, 타인과의 관계도 조금씩 달라진다.

관계가 어려운 이유, 나를 모르는 데 있다

자기연민이 자리 잡기 시작하면 관계를 바라보는 시선도 변하게 된다. 이제는 타인의 말과 행동에 나를 증명해 보일 필요가 없고, 누군가로 인해 흔들렸던 마음도 안정된다. 자기 이해는 자기연민의 다음 걸음이면서 좋은 관계의 출발점이기도 하다. '관계가 어렵다.'는 말은 '나 자신을 잘 모르겠다.'는 말과 닮았다. 흔히 문제의 원인을 상대방의 성격이나 태도에서 찾곤 하지만, 좋은 관계의 시작점은 언제나 '상대'가 아니라 '나'에게 있다. 내가 어떤 감정의 패턴을 가지고 있고, 무엇에 예민하게 반응하는지를 모른다면 같은 상황이 반복될 때마다 결국 같은 자리에 머무르게 된다. 많은 이들이 상대가 달라지면 관계도 나아질 거라 믿으며 살아가지만, 관계의 진짜 변화는 나 자신을 들여다보는 데서 시작된다는 것을 결국 깨닫게 된다.

'자기인식(self-awareness)'은 '내가 지금 화가 났다.'라는 감정의 수준과는 다르다. 그 안에는 왜 화가 났는지, 그 감정이 언제부터 나를 휘감기 시작했는지를 탐색하는 과정이 존재한다. 다시 말해, 감정의 표면이 아니라 그 뿌리를 따라 내려가는 일이다. 어떤 말이나 상황이 유독 마음을 흔들 때, 그 반응의 근원을 들여다보면 그 안에는 과거의 상처나 오래된 두려움이 자리하고 있다. 자기인식이란, 바로 그 무의식의 층을 의식의 영역으로 끌어올려 감정이 나를 휘두르지 않도록 '내가 나를 알아차리는 힘'을 기르는 것이다.

좋은 관계를 위해서는 세 가지 질문이 필요하다.

첫째, 나의 감정적 버튼은 무엇인가

어떤 상황에서 유독 과하게 반응하는 나를 발견할 때가 있다. 상대의 무심한 말 한마디, 비판적인 시선, 혹은 문자 하나에도 마음이 크게 흔들린다면 그 안에는 과거의 상처가 숨어 있을 가능성이 크다. '또 무시당한 것 같아.'라는 감정 뒤에는 '나는 별로 중요하지 않은 사람인가?'라는 오래된 두려움이 자리하고 있다. 이 버튼을 모른 채 살아가면 늘 같은 자리를 맴돌게 된다.

둘째, 나는 관계 속에서 무엇을 가장 원하고 있는가

누군가는 '존중'을, 누군가는 '안전감'을, 또 누군가는 '자율성'을 갈망한다. 그런데 우리는 종종 그 욕구를 자신도 모른 채 상대가 알아주길 바란다. 그러다 결국 실망이 쌓이고 '이 사람은 나를 이해하지 못한다.'라는 생각에 마음을 닫는다. 그러나 내가 무엇을 원하고 있는지를 정확히 알고 나면 상대에게 그것을 더 솔직하고 부드럽게 요청할 수 있게 된다.

셋째, 나는 갈등 속에서 어떤 방어를 하고 있는가

누군가는 화로, 누군가는 침묵으로, 또 누군가는 과한 순응으로 자신을 지킨다. 나 역시 오랫동안 회피로 버텨왔다. 싸우고 싶지 않아서, 상처받기 싫어서, 그냥 "괜찮다."고 말하곤 했다. 하지만 그 회피가 결국 나를 더 외롭게 만들었다는 걸 이제는 안다. 방어는 우리를 보호해 주는 동시에 새로운 관계의 문을 닫아버리기도 한다.

관계의 어려움은 '타인'보다 '나의 미해결된 감정'에서 비롯될 때가 흔하다. 내가 나를 모를 때 상대의 모든 행동이 공격처럼 느껴지는 것이다. 하지만 내 안의 감정적 버튼과 욕구, 방어의 방식을 인식하기 시작하면 관계는 조금씩 달라진다. '내가 불안해서 반응한 것인지, 아니면 상대가 진짜 선을 넘은 것인지' 구분할 수 있다. 나를 이해한 만큼 타인을 덜 오해하게 된다.

사랑에도 간격이 필요하다

　관계를 오랫동안 건강하게 유지하기 위해서는 자기돌봄과 경계 설정이 필요하다. 이 두 가지는 성숙한 관계를 지탱해 주는 든든한 기둥이다. 우리는 종종 '좋은 사람'으로 보이기 위해 너무 많은 에너지를 관계에 쏟는다. 상대를 배려하고 맞추고 도와주느라 정작 나 자신을 돌보지 못한 채 지쳐버릴 때가 많다. 하지만 나를 챙기지 않은 채 타인을 위해 헌신하는 관계는 결국 소진으로 이어진다. 그 대상이 배우자든 자녀, 부모, 친구, 동료, 상사 중 누구든지 간에, 내 마음이 텅 빈 상태에서는 아무리 노력해도 진심 어린 공감이나 지지를 줄 수 없다. 결국 건강한 관계는 내가 충만할 때 비로소 가능하다.

　충분히 쉬고 좋아하는 일을 하며, 나만의 시간을 가지는 것—그런 사소한 일들이 바로 자기돌봄이다. 자기돌봄은 나를 위한 일임과 동시에 관계를 지켜주는 가장 좋은 방법이기도 하다. 그리고 건강한 경계는 서로를 존중하게 만든다. 나를 이해하게 되면 자연스럽게 내가 '어디까지 받아들일 수 있고, 어디서부터는 힘든지'를 알게 된다. 경계는 타인을 밀어내는 벽이 아니라 나를 지켜주는 울타리다. 예를 들어, 친구가 내게 감정을 쏟아내며 계속 이야기를 들어달라고 할 때, 자기 이해가 된 사람은 그 상황에서 느끼는 피로감을 알아차리고 이렇게 말할 수 있다.

"너의 이야기를 들어주고 싶지만, 지금은 내가 좀 지쳐서 잠시

만 쉬었다가 이야기하자.”

이 말은 거절이 아니라 서로를 더 편안하게 지키기 위한 솔직한 마음에 가깝다. 그런 태도 속에서 관계는 서로의 균형 위에 건강하게 자란다. 경계가 없는 친밀함은 피로를 만든다. 오히려 적당한 거리 속에서 서로에 대한 진심이 오래 머문다. 이 마음이 자리 잡을 때 관계는 훨씬 더 따뜻하고 편안해진다. 서로의 마음이 닿되, 서로의 경계를 인정해 주고 지켜주는 관계. 그런 관계가 더욱 오래간다.

좋은 관계는 나를 다독이는 일에서 시작된다

자기 이해가 단번에 완성되면 얼마나 좋을까? 그러나 자신의 마음을 들여다보는 일은 언제나 어렵고 때로는 아프기도 하다. 잊고 싶은 기억이 하나둘 떠오르고, 외면하고 싶었던 내 모습이 불쑥 눈앞에 나타날 때면 힘들었던 그때의 모습이 떠올라 괜히 마음이 아려온다. 그래도 그 시간을 피하지 않고 천천히 지나가다 보면, 어느 순간 조금 달라진 나를 만나게 된다. 예전처럼 같은 말로 상처 주지 않고 서운함을 오래 품지 않으며, 관계 속 대화가 한결 부드러워져 있는 나를 발견하게 된다.

내가 나의 부족함을 따뜻하게 바라볼 수 있을 때 타인의 실수에도 마음이 너그러워질 수 있다. 예전에는 나에게 너무 엄격해서 누군가의 무심한 말에도 쉽게 상처받곤 했다. ‘왜 저럴까?’ 하며 속상해했던 순간들 속에는 사실 ‘나는 괜찮은 사람일까?’라는 불안이 숨어 있다. 하지만 나를 이해하게 되면, '인간은 누구나 불완전하다.' 그 마음이 자리하면, 타인의 실수를 나를 향한 공격으로 느끼지 않게 된다. 오해가 생겨도 너무 예민하게 반응하지 않고, 잠시 멈춰서 숨을 고를 수 있게 된다. 그 여유 덕분에 관계는 조금씩 더 편안해진다.

좋은 관계는 나와의 관계에서 싹이 튼다. 내가 나를 지켜주고 다독여 주며, 있는 그대로의 나를 받아들일 수 있을 때 비로소 타인에게도 따뜻한 시선을 건넬 수 있다. 나를 돌보는 법을 배운 사람은 타인을 억지로 바꾸려 하지 않는다. 이해받기보다 이해하려 하고, 사랑받기보다 사랑할 수 있는 마음이 생긴다. 그렇게 자기 안의 평화가 관계의 온도를 결정하게 된다. 내가 나와 잘 지내기 시작하면 세상과의 거리도 한결 부드러워진다. 자기 인식을 통해 나를 이해하고, 자기돌봄과 경계를 통해 나를 아껴주며, 그 위에서 타인을 존중하는 것―그것이 성숙한 관계의 출발점이다. 관계의 변화는 상대가 나를 알아줄 때가 아니라 내가 나를 이해하기 시작한 그 순간부터 일어난다. 성숙한 관계란, 결국 나를 알아가는 길 위에서 함께 천천히 자라나는 일이다.

2장 가족이라는 첫 관계

사람은 누구나 가족 안에서 사랑을 배우고, 동시에 상처도 배운다. 세상의 첫 관계는 언제나 가족이다. 우리가 사랑을 주는 방식, 감정을 표현하는 방법, 누군가에게 기대는 태도까지도 대부분 가족 안에서 만들어진다. 그 안에서 자란 마음의 언어가 평생을 따라다닌다. 부모와의 관계는 단순히 과거의 기억이 아니다. 여전히 현재의 내 안에서 살아 움직이는 감정의 씨앗이다. 부모와 해결되지 못한 감정은 때때로 다른 관계로 옮겨가 반복된다. 상사에게 인정받고 싶어 애쓰거나, 배우자에게 서운함을 느끼는 순간, 사실은 어린 시절의 마음이 다시 반응하고 있는 것이다. 그 감정을 이해하지 못하면 우리는 늘 같은 자리에서 같은 패턴을 되풀이할 수밖에 없다. 가족은 누구에게나 가장 익숙한 공간이지만, 동시에 가장 복잡한 마음이 얽혀 있는 자리다. 사랑하고 싶지만 쉽지 않고, 미워하면서도 쉽게 떠나지 못한다. 그래서 가족을 이해한다는 건 결국 '나'를 이해하는 일과 같다. 부모를 탓하거나 용서하는 문제가 아니라, 내 안에 남은 그 시절의 나를 따뜻하게 바라보는 일이다. 가족은 완벽할 수 없다.

'완벽한 부모'가 아니라, '이만하면 괜찮은 부모'면 된다. 서로가 불완전한 존재라는 사실을 받아들이는 순간, 관계의 긴장은 조금씩 풀리기 시작한다. 형제자매 사이의 비교와 경쟁도, 부부 사이의 오해도 결국 '사랑받고 싶은 마음'에서 비롯된 것이다. 그 마음을 인정할 때 비로소 우리는 비교에서 자유로워지고, 사랑을 다시 배울 수 있다.

이 장은 우리가 태어나 가장 먼저 부딪힌 관계, '가족'이라는 울타리를 돌아보는 여정이 될 것이다. 부모와의 미해결 감정을 마주하고, 사랑의 언어를 다시 배우며, 불완전한 관계 속에서도 성장할 수 있음을 이야기하고 있다. 가족이 준 역할을 잠시 내려놓을 때, 비로소 내가 보인다. 가족을 이해하는 일은 내 안의 어린 나를 이해하는 일이다.

부모를 미워하고 싶지 않은데, 마음은 자주 그때로 돌아간다. 이제는 다 컸다고 생각하지만, 그 앞에 서면 여전히 어린아이로 돌아간다. 과거의 감정을 외면할수록, 현재의 관계는 더 복잡하다.

민정은 회사에서는 누구보다 침착하고 성실한 사람이었다. 하지만 부모님과 대화만 시작되면 전혀 다른 사람이 되었다. 사소한 말에도 쉽게 상처받고, 마음속에서는 억울함과 분노가 동시에 치밀었다. "엄마는 아직도 저를 어린애처럼 대해요. 뭘 해도 늘 부족하다고 하고요." 그녀는 그런 부모님이 싫었다. 그럼에도 불구하고, 엄마의 말 한마디에 기분이 하루 종일 흔들렸다. "그냥 무시하면 될 일인데, 이상하게 엄마 말은 제 마음을 쑤셔요." 상담 초반, 민정은 "저는 부모님을 미워하고 싶지 않아요."라고 말했다. 하지만 이야기를 나눌수록 그 안에는 '인정받고 싶은 마음'이 깊게 자리하고 있었다. 아무리 노력해도 "잘했다."는 말을 듣지 못했던 어린 시절의 기억이, 지금도 그녀의 내면 어딘가에서 살아 숨 쉬고 있었던 것이다. 상담자는 물었다. "그때의 어린 민정이는, 엄마에게 어떤 말을 듣고 싶었을까요?" "그냥…… 괜찮다고, 수고했다고…… 그 말이오." 그날 이후 민정은 부모와의 대화에서 조금씩 달라졌다. 예전처럼 격하게 반응하기보다, 마음속으로 이렇게 되뇌었다. '지금 엄마에게 화내고 있는 건, 그때의 내가 아직 울고 있어서야.' 시간이 흐르면서 그녀는 조금씩 알 것만 같았다. 부모와의 화해는 '그들이 변하는 것'이 아니라, '그때의 자신을 이해하는 것'에서 시작된다.

인간관계의 시작은 부모였다

살다 보면 이런 생각이 들 때가 있다.
'왜 나는 사소한 일에 상처받을까?'
'왜 대인관계에서 비슷한 실수를 반복할까?'

이런 관계의 어려움은 단순히 성격 탓이 아니라, 어린 시절 부모와의 관계 속에서 형성된 정서적 경험이 지금까지 영향을 미치고 있기 때문일 때가 많다. 부모가 아이의 감정을 공감해 주고 따뜻하게 반응해 주었다면, 아이는 '나는 소중한 사람이다.'라는 감각을 자연스럽게 배우며 안정된 마음을 갖게 된다. 반대로 감정을 무시당하거나 비난받으며 자란 아이는 '내 감정을 드러내면 사랑받지 못한다.'는 신념을 내면에 새기게 된다. 이렇게 만들어진 정서적 패턴은 성인이 된 후에도 무의식적으로 반복된다. 프로이트(Freud)는 이를 '반복강박'이라고 설명하며, 사람이 과거의 상처를 극복하고자 반복적으로 비슷한 장면을 재현하지만, 결국 같은 방식으로 반응하게 되어 오히려 상처를 되풀이하게 된다고 보았다.

어릴 때 부모에게 충분히 인정받지 못한 사람은 성인이 되어서도 끊임없이 타인의 인정을 추구하며 불안에 시달린다. 그때마다 '이번엔 다를 거야.'라고 믿지만, 결국 비슷한 관계의 틀을 반복한다는 것이다. 이런 반복의 중심에는 흔히 '미해결 감정'이 자리한다. 부모에게 느꼈던 서운함, 분노, 외로움, 두려움이 마음속 깊이 남아 아직도 작동하는 것이다. 여기서 등장하는 개념이 바로 '내면 아이

(inner child)'다.

존 브래드쇼(John Bradshaw)는 『내면 아이 치유하기(Healing the Shame That Binds You)』에서 "내면 아이는 어린 시절 상처받은 감정의 흔적이자, 현재의 행동을 이끄는 무의식적 힘"이라고 말했다. 내면 아이는 여전히 부모의 반응을 두려워하고, 여전히 인정받고 싶어 한다. '화를 내면 버림받을 거야.', '나는 그다지 좋은 사람이 아니야.'라는 믿음이 그 속에 남아 있다. 그래서 누군가의 말 한마디에도 쉽게 상처받고, 때로는 과도하게 방어적으로 반응한다. 상처받은 내면의 아이를 치유하기 위해서는 먼저 부모를 향한 감정을 솔직하게 바라볼 수 있어야 한다. '그때 정말 외로웠어.', '왜 내 이야기를 들어주지 않았어?' 그렇게 마음속에 묻어 두었던 말을 꺼내는 일은 부모를 탓하기 위해서가 아니라, 오랫동안 외면해 온 내 마음을 회복하기 위한 시작이다.

감정을 인정하는 순간, 그 감정들은 더 이상 나를 휘두를 힘을 잃는다. 그렇게 조금씩 마음을 들여다보다 보면, 과거의 부모를 다른 시선으로 바라보게 되는 때가 온다. 완벽해 보였던 부모 역시 저마다의 상처와 한계를 안고 있었음을 깨닫게 되는 것이다. 이해와 화해는 부모에게서 받은 상처를 지워버리는 일이 아니라, 그때의 어린 나를 따뜻하게 끌어안고, 그 시절 부모가 지녔던 부족함까지 함께 바라보며 나 자신을 자유롭게 해주는 과정에 가깝다. 그렇게 마음이 통합되면 관계가 달라진다. 타인의 반응에 휘둘리기보다 내 감정을 존중하고, 사랑받기 위해 애쓰던 자리에서 벗어나 진정한 친밀함을 느낄 수 있다. 결국 부모와의 관계를 돌아본다는 건 과거를 탓하기 위해서가 아니라 그 시절의 나를 이해하고 품어 주기 위해서다. 그때의 감정을 마주할 때 비로소 과거의 그림자에서 벗어나 자신의 삶을 살아가기 시작한다.

부모와의 감정을 직면하는 것이 먼저다

직장인 영지는 깊은 우울감과 무기력을 호소하며 상담실을 찾았다. 사람들을 싫어하는 것은 아니지만, 함께 있으면 유난히 피곤해지고 자꾸 눈치를 보게 된다고 했다. 겉으로는 웃고 지내지만, 속으로는 '사람들이 나를 좋게 보지 않을 거야'.라는 생각이 떠나지 않는다고 했다. 상담자가 "어떤 말을 들었을 때 그렇게 느꼈나요?"라고 묻자, 영지는 잠시 생각하더니 "말하지 않아도 느껴져요. 사람들은 싫어도 티를 잘 안 내잖아요."라고 답했다. 그리고 덧붙였다. "저도 그래요. 마음에 안 들어도 그냥 괜찮은 척해요."

영지는 직장 일이 힘들고, 퇴근 후에는 몸의 기운이 빠져 아무것도 하기 싫다고 했다. 일은 자신과 맞지 않지만 그만두면 수입이 끊겨 더 우울해질까 두려워 억지로 버티고 있다고 했다. 잠자리에 들어도 다음 날 일이 걱정돼 마음이 무겁고, 우울한 생각이 밀려와 쉽게 잠들지 못한다고 했다.

영지는 어떤 환경에서 자라났을까? 부모는 맞벌이였고 늦은 귀가가 잦았다. 어릴 적부터 스스로 생활해야 했고, 늘 바쁜 엄마는 정서적으로 곁을 내어줄 여유가 없었다. 영지는 그런 엄마를 대신해 자기 일을 스스로 처리하고, 동생까지 챙기며 엄마의 부담을 덜어주려 했다. 하지만 엄마는 영지의 노력을 당연하게 여기거나 부족하다고 야단쳤다. "언니가 돼서 동생도 제대로 못 챙기니?"라는 말은 어린 영지의 마음에 깊은 상처로 남았다.

언젠가부터 영지는 늘 긴장했고, '괜찮은 척하는 법'을 배웠다. 학교에서 힘든 일이 있어도, 심지어 친구들에게 따돌림을 당했을 때조차도 엄마에게 말하지 못했다. 말을 해봤자 위로받기는커녕 "네가 잘못했으니까 그런 일 당했지."라는 말을 들을 것 같았기 때문이다. 지금의 영지는 여전히 엄마를 향한 억울함과 분노를 품고 있지만, "엄마도 어쩔 수 없었을 거예요."라며 자신을 설득한다. 상담자가 부모에 대한 속상한 감정을 표현해 보라고 하면, "부모님을 흉보는 것 같아 싫어요."라며 말을 삼킨다. 영지는 성인이지만, 부모를 미워하면 사랑을 잃을지도 모른다는 어린 시절의 두려움 속에 여전히 머물러 있는 것 같다.

부모를 향할 수 없었던 분노는 결국 자신에게로 향한다. 엄마가 과거에 했던 비난의 말들이 이제는 영지의 머릿속에서 내면의 목소리로 되살아나 끊임없이 자신을 탓하고 깎아내린다. '나는 부족해.', '내가 문제야.' 이런 자기 비난이 깊어질수록 세상도 자신을 못마땅하게 여길 거라는 불안과 두려움이 커진다. 부모에 대한 미움을 인정하는 것도 용기와 힘이 필요하다. 그러나 영지는 아직 그 감정을 온전히 마주할 만큼의 내적 힘을 가지지 못하고 있다. 미해결된 감정이 그녀의 마음 한가운데 남아, 여전히 인간관계와 삶을 흔든다.

내 감정을 인정하고 흘려보내면 변화가 시작된다

영지의 이야기는 곧 나의 이야기이기도 하다. 나는 1남 4녀 중 넷째로 태어나, 아들과 딸의 차별이 당연시되던 시대를 살아왔다. 어린 시절, 오빠와의 차별은 늘 서럽고 억울했다. 나도 오빠처럼 사랑받고 관심받고 싶었지만, 그 바람은 좀처럼 이루어지지 않았다. 그래도 부족한 형편 속에서 대학까지 공부시켜 주신 부모님께 더 많은 것을 바라는 건 욕심이라며 나를 다독였다. 그렇게 마음 한구석에 쌓인 서운함과 결핍을 '괜찮다.'는 말로 덮은 채 오랫동안 살아왔다. 쉰이 넘은 나이에 상담을 받으면서 나는 비로소 알게 되었다. 부모에게 사랑받고 싶은 마음, 인정받고 싶었던 욕구는 결코 부끄럽거나 이기적인 것이 아니라 인간이라면 누구나 갖는 자연스러운 감정이라는 것을. 하지만 그 사실을 받아들이고 나서도 쉽지는 않았다. 내 마음 깊은 곳에는 여전히 부모님을 향한 미움이 남아 있었기 때문이다.

'정말 내가 부모님을 미워했다고 말할 수 있을까…… 그런 마음이 나에게도 있었던 걸까?'

그 감정을 인정하는 순간 불효자라는 죄책감이 밀려왔다. 그래서 애써 다시 덮었다. 그러나 감정은 억누른다고 사라지지 않는다. 마음속 어딘가에 달라붙은 채 계속해서 나를 향해 신호를 보낸다. '나를 봐 달라', '나를 인정해 달라.' 이렇게 외치는 감정을 억누르기 위해 더 많은 힘을 써야 했고, 결국 내 에너지는 감추고 싶은 감정을 밀어내는 데 모두 쓰이게 되었다. 하지만 진정한 치유는 감정을 누를 때가 아니라, 있는 그대로 인정할 때 시작된다. '그때 나는 참 서러웠구나.', '그 말이 그렇게 아팠구나.' 이렇게 자신의 마음에 조용히 귀 기울이는 순간 감정은 나를 놓아준다. 감정은 무시당하면 계속 반복되지만, 인정받는 순간 변화의 가능성이 열린다. 감정을 인정한다는 건 나를 이해하고 회복시키는 일이다.

사랑한다고 말하지 않아도 알 줄 알았다. 그런데 이상하게도, 그 사랑은 종종 닿지 않았다. 같은 집에서 살았지만, 우리는 서로 다른 언어로 사랑을 표현하고 있었던 것이다.

진주는 어릴 적부터 부모님이 무뚝뚝하다고 느꼈다. 특히 아버지는 "사랑한다."라는 말을 한 번도 하지 않았다. 하지만 성인이 되어 상담에서 "아버지는 사랑을 주지 않았다."라고 말하자, 상담자는 묻는다. "진주 씨가 기억하는 아버지의 행동 중, 그 말 대신 보여준 건 없었나요?" 그 순간 그녀는 어린 시절의 한 장면을 떠올렸다. 겨울 새벽, 학교 가는 버스를 놓치지 않게 하려고 아버지가 묵묵히 눈을 치워주던 모습이었다. 그는 늘 말보다 행동으로 표현하는 사람이었다. 그러나 진주에게 사랑은 말과 포옹, 따뜻한 대화로 전해지는 것이어야 했다. 그래서 서로의 사랑이 늘 엇갈렸던 것이다. "아버지는 사랑을 주셨는데, 제가 알아듣지 못했던 거네요." 그날 이후 진주는 가족에게 '서로의 언어'로 표현하기를 시도했다. 아버지에게는 메시지 대신 따뜻한 차를 건넸고, 어머니에게는 "고마워요."라는 짧은 말을 자주 했다. 그동안 진주에게는 사랑 자체가 없었던 게 아니라, 서로 다른 언어를 쓰고 있었을 뿐이다. 그리고 그 언어를 배우는 일은, 결국 사랑을 새로 익히는 과정이다.

사랑을 표현하는 언어가 다르면 사랑이 전달되기 어렵다

가족 안에서 생기는 많은 오해는 사랑이 부족해서가 아니라, 사랑을 표현하는 언어가 서로 달라서 생긴다. 부모는 평생 자녀를 위해 애써왔기에 "나는 너를 위해 이렇게 살아왔잖니?"라고 말하지만, 자녀는 "한 번만이라도 '사랑한다.'는 말을 듣고 싶었어요."라며 눈물을 흘린다. 부모는 행동으로 사랑을 보여줬다고 믿지만, 자녀는 말로 확인받지 못했기에 여전히 사랑이 부족하다고 느낀다. 결국 서로 진심으로 사랑하고 있음에도 불구하고 사랑이 전해지지 않는 것이다.

미국의 심리학자 게리 채프먼(Gary Chapman)은 『5가지 사랑의 언어(The Five Love Languages)』에서 사람마다 사랑을 느끼는 방식이 다르다고 설명했다. 그는 사랑의 언어를 '인정의 말, 함께하는 시간, 선물, 봉사, 스킨십'의 다섯 가지로 구분했다. 어떤 사람은 "오늘 수고 많았어, 네가 있어서 참 든든해."라는 말에 마음이 따뜻해지고, 또 어떤 사람은 말보다 함께 보내는 시간 속에서 사랑을 느낀다. 그러나 사랑의 언어가 다르면, 아무리 큰 노력을 해도 상대는 그 마음을 온전히 느끼기 어렵다.

가족 관계에서도 마찬가지다. 아버지는 열심히 일하는 것이 사랑의 표현이라 믿지만, 자녀는 '왜 나에게는 관심이 없을까?'라며 서운해한다. 엄마의 "공부 좀 더 해라."라는 말은 걱정이 아닌 통제로 들리기도 한다. 사랑이 없었던 것이 아니라, 사랑이 닿지 않았던 것이다. 사랑은 단순한 감정이 아니라 서로의 언어를 배워가는 과정이다.

"고마워."
"수고했어."
"네가 있어서 행복해."

이런 짧은 말 한마디가 관계의 온도를 바꾸기도 하고, 어떤 날에는 말없이 함께 앉아 있는 시간이 더 큰 사랑이 되기도 한다. 상대의 언어를 배우는 일은 내 사랑을 더 잘 전하기 위해서이자, 나 자신이 사랑을 더 깊이 느끼기 위한 일이다. 사랑은 언제나 그 자리에 있었지만, 그 문을 여는 열쇠는 언제나 '이해'라는 단어였다.

서툴렀던 사랑의 언어―사랑은 같은 언어로 말해야 통한다

얼마 전 책을 읽다가 "성을 쌓기 위해 돌을 나르는 사람이 있고, 어떤 돌이 성을 만드는 데 필요한지 생각하며 돌을 옮기는 사람이 있다."라는 문장을 만났다. 그 문장에 머무른 채 생각에 잠기다가 문득 아버지가 떠올랐다.

아버지는 잔소리가 많으셨다. 집안일을 하면 칭찬은커녕 잘못된 부분을 먼저 지적하셨고, "내가 한 일에 누가 덧붙이거나 고치게 하면 안 된다."는 말을 자주 하셨다. 어린 나는 그런 아버지의 마음에 들기 위해 있는 힘껏 노력했고, 잘했다는 한마디가 듣고 싶었다. 그러나 돌아오는 건 늘 지적과 잔소리뿐이었다. 사춘기가 되자, 그렇게 애써도 인정해 주지 않는 아버지에 대한 반발심이 크게 일었다. 나는 아버지를 미워했고, 아버지와의 관계는 점점 더 어색하고 불편해졌다. 그런데 아이러니하게도, 나는 어느 순간부터 나도 모르게 아버지를 닮아가고 있었다. 어떤 일이든 완벽하게 해내지 못하면 불안했고, 직장에서든 집안에서든 "누가 덧붙이거나 고치게 해서는 안 된다."라는 아버지의 말이 내 삶의 철칙처럼 자리 잡았다.

그러다 어느 날, 문득 내 안의 아버지를 발견하고 깜짝 놀랐다. '나는 절대 아버지처럼 살지 않겠다.'라고 다짐했는데, 어느새 아버지를 닮은 사람이 되어 있었다. 그 사실을 인정하고 싶지 않았고, 아버지를 닮아가는 내 모습이 싫었다. 이미 30년 전에 세상을 떠난 아버지를, 나는 마음속에서 오래도록 미워하고 있었다. 그런데 나이가 들고 상담을 공부하며 심리학을 접하면서, 나는 아버지를 조금씩 다른 시선으로 바라보게 되었다. 아버지는 14살에 당신의 아버지를 잃고, 갑자기 집안의 가장이 되셨다. 입학통지서를 받아놓고도 중학교에 진학하지 못한 채, 할머니와 어린 삼촌들을 부양해야 했다. 혹독한 노동 속에서 어깨너머로 목수 일을 배우며 '나는 종으로 살지 않겠다.'라고 얼마나 다짐하셨을까. 평생 남의 밑에서 시키는 일을 하지는 않았고, 결국 조선소를 세워 배를 만드는 사업가가 되셨다. 그 사업 덕분에 나는 경제적 풍요와 혹독함을 동시에 겪으며 자랐다. 아버지는 주머니에 돈 한 푼 없어도 언제나 '사장님'으로 불렸고, 그 호칭은 아버지의 삶 전체를 관통하는 자존심이었을 것이다.

이제 돌아보니, 아버지의 잔소리에는 "누구에게도 꺾이지 말고, 스스로 주도적으로 살아라."라는 메시지가 담겨 있었다. 아버지의 사랑의 언어는 '지적과 완벽함을 요구하는 말'이었는데, 나는 그 언어를 이해하지 못한 채 오랫동안 사랑받지 못했다고 느끼며 살아왔다. 이제야 알겠다. 아버지의 사랑은 불편하고 단단한 돌덩이 같았지만, 그 돌들이 쌓여 결국 내 삶의 성을 이루고 있었다는 것을. 아버지의 사랑의 언어를 온전히 이해하는 데 내게는 60년이라는 시간이 필요했다.

사랑은 같은 언어로 말해야 쉽게 통한다. 그리고 때로는 세월이 한참 흐른 뒤에야 비로소 그 언어의 의미를 해석할 수 있다. 이제 나는 뒤늦게 알게 된 그 사랑의 언어를 내 아이들에게는 조금 더 따뜻한 말로, 조금 더 부드러운 손길로 전하고 싶다. 내 안에서 다른 빛깔로 피어나기 시작한 아버지의 사랑에 이제는 깊은 감사를 보낸다.

③ 완벽한 부모가 아니라 '이만하면 괜찮은 부모'면 된다

어린 시절의 나는 부모를 전능한 존재로 믿었다. 그러나 어른이 되고 나서야 깨달았다. 그들도 세상 앞에서 흔들리는 평범한 사람이었다는 것을. 부모의 불완전함을 인정할 때, 나도 조금은 부드러워진다.

은주 씨는 두 아이의 엄마이자 워킹맘이다. 아이가 짜증을 내거나 실수할 때, 은주 씨는 자신도 모르게 목소리가 커졌다. "왜 나는 이렇게 여유가 없을까? 엄마처럼 부드럽게 말하고 싶은데 그게 안 돼요." 상담이 시작되고 한참이 지나서야 자신의 말 속에 '엄마처럼'이라는 표현이 자주 등장한다는 걸 깨달았다. 은주 씨의 어머니는 늘 완벽했다. 정리정돈이 철저했고, 어떤 상황에서도 감정을 드러내지 않았다. 그녀는 '부모는 늘 참아야 한다.', '부모는 흔들리면 안 된다.'라는 신념을 마음속에 새겼다. 그러나 막상 자신이 부모가 되고 보니 그 신념이 오히려 그녀를 옥죄었다. 온종일 회사에서 일하다 돌아와도 아이 앞에서는 웃어야 했다. 화가 나도 참고 힘들어도 괜찮은 척했다. 어느 날, 거울을 보다 문득 생각이 들었다. '엄마도 나처럼 힘들지 않았을까?' 그녀는 완벽한 엄마가 아니라, 불안하고 지친 엄마였던 '그때의 엄마'를 처음으로 떠올렸다. 엄마도 완벽해지려 애쓰다 지쳤던 한 사람이었으리라. 그리고 지금의 나도 그렇다. 그날 이후, 은주 씨는 아이가 실수할 때 잠시 숨을 고르며 말했다. "괜찮아, 엄마도 그런 적 있어." 그 말은 아이를 위로하는 말임과 동시에 자신에게 건네는 말이기도 했다.

완벽한 부모와 나쁜 부모 사이를 오가다

아이를 사랑하지만 때로는 미울 때가 있다. 그 순간 마음 한구석이 덜컥 내려앉는다.

'내가 나쁜 엄마인가?'
'좀 더 참아야 했나?'

죄책감이 몰려온다. 아이의 울음에 짜증이 나서 목소리가 높아질 때면 금세 후회가 밀려온다. '내가 좀 더 성숙했더라면, 아이가 덜 힘들었을까?' 하는 생각이 하루에도 몇 번씩 스친다. 잠자리에 누워도 그날의 대화가 머릿속을 맴돈다. 그 순간 완벽한 부모의 모습을 떠올린다. 아이의 감정을 즉시 알아차리고, 늘 다정하며, 무조건적인 사랑을 베푸는 부모. 어떤 순간에도 차분함을 잃지 않고, 아이가 원하기 전에 먼저 다가가 안아주는 부모. 하지만 현실의 나는 자주 흔들리고, 피곤하고, 그 모든 역할에서 잠시 벗어나고 싶을 때가 있다. 아이가 잠든 후에야 겨우 한숨을 내쉬며 '나는 왜 이렇게 부족할까?' 하고 자신을 책망한다.

시간이 지나니 조금은 알 것 같다. 부모의 마음은 원래 이렇게 오가는 것 아닐까? 사랑과 미움, 연민과 피로, 기대와 후회가 얽혀 있는 하루 속에서 우리는 인간으로서의 부모가 되어간다. 완벽할 수 없다는 사실이 때로는 슬프지만 그 불완전함이 관계를 더 진실하게 만든다. 아이를 사랑하면서도 힘들어하는 두 마음이 공존해도 괜찮다. 그 마음을 인정할 때 비로소 아이에게도 솔직한 사랑을 줄 수 있다. 완벽한 부모가 되려는 욕심 대신 나를 있는 그대로 받아들이는 것이 아이에게 줄 수 있는 가장 현실적인 사랑일지도 모른다.

'완벽한 부모'가 아닌 '이만하면 괜찮은 부모'면 된다

정신분석학자 도널드 위니컷(Donald Winnicott)은 '이만하면 괜찮은 부모(good-enough parent)'라는 개념을 제시했다. 완벽하지 않아도 아이의 성장을 도울 수 있는 부모, 그저 '이만하면 괜찮다.'라고 말할 수 있는 부모를 뜻한다. 아이에게 늘 완벽하게 반응해 주지 못하더라도 그 부족함이 아이에게는 오히려 세상을 배우는 계기가 된다. 위니컷은 아이에게 필요한 건 완벽한 보호자가 아니라 실수하고, 후회하고, 다시 품을 줄 아는 '살아 있는 사람'이라고 말한다. 아이를 키우다 보면 우리는 끊임없이 자신을 시험대에 세운다. 울음을 그치지 않는 아이를 안고 있으면 '내가 뭘 잘못했을까?' 하는 생각이 따라온다. 밥을 잘 안 먹거나, 친구 관계에서 어려움을 겪는 모습을 볼 때면 '내가 부족해서'라는 생각에 마음이 무너질 때가 많다. 그러나 '이만하면 괜찮은 부모'는 그런 순간에도 자신을 몰아붙이지 않는다. 완벽하게 해내지 않아도 괜찮다는 걸 알기 때문이다. 중요한 건 실수를 줄이는 일이 아니라 실수한 뒤에도 다시 사랑을 건넬 수 있는 힘이다.

아이가 현실을 견디는 힘을 배우려면 감당할 수 있을 정도의 좌절이나 실패 경험이 필요하다. 아이가 서운함과 좌절을 경험할 때 모든 요구를 즉시 들어주기보다 조금 기다리게 하면 그 감정을 버티는 힘이 생긴다. 너무 빨리 달래주기보다 "지금 많이 속상하지?" 하며 함께 머물러주는 일, 그 시간이 아이를 성장시킨다. 아이는 그 과정을 통해 '세상에는 내 뜻대로 되지 않는 일도 있구나.'를 배우며 자란다. 완벽한 부모가 되어 너무 잘하려고 할수록 아이와의 상호작용에 여유가 생기지 않는다. 아이는 오히려 부모의 불안을 먼저 느낀다. 그래서 좋은 부모는 자신을 다그치지 않는다. 오늘 조금 부족했더라도, 내일 다시 아이의 눈을 바라보고 웃어줄 수 있다면 그걸로 충분하다는 걸 알기 때문이다. 부모 역시 약하고 부족한 존재임을 고백할 때 아이는 더 마음을 열고 가까워진다.

'사람은 실수해도 괜찮다.'
'때로는 힘들어도 괜찮다.'

'이만하면 괜찮은 부모'가 된다는 건 자신을 용서하는 법을 배우는 일이 아닐까? 완벽해지려 애쓰기보다 부족하고 실수하는 자신을 받아들이는 부모의 모습은 아이에게 삶을 가르치는 한 장면이 된다. 아이가 부모의 따뜻한 품을 통해 세상을 배우듯 부모도 아이를 통해 자신을 알아간다. 부모와 아이는 그렇게 서로를 길러내며 매일 조금씩 '괜찮은 사람'이 되어간다.

흔들리지 않고 피는 꽃이 어디 있으랴

어린 시절의 나는 부모를 전능한 존재로 믿었다. 세상의 모든 해답을 알고 있고 어떤 일에도 흔들리지 않으며 언제나 나를 지켜주는 사람이라고 생각했다. 부모의 품은 완벽하고 단단한 성처럼 느껴졌다. 하지만 나도 부모가 돼서야 알게 되었다. 그들도 세상 앞에서 불안했고 때로는 흔들렸으며 버티느라 애쓰던 평범한 사람이었다는 것을. 그 사실을 받아들이는 순간 서운함보다 연민이 먼저 스며든다. 그들은 그저 자신이 아는 방식으로 최선을 다해 사랑하려 했던 사람들일지도 모른다.

"애들 잘 보듬어 주고 싶었는데, 그걸 못 해줬어. 먹고살기에 바빠서……."

고단한 삶을 살아온 엄마였다. 그런 엄마가 어느 날 무심히 건넨 말이었다. 가슴 한구석이 아려왔다. '아, 엄마도 좋은 엄마가 되고 싶었구나, 나처럼.' 그 말속에는 수십 년 동안 표현하지 못했던 엄마의 깊은 사랑이 묻어 있었다. 어쩌면 그때의 엄마는 지금의 나보다 훨씬 더 외롭고 두려웠을지도 모르겠다. 그 말은 시간이 흘러도 내 안에 잔잔한 울림으로 남아 엄마의 삶을 다시 바라보게 했다.

부모를 이해한다는 것은 그들의 삶을 용서하거나 미화하는 일이 아니라, 같은 인간으로서 그 마음을 헤아려 보는 일에 가깝다. 부모도 실수하고, 넘어지고, 때로는 사랑의 방법을 몰라 헤매기도 했다는 걸 알게 되면, 나 자신에게도 조금 더 다정해진다. 그렇게 부모의 불완전함을 이해하기 시작할 때 우리는 부모를 '한 사람'으로 보게 된다. 완벽한 보호자도, 끝없이 희생하는 존재도 아닌, 불완전하지만 노력하고 애쓰던 한 사람으로 보는 순간 내 안에 있던 '완벽해야 한다.'라는 다짐이 조금씩 느슨해진다.

완벽한 부모가 되려 하기보다 그저 하루를 잘 버티고 내일을 조금 더 따뜻하게 맞이하려는 마음이면 충분할지도 모른다. 아이를 위해 모든 걸 해내기보다는 부족함을 인정하고 다시 배우려는 태도 속에서 진짜 관계가 자란다. 때로는 미안함이 남더라도 그 마음이 성장의 밑거름이 되기도 한다. 완벽함은 사랑을 단단하게 만들지 않는다. 오히려 흔들리며 피어나는 마음이 관계를 조금 더 깊게, 조금 더 따뜻하게 만들어 준다. 흔들리지 않고 피는 꽃이 없듯 부모도 흔들림 속에서 자라난다. 아이를 키우며 함께 성장하고 넘어지고 다시 일어서는 그 반복이 어쩌면 부모의 길인지도 모른다. 부모의 불완전함을 인정할 수 있을 때, 나 역시 부모로서 조금 더 자유로워진다. 완벽하지 않아도 괜찮다고 자신에게 말할 수 있을 때 그 마음이 바로 사랑의 또 다른 이름인지도 모른다.

같은 집에서 자라더라도, 우리는 늘 서로를 비교하며 클 수밖에 없다. 사랑을 빼앗기지 않으려 애쓰던 마음이 비교라는 이름이다. 그 마음의 크기는 어른이 된 지금까지도 남아 있어서 우리의 삶에 영향을 미친다.

지수는 어릴 때부터 언니와 비교당하며 자랐다. 언니는 성적이 좋고 사교적이었지만, 지수는 조용하고 느린 아이였다. 어머니는 "언니는 저렇게 부지런한데, 넌 왜 그럴까?"라는 말을 아무렇지 않게 내뱉었다. 그 말은 지수의 마음속에 오래 남아, 성인이 된 지금도 상처처럼 자리했다. 직장에서도 비슷한 일이 반복됐다. 새로 들어온 동료가 빠르게 인정받자, 지수는 이유 없이 불안해졌다. '그 사람은 잘하는데, 나는 왜 늘 부족할까?' 자신을 다그치며 더 열심히 일했지만, 마음은 점점 지쳐갔다. 상담에서 그녀는 처음으로 자신의 감정을 솔직히 꺼냈다. "저는 항상 누군가보다 뒤처지는 기분이에요. 언니보다, 동료보다, 심지어 어제의 나보다도요." 상담자는 "지수 님이 경쟁한 건 사실 언니가 아니라, 사랑받고 싶던 '그때의 나'였던 것 같아요." 그 말에 지수는 동의했다. "맞아요…… 그냥 칭찬받고 싶었던 거였어요." 그날 이후 지수는 자신에게 "언니가 아니라 나답게"라는 말을 자주 자신에게 건넸다. 점점 비교의 자리에서 빠져나오자, 마음의 긴장이 풀리고 언니와의 관계도 전보다 부드러워졌다. 비교는 타인을 향한 감정이 아니라 사랑받고 싶었던 자신에게 보내는 오래된 신호였다.

태어나보니 첫째였다

맏이로 태어났다. 그저 세상에 나와 보니 첫째였다. 내가 선택한 것이 아니라 주어진 것이었다. 시간이 지나 동생들이 태어났다. 부모님의 관심과 사랑은 자연스럽게 동생들에게로 옮겨갔다. 그때부터 내 몫으로 주어진 것은 '역할'이었다.

"너는 첫째니까."

그 말 한마디는 늘 당연한 듯 따라붙었다. 동생들의 모범이 되어야 하고 양보해야 하고 참아야 했다. 나도 어린아이였지만 어른처럼 동생들을 챙겨야 했다. 하지만 마음 한편에는 외로움이 고개를 들었다. 나도 사랑받고 싶었다. 칭찬받고 관심받고 그저 한 번이라도 부모님의 따뜻한 눈길이 나를 향하길 바랐다. '부모님이 기대하는 대로 하면 나를 봐주겠지. 칭찬해 주시겠지. 그럼 나도 사랑받을 수 있을 거야.' 그렇게 나는 열심히 '좋은 아이'가 되려 애썼다. 그러나 그 역할은 나를 자유롭게 하지 못했다. 오히려 더 단단한 틀이 되어 다른 관계 속에서도 나를 가두었다. 친구 관계에서도, 직장에서도 나는 늘 '먼저 배려하는 사람', '기대에 부응하는 사람'이 되었다. 누군가 힘들다고 하면 도와야 할 것 같았고 부탁을 거절하면 미안했다. 나보다 타인이 먼저였고 나는 늘 뒷전이었다. 내가 그렇게 열심히 애쓴 이유는 단순했다. 사랑받고 싶어서였다. '나는 괜찮은 사람이야. 사랑받을 자격이 있어.' 그 사실을 누군가가 인정해

주가를 바라며 오랫동안 애써왔다. 애쓸수록 마음 한구석에는 서운함과 원망이 자라났다. 관계는 멀어졌다.

돌아보면 나는 그저 사랑받고 싶었던 아이였다. '맏이'라는 역할에 가려진, 늘 괜찮은 척하며 버텨온 아이. 힘들다는 말 대신 웃어야 했고, 서운하다는 마음 대신 이해하려 애썼던 아이. 그 아이는 내 안 어딘가에서 조용히 울고 있었다. 이제야 조금 알 것 같다. 그때의 나는 사랑받을 자격이 있다는 걸 증명하고 싶었던 것이다.

창세기부터 내려온 형제간 애증—카인 콤플렉스(Cain Complex)

성경의 창세기에는 아담과 하와 사이에서 태어난 두 아들 카인과 아벨의 이야기가 나온다. 두 형제는 각각 신에게 제물을 바쳤지만, 신은 카인의 제물은 받지 않고 아벨의 제물만 받아들였다. 그 순간 카인은 깊은 열등감과 상처를 느꼈다. 단순히 제물이 거부당한 것이 아니라 '자신이 거부당했다.'라고 느낀 것이다. 그 마음은 동생보다 더 우월해지고 싶다는 파괴적인 욕망으로 변해갔다. 결국 카인은 돌로 아벨을 죽이는 극단적인 행동을 저지르고 공동체에서 추방되어 고독과 소외 속에 살게 된다. 이 이야기는 인류 최초의 형제간 갈등이자, 비교와 열등감이 어떻게 관계를 무너뜨리는가를 보여주는 상징적인 사건으로 해석된다. 심리학에서는 이러한 형제간의 질투나 경쟁, 적의를 '카인 콤플렉스(Cain Complex)'라고 부른다.

심리학자 아들러(Adler)의 개인심리학에서도 출생 순위와 형제 관계는 중요한 주제로 다뤄진다. 형제자매는 태어날 때부터 부모의 사랑과 관심을 놓고 보이지 않는 경쟁을 벌인다. 첫째는 동생이 태어나면서 사랑을 빼앗길지도 모른다는 불안을 느낀다. 동생은 이미 존재하는 형의 그늘 속에서 끊임없이 인정받기 위해 애쓴다. 이처럼 우리는 태어날 때부터 주어진 자리 안에서 사랑을 확인받기 위한 크고 작은 경쟁을 경험하며 자란다.

카인은 자신의 열등감을 성숙하게 다루지 못했다. 그는 노력이나 성장으로 극복하기보다 상대를 제거함으로써 우월함을 증명하려 했다. 결국 그 선택은 자신을 더 깊은 외로움 속으로 밀어 넣었다. 이 이야기는 단순한 종교적 사건이 아니라 비교 속에서 흔들리는 인간의 마음을 보여주는 상징처럼 느껴진다. 누군가와의 비교 속에서 상처받고 인정받지 못한 마음이 미움으로 번질 때 우리는 자신을 고립시킨다. 카인의 이야기는 오래된 신화이면서도 지금 우리 마음 안에서 여전히 반복되는 이야기이다.

출생 순위와 마음의 서열, 그리고 사랑의 순서

형제자매 관계는 가족 안에서 가장 오래 이어지는 인연이다. 부모보다도 더 오래 함께 나이를 먹고 어린 시절의 추억과 감정을 함께 품는다. 서로 닮았으면서도 다르고 사랑하면서도 경쟁하는 관계 속에서 이해와 질투, 의지와 서운함이 교차한다. 같은 집안에서 자라지만 공평하게 사랑받기란 쉽지 않다. 아프지 않은 손가락은 없다지만 손가락의 길이와 아픈 정도는 각각 다르다. 그래서 형제자매는 일찍부터 '비교'와 '차이'를 배운다. 누가 더 잘하고 누가 더 예뻔지, 부모의 시선이 어디에 머무는지를 본능적으로 알아 차리며 자란다. 그런 경험은 아프기도 하지만 세상 속에서 타인을 이해하고 견디는 법을 가르쳐주는 첫 번째 연습장이 된다.

아들러는 어린 시절의 가족 경험, 특히 태어난 순서가 성격 형성에 큰 영향을 미친다고 말한다. 첫째는 부모의 전적인 사랑을 받으며 세상의 중심에 선다. 하지만 동생이 태어나는 순간 세상은 달라진다. 자신만 바라보던 부모의 눈길이 다른 곳으로 향할 때 첫째는 본능적으로 느낀다. '이제 나는 특별하지 않구나.' 그 상실감은 마음속 깊이 자리 잡고 다시 사랑받기 위해 애쓰는 힘으로 바뀐다. 착하고 모범적인 아이가 되려 노력하고 책임감이 강한 사람으로 자라난다. 그 책임감 뒤에는 '사랑받고 싶다.'라는 마음이 여전히 숨어 있다.

둘째는 태어날 때부터 이미 앞서 있는 첫째를 본다. 아무리 해봐도 형이 먹은 밥그릇 수를 뛰어넘을 수 없다. 비교는 자연스럽게 시작되고 경쟁은 어쩔 수 없는 환경이 된다. 둘째는 첫째와 달라야 인정받는다는 걸 일찍 배운다. 그래서 때로는 반대의 길을 택하거나 누구보다 빠르게 성장하려 애쓴다. '나도 괜찮은 사람이야.'라고 증명하기 위해 둘째는 늘 분주하다.

중간 아이는 위로는 형, 아래로는 동생 사이에서 균형을 잡느라 애쓴다. 언제나 양쪽의 입장을 고려하며 가족 안의 조정자가 되기도 한다. 그래서 사람들 사이의 분위기를 읽는 것에 민감하고 타인의 마음을 헤아리는 능력이 뛰어나다. 하지만 그만큼 자신은 어디에도 속하지 못하는 외로움을 느낄 때도 있다.

막내는 가족의 사랑을 가장 많이 받는다. 모두의 보호를 받으며 자라기에 세상은 따뜻하고 안전하게 느껴진다. 그러나 그만큼 스스로 설 기회를 잃기도 한다. 늘 귀엽고 어리게만 보이기에 정작 자신의 목소리를 낼 순간에는 주저하게 된다. 사랑받는 만큼 의존적이고 사랑받지 못할까 봐 불안하다.

외동아이는 형제자매가 없기에 경쟁은 없지만 함께 나누는 법도 배우기 어렵다. 부모의 관심을 독차지하지만, 그 관심이 때로는 무겁게 느껴진다. 그래서 외동아이는 일찍부터 어른스럽고 완벽해지려는 경향을 보인다. 사랑받기 위해 노력하기보다 사랑을 유지하기 위해 자신을 단속한다.

물론 출생 순서가 사람의 인생을 전부 결정짓지는 않는다. 하지만 우리는 모두 자신이 태어난 자리에서 세상을 배우고 마음의 방향을 만들어 간다. 부모의 사랑을 더 받고 싶던 마음, 인정받고 싶었던 열망, 혹은 늘 비교 속에서 느꼈던 서운함이 지금의 나를 만든다. 그 시절의 경험을 부정하지 않고 다정하게 바라보는 일, 그것이 성장의 시작이다.

나도 사랑받을 만한 사람이다

어릴 때 엄마가 동생을 더 사랑한다고 생각했다. 아들이어서, 공부를 잘해서, 부모님의 자랑이 되었기 때문에. 그래서인지 나는 동생만큼 사랑받지 못하는 나 자신을 미워했다. '내가 부족해서 그렇겠지!', '나는 사랑받을 자격이 없는 사람일 거야!' 그런 생각이 마음 한쪽에 자리 잡았다. 자신을 인정하지 못한 채 늘 더 잘해야 한다고, 더 괜찮은 사람이 되어야 한다고 몰아붙였다. 그런데 이상하게도 그런 나를 있는 그대로 아껴주고 잘하지 않아도 괜찮다고, 지금 모습 그대로 충분하다고 말해주는 사람들이 있었다. 처음엔 이해가 되지 않았다.

'이런 나를 왜 좋아하지?'
'진짜 내 모습을 알면 분명 실망할 텐데.'

그렇게 의심하고 두려워하며 나 자신을 괴롭혔다. 상처를 준 건 세상이 아니라 나를 믿지 못한 나였다.

어느 날 산길을 걷다가 문득 수없이 늘어선 소나무가 눈에 들어왔다. 생김새가 모두 제각각이었다. 곧게 하늘로 뻗은 나무, 바람을 오래 견딘 듯 옆으로 살짝 몸을 기댄 나무, 옹이를 품은 나무, 중간에서 두 갈래로 갈라져 굽이진 채 서 있는 나무…… 단 한 그루도 똑같이 생긴 것은 없었다. 그 나무들 모두 고유의 멋이 있었다. 마치 저마다의 이야기를 품은 듯 생긴 모습 그대로 아름다웠다.

사람도 그렇다. 형제자매도, 친구도, 나도 그렇다. 같은 뿌리에서 나고 자라도 각자의 생김새와 방향은 달라진다. 누군가는 위로 쭉 뻗으며 자라고, 누군가는 바람을 이겨내느라 몸을 비틀고, 누군가는 마음 어딘가 옹이 같은 흔적을 품은 채 살아간다. 그래도 괜찮다. 바로 그 다름이 나의 얼굴이고 그 모습 그대로 사랑받아야 할 이유이다.

⑤ 부부가 서로를 잃지 않기 위해 필요한 것

부부 관계에서 가장 중요한 것은 무엇일까? 그 답은 결국, 서로의 마음을 계속 알아가려는 작은 노력이다.

수정은 남편과 결혼 10년 차였다. 결혼 초엔 대화가 많았지만, 요즘은 퇴근 후 각자 휴대전화만 보는 시간이 늘었다. 겉으로는 다정했지만, 대화의 온도는 식어가고 있었다. 남편이 "요즘 왜 이렇게 말이 없어?"라고 묻자, 수정은 웃으며 "괜찮아, 피곤해서 그래."라고 답했다. 하지만 속으로는 '이 사람은 내 마음에 관심이 없구나.'라는 서운함이 쌓이고 있었다. 상담에서 "별다른 문제는 없어요. 근데 그냥…… 외로워요."라고 말했다. 상담자는 "함께 살면서도 외로울 수 있어요. 그건 상대가 나를 모르는 게 아니라, 예전의 내가 지금의 나와 달라졌기 때문이에요."라고 말했다. 수정은 고개를 끄덕였다. 남편이 변한 게 아니라, 자신이 달라진 것이었다. 예전엔 '맞춰주는 사람'이었지만, 지금은 '이해받고 싶은 사람'이 되어 있었다. 그날 이후 수정은 퇴근 후 남편에게 작은 질문을 던졌다. "오늘은 어땠어?", "요즘 뭐가 제일 힘들어?" 그리고 남편이 묻지 않아도, 자신의 마음을 조금씩 나누기 시작했다. "나 요즘 일에 치여서 여유가 없어. 그래서 예민했나 봐." 그 대화 속에서 둘의 거리는 서서히 좁혀졌다. 함께 산다고 마음까지 함께 있는 것은 아니다. 서로의 마음을 함께 알아가려는 노력이 관계를 이어준다.

함께 있어도 멀게 느껴질 때

같은 공간에 있어도 마음이 멀게 느껴질 때가 있다. 매일 같은 식탁에 마주 앉고, 같은 집에서 잠을 자지만, 정작 서로의 마음은 닿지 않는다. 익숙함 속에서 대화는 점점 줄고, 웃음은 옅어지고, 표정은 예전보다 읽히지 않는다. 하루의 일상이 쌓일수록 마음의 거리는 조금씩 멀어진다. 이유를 딱히 설명하기 어려운 낯섦이 찾아오고, 그 낯섦이 어느새 외로움으로 변한다. 심리학에서는 이렇게 겉으로는 함께 있지만 마음이 닿지 않는 상태를 '정서적 단절(emotional disconnection)'이라 부른다. 그래서 같은 집에 살지만, 마음은 서로 다른 섬에 있는 것 같은 감정을 느낀다. 서로를 향한 감정이 식은 게 아니다. 다만, 너무 익숙해진 탓에 서로의 마음을 새롭게 보려는 노력이 줄어든 것이다. 처음에는 서로의 하루를 궁금해했지만, 이제는 '알고 있다'라는 생각이 앞서 대화를 건네지 않는다. 상대의 표정 속 변화도 대수롭지 않게 넘기고, 서운한 마음이 올라와도 "괜찮아." 한마디로 덮는다. 하지만 그 말속에는 '나를 좀 알아줘.'라는 마음이 숨어 있다.

관계의 온도는 문제의 크기가 아니라 서로의 마음을 읽는 빈도로 결정된다. 아무 일 없어 보여도 마음이 멀어지는 순간은 이렇게 조용히 찾아온다. '같이 사니까, 당연히 알겠지.'라는 생각이 관계를 가장 무디게 만든다. 우리는 종종 함께 있다는 사실로 충분하다고 착각하지만, 마음은 늘 새로이 알아주어야 한다. 익숙함은 편안함을 주지만 동시에 관계의 긴장을 느슨하게 만든다. 한때 서로를 향해 있던 시선은 일상의 피로 속에 희미해지고, 대화 대신 휴대전화 화면이 자리를 채운다. 그렇게 조금씩 마음이 비워질 때, 상대의 존재는 여전히 가까이 있지만 온기는 멀어진다.

결혼은 한 공간에서 살아가는 일이 아니라 서로의 마음을 계속 알아가려는 과정이다. 사랑은 시간이 지나면 깊어지는 게 아니라 알아가려는 노력이 이어질 때만 깊어진다. '괜찮아.'로 덮은 마음 대신, "요즘 나는 이런 기분이야."라고 솔직하게 꺼내는 용기, "요즘 당신은 어떤 생각을 해?"라고 묻는 작은 관심이 관계의 숨을 이어준다.

함께 산다고 마음이 함께 있는 건 아니다. 마음은 돌보지 않으면 금세 닫히고, 신경 쓰지 않으면 조용히 멀어진다. 관계는 시간을 쌓는 일이 아니라 마음을 맞추는 일이다. 서로의 하루를 조금 더 묻고, 감정을 조금 더 듣는 그 작은 노력이 함께 살아도 서로를 잃지 않게 해 준다.

사소한 대화가 관계를 살린다

관계는 거대한 결심보다 작고 따뜻한 대화에서 다시 시작된다. "오늘은 어땠어?", "요즘은 좀 어때?"라는 그 짧은 한마디 속에 이미 마음이 담겨 있다. 관심의 언어는 화려할 필요가 없다. 중요한 건 '당신이 내 마음 안에 있다.'는 신호를 전하는 것이다. 바쁜 하루 속에서도 잠시 멈춰 눈을 마주치고, 고개를 끄덕이며, 상대의 말을 끝까지 들어주는 그 순간이 관계를 다시 숨 쉬게 만든다.

심리학자 존 가트맨(John Gottman)은 부부 관계의 안정성을 결정짓는 요소로 '감정적 연결(emotional connection)'을 강조했다. 그는 "결혼의 품질은 대화의 양이 아니라 감정의 교류에 달려 있다."라고 말했다. 즉, 관계를 지탱하는 것은 거창한 이벤트가 아니라 평범한 일상 속의 '작은 반응'들이다.

"응, 그래?"
"그랬구나."
"오늘은 피곤했겠다."

이 짧은 문장이 바로 감정의 끈이다. 서로의 감정을 공감하고 반응하는 순간, 마음은 천천히 다시 연결된다. 좋은 일만 나누는 관계는 오래가기 어렵다. 오히려 진짜 친밀감은 불편한 감정을 함께 견디는 데서 자란다. 서운함, 두려움, 미안함 같은 감정은 회피할수록 벽이 된다. 하지만 그 감정을 솔직하게 나눌 때, 관계는 다시 따뜻해진다. "요즘 나는 좀 불안해."라든가 또는 "그럴 수 있겠다."라는 이 짧은 대화 속에서 마음은 서로의 방향으로 조금씩 움직인다. 감정을 표현하는 용기와 그 감정을 받아주는 여유, 이 두 가지가 관계를 단단하게 만든다. 대화는 마음의 방향을 맞추는 일이다. 하루의 일상을 묻는 짧은 질문 하나, 상대의 이야기를 진심으로 듣는 몇 분의 시간, 그것이 관계를 지탱하는 힘이다. 말 한마디, 시선 한 번, 손끝의 온기 같은 작은 행동이 모여 '우리'라는 감정을 회복시킨다. 결국 관계를 이어주는 건 큰 변화가 아니라 매일의 소소한 관심이다.
가까워진다는 건 말보다 마음이 먼저 움직일 때 찾아온다. 대화보다 표정이, 설명보다 눈빛이 더 많은 걸 말해주는 순간이 있다. 함께 있는 시간이 길어질수록 말은 줄어들지만, 대신 서로의 작은 변화를 먼저 알아차리게 된다. 그게 마음이 자란다는 뜻이다. 관심은 특별한 이벤트나 화려한 말이 아니라 평범한 하루 속에서 쌓이는 흔적이다. 식탁 위에 올려둔 따뜻한 밥, "오늘 좀 피곤해 보여."라는 짧은 한마디, 그런 순간들이 관계를 천천히 이어준다. 사람 사이의 거리는 결국 말로 채워지는 게 아니라 마음이 머문 자리에 남은 흔적으로 가까워진다.

함께 살아도 계속 알아가야 한다

결혼은 함께 사는 일인 동시에 평생 서로를 다시 알아가는 일이다. 함께한 시간이 길수록 우리는 '이 사람은 원래 이래.'라며 단정 짓기 쉽다. 하지만 사람의 마음은 결코 고정된 것이 아니다. 어제의 나와 오늘의 나는 다르고, 오늘의 나는 또 내일과 다르다. 부부도 마찬가지다. 처음엔 서로의 기대를 맞추며 사랑을 표현했지만, 시간이 지나면 그 기대의 모양이 바뀐다. 누군가는 여전히 표현으로 사랑을 느끼지만, 누군가는 이제는 이해와 공감으로 사랑을 확인하고 싶어 한다. 문제는 그 변화를 알아차리지 못할 때다. 상대는 변한 게 아니라 마음의 방식이 달라진 것이다.

심리학자 스턴버그(Robert Sternberg)는 사랑을 구성하는 세 가지 요소로 '친밀감, 열정, 헌신'을 말한다. 초기의 사랑은 주로 열정이 중심이지만, 시간이 흐를수록 관계를 유지하게 하는 힘은 친밀감과 헌신으로 옮겨간다. 즉, 오랜 관계일수록 서로의 마음을 새롭게 알아가려는 노력이 필요하다는 뜻이다. 익숙함 속에서도 상대의 감정에 귀 기울이고, 새로운 면을 발견하려는 시도가 있을 때 관계는 깊어진다. '이 사람은 다 알아.'라는 생각이 들 때가 바로 관계가 멈추는 시점이다. 결혼생활은 안정과 익숙함이 주는 편안함으로 인해 자주 방심하게 된다. 하지만 관계는 '알고 있음'으로 해결되지 않는다. 서로의 마음은 언제나 현재형으로 확인되어야 한다. 상대의 변화를 눈치채고, 그 변화에 맞춰 내 마음을 조율할 때 관계는 다시 살아난다. "요즘은 뭐가 힘들어?", "지금은 어떤 게 필요한 것 같아?"라는 짧은 질문이 관계의 숨을 불어넣는다. 그 질문 속에는 여전히 상대를 알고 싶다는 의지가 담겨 있다.

서로를 완전히 이해하려 애쓰기보다 그때그때 달라지는 마음을 새로 알아가려는 태도가 더 중요하다. 이해하려는 노력보다 궁금해하는 마음이 관계를 더 오래 이어준다. 때로는 혼자 있고 싶을 때가 있고, 때로는 다가와 주길 바랄 때가 있다. 그 마음의 간격을 억지로 없애려 하기보다 서로의 리듬을 존중하는 것이 관계를 단단하게 만든다. '감정적 거리 두기'는 차가움이 아니라 존중의 또 다른 형태다. 혼자 있고 싶은 시간도, 함께 있고 싶은 시간도 모두 관계의 일부이기 때문이다. 함께 산다고 해서 마음까지 함께 있는 것은 아니다. 진짜 부부의 친밀감은 같은 집에서 사는 데서 생기지 않는다. 관계를 지켜주는 힘은 서로의 마음을 계속 알아가려는 태도다. 사람은 시간에 따라 달라지기 때문에, 부부는 평생 서로를 다시 알아가야 한다. 그것이 함께 살면서도 서로를 잃지 않는 가장 확실한 방법이다.

❻ 가족 안의 역할극에서 벗어나기

가족이 준 역할에서 벗어나 나답게 사는 일은 어른이 되어서야 비로소 시작되는 오래된 숙제다.

지혜는 어릴 적부터 집안의 '작은 어른'이었다. 부모님이 다투면 중간에서 화해시켰고, 동생이 울면 달래주었다. "엄마는 힘드니까 내가 해야 해." 그 말은 어린 지혜의 입버릇이 되었고, 시간이 지나도 바뀌지 않았다. 성인이 된 지금도 그녀는 여전히 가족의 중심에서 조율하고 있었다. 아버지 병원 진료 예약, 동생의 취업 문제, 명절 가족 모임까지 모든 일을 도맡았다. 겉보기엔 든든한 맏딸이었지만, 속은 늘 텅 비어 있다. "가끔은 아무것도 하기 싫어요. 근데 내가 빠지면 다 무너질 것 같아요." 상담 초기에 그녀는 '책임감'을 자신의 장점으로 말했다. 지혜는 늘 '가족을 지켜야 하는 사람'으로 살아왔다. 하지만 회기가 거듭될수록 그 책임감이 자신을 소진시키는 굴레가 되어 있었다는 걸 알게 되었다. "누가 시킨 것도 아닌데, 늘 제가 나서서 수습했어요. 사실은 그때 엄마가 울면 저도 같이 울고 싶었어요." 상담자는 물었다. "그때 울지 못한 그 아이에게 지금 어떤 말을 해주고 싶으세요?" 그녀는 작은 목소리로 말했다. "이제 그만해도 돼." 그날 이후 그녀는 '해야만 하는 사람'이 아니라 '쉬어도 되는 사람'으로 자신을 바라보기 시작했다. 가족 모임에서도 예전처럼 모든 일을 떠안지 않았다. 누군가 부탁해도 "이번엔 나 아닌 다른 사람이 해보면 어때요?"라고 말할 수 있었다. 그녀는 가족의 무대 위 주인공 역할을 내려놓았다. 가족의 균형을 유지하기 위해 자신을 잃는 대신, 자신의 삶을 살기로 선택한 것이다.

가족이 준 역할 속에서 길을 잃다

가족이라는 무대 위에서 우리는 저마다의 배역을 맡고 산다. 누구는 분위기를 살리는 '웃음 담당', 누구는 다투는 사람들 사이를 오가며 중재하는 '평화주의자', 또 누구는 부모의 기대를 짊어진 '착한 아이'로 자란다. 처음엔 그것이 사랑을 얻는 가장 빠른 방법이었다. 엄마가 힘들어 보이면 대신 웃어주고, 아빠가 화내면 조용한 분위기를 달래면서 마음속으로 이렇게 말한다. '내가 잘하면, 우리 집은 괜찮아질 거야.' 그렇게 어린 시절의 나는 '착함'과 '책임감'으로 집안을 지탱하는 작지만, 단단한 기둥이 된다. 하지만 문제는 그 역할에 오래 머물다 보면, 진짜 내 모습은 점점 흐려진다. 시간이 지나도 우리는 여전히 그 무대 위에서 같은 대사를 반복한다.

"괜찮아, 내가 할게."
"엄마는 힘드니까 내가 참을게."

그렇게 가족의 평화를 지키며 살아왔지만, 어느 날 문득 거울을 보며 묻게 된다. "그런데, 나도 힘들 때가 있었던가?" 하고. 가족 안의 조용한 영웅들은 대부분 자신을 돌보는 법을 잊은 사람들이다. 사랑받기 위해 애쓰고, 버림받지 않기 위해 조용히 감정을 삼킨다. 누가 시킨 것도 아닌데, 스스로 어른이 되어버린 그 아이들을 심리학에서는 '부모화된 아동(Parentified Child)'이라 부른다. 쉽게 말해, '어린 나이에 부모 역할을 대신 떠맡은 아이'다. 부모화된 아동은 일찍 철이 든 아이처럼 보이지만, 그 철듦은 선택이 아니라 생존의 방식이다. 어린 나이에 부모의 짐을 대신 들어야 했던 아이는 '어른처럼 행동해야만 사랑받을 수 있다.'라고 믿게 된다. 어릴 때부터 "네가 없으면 안 돼.", "넌 정말 의젓하구나."라는 말을 듣고 자란 이들은 그 말을 칭찬으로 받아들이지만, 사실은 부담의 다른 이름이었다. 그래서 성인이 되어서도 여전히 그 패턴을 반복한다. 회사에서는 팀의 문제를 혼자 떠안고, 친구 사이에서는 늘 조정자 역할을 맡는다. 머리로는 힘들다고 알지만, 마음은 또 이렇게 외친다.

"내가 빠지면 다 무너질 거야."

문제는 바로 여기서 시작된다. 책임감이라는 옷은 점점 무겁고 딱딱해지고, 그 안에 갇힌 마음은 숨을 쉬지 못한다. 겉으로는 단단해 보이지만, 속으로는 늘 피곤하고 외롭다. 가족이 준 역할이 '내가 누구인가'를 대신하게 되면, 삶의 무게 중심은 언제나 타인에게로 기울어진다. 내가 뭘 좋아하고, 무엇을 원하며, 어디로 가고 싶은지조차 희미해진다. 가족 안의 '작은 어른'으로 살아온 사람들은 대부분 이런 마음을 품고 있다. '나는 언제쯤 쉬어도 될까?' 하지만 그 질문조차 미뤄둔 채 오늘도 또 다른 책임을 짊어진다. 어쩌면 가족이 준 역할은 벗어던져야 할 굴레가 아니라, 이제는 내려놓아야 할 오래된 의무일지도 모른다. 가족의 평화를 지키느라 잃어버린 내 마음을 다시 찾기 위해서는 먼저 그 무대에서 한 발짝 내려오는 용기가 필요하다. 가족의 기대에 맞추어 살아가는 나보다 있는 그대로의 내가 더 사랑받을 자격이 있다.

책임감의 가면을 벗기다

가족 안에서 늘 '해야만 하는 사람'으로 살아온 사람들은 자신을 책임감 있는 사람이라고 믿는다. 하지만 그 책임감은 종종 마음을 짓누르는 무게가 된다. '내가 빠지면 다 무너질 것 같다.'라는 생각은 강해 보이지만, 사실은 불안을 감춘 말이다. 타인의 감정이나 문제를 내 것처럼 떠안으며, 자신의 경계를 잃는 것이다. 가족의 슬픔과 부담을 자신의 몫으로 느끼는 사람일수록 자신을 돌보는 일에는 서툴다. 이들은 쉬면 죄책감을 느끼고, 멈추면 불안을 느낀다. 가족의 일에서 한발 물러나면 '이기적이다.'라는 죄책감이 따라온다. 하지만 진짜 문제는 가족이 아니라 자신에게 '멈출 권리'를 허락하지 않는 마음이다. 완벽하게 해야 한다는 압박 속에서 감정은 점점 닫히고 몸은 지쳐간다. 책임감의 가면을 벗기고 나면, 늘 애쓰며 버텨온 내 마음이 드러난다. 이런 순간은 '자기분화(Self-differentiation)'의 시작이 된다. 다시 말해, '내 감정과 타인의 감정을 구분해서 보는 힘'이다. 그리고 '해야 한다.' 대신 '하고 싶다.'로 말할 수 있는 상태다. 누군가의 문제를 대신 짊어지지 않아도 괜찮다는 것을 받아들이는 과정이다. 그때 비로소, 가족의 기대 속에서 길을 잃었던 자신이 다시 보이기 시작한다.

역할을 내려놓을 때, 진짜 내가 보인다

가족의 균형을 유지하기 위해 언제나 애써왔던 사람은 결국 자신을 잃는다. 그러나 가족의 평화는 혼자 짊어질 수 있는 것이 아니다. 내가 잠시 쉬어도 세상은 무너지지 않는다. 가족이 준 역할을 내려놓는다는 건 무책임하거나 냉정하다는 뜻이 아니다. 오히려 진짜 나로 돌아가 관계를 다시 새롭게 맺는 시작이다.

심리학자 크리스토퍼 거머(Christopher Germer)는 '자기연민(Self-compassion)'을 '자신에게 다정해지는 용기'라고 말했다. 완벽하게 역할을 해내야 한다는 강박을 내려놓고, "이제 그만해도 돼."라고 자신에게 말하는 순간, 마음은 비로소 자유로워진다. 가족의 기대를 충족시키지 않아도 여전히 사랑받을 수 있고, 무언가를 하지 않아도 존재 자체만으로도 괜찮다는 사실을 알게 되는 것이다. 가족은 우리의 뿌리이지만, 그 뿌리 안에서만 머물면 새로운 잎을 틔울 수 없다. 진짜 성장은 가족이 준 역할이 아니라 '나의 이름'으로 서기 시작할 때 찾아온다. 가족의 일원이기 전에 한 사람으로서의 나를 인정할 때, 관계는 더 단단하고 건강해진다. 가족이 준 역할을 천천히 내려놓을 때, 내 삶은 타인의 기대가 아니라 나의 선택으로 움직이기 시작한다.

3장 일보다 사람이 더 힘들 때

일은 버틸 수 있어도, 사람은 버티기 어렵다고 말한다. 아침에 눈을 뜨면 일보다도 먼저 떠오르는 얼굴이 있을 때가 있다. 보고 싶지 않은 상사, 애매한 동료, 내 마음을 몰라주는 팀원. 일터에서의 피로는 대부분 일이 아니라 관계에서 시작된다. 직장은 일만 하는 공간이 아니라, 끊임없이 사람을 상대해야 하는 무대이다. 감정을 숨기고 표정을 관리하며, 말 한마디로 분위기가 달라지는 곳. 그 안에서 우리는 하루에도 몇 번씩 감정을 눌러 삼킨다. 일은 계획대로 흘러가지만, 사람은 그렇지 않다. 그래서 일보다 사람이 더 힘들다.

상사와 부하, 동료와의 관계는 늘 미묘한 균형 위에 있다. 너무 가까워도 피곤하고, 너무 멀어도 불편하다. 적당한 거리에서 존중을 주고받는 법을 배우는 것이 직장 관계의 심리학이다. 하지만 많은 사람은 그 '적당한 거리'를 찾지 못한 채, 상대의 시선과 평가 속에서 자신을 잃어버린다. '잘해야 한다.'는 압박이 쌓이면 결국 완벽주의가 된다. 그리고 완벽하려는 마음은 언제나 관계를 긴장시킨다.

일터에서의 감정노동은 피할 수 없다. 고객을 대하는 서비스직뿐 아니라, 모든 직장에서 우리는 누군가의 감정을 대신 감당하며 하루를 보낸다. 그렇게 쌓인 피로가 어느 날 갑자기 무기력으로 바뀌고, 마음의 여유를 갉아먹는다. 그래서 일터에서도 마음의 '안전지대'를 만들어야 한다. 감정을 숨기기보다, 자신을 다독이는 작은 루틴이 필요하다. 사람들과의 관계는 성과보다 오래간다. 결국 함께 일하고 싶은 사람은 능력보다 태도의 온도가 따뜻한 사람이다.

나답게 일한다는 건 조직에 맞춰 사는 게 아니라, 내 자리를 잃지 않는 것이다. 상사의 평가보다 내 마음의 평화를 더 중요하게 여길 때, 일도 관계도 조금은 가벼워진다.

이 장은 일터에서의 인간관계를 심리학의 언어로, 그러나 삶의 체온으로 풀어낸다. 회사라는 작은 사회 속에서도 나를 지키며, 타인과 건강하게 연결되는 법. 일보다 사람이 더 힘든 시대에, 마음을 지키며 일하는 길을 함께 찾아보려 한다.

① 상사와 부하, 심리적 거리 조절의 기술

일터에서 사람 사이의 거리는 늘 애매하다. 너무 가까우면 불편하고, 너무 멀면 냉정하다는 말을 듣는다. 눈치와 배려 사이에서 중심을 잡으려 애쓰지만, 어느 순간 마음의 피로가 쌓여 있다. 직장은 함께 일하지만, 각자의 생각과 감정이 얽히는 공간이다. 그래서 관계의 온도를 유지하는 일이 일보다 더 어렵게 느껴질 때가 많다.

윤아는 신입 때부터 팀장에게 신뢰받는 직원이었다. 하지만 시간이 지나면서 그 신뢰가 오히려 부담으로 느껴졌다. 업무 외에도 팀장은 사적인 고민을 털어놓거나, 개인적인 일까지 부탁했다. 윤아는 거절하지 못한 채 "네, 알겠습니다."를 반복했다. 그러다 어느 날, 팀장이 "요즘 예전 같지 않네."라고 말했을 때 윤아는 자신도 모르게 눈물이 터져 나왔다. 윤아는 말했다. "가깝게 지내면 불편하고, 거리를 두면 냉정하다는 말을 들어요. 어떻게 해야 할지 모르겠어요." 상담자는 "윤아 씨에게 '적당한 거리'는 어떤 느낌인가요?"라고 물었다. 그 질문에 윤아는 한참을 생각하다 대답했다. "음…… 숨 쉴 수 있는 정도요. 내가 잘하려고 애쓰지 않아도 편하게 있을 수 있는 거리." 그날 이후 윤아는 조금씩 달라졌다. 팀장의 부탁이 들어올 때마다 "이번 건 일정이 좀 빠듯해서 어려울 것 같아요."라고 용기 내어 말해보았다. 처음엔 마음이 불편했지만, 의외로 팀장은 "괜찮아요, 다음에 부탁할게요."라고 말했다. 가깝다고 해서 늘 편한 것도 아니고, 멀다고 해서 냉정한 것도 아니다. 지금의 그녀는 '좋은 부하직원'이 되기보다, '지나치게 가까워지지 않아도 존중받는 사람'이 되는 법을 배우고 있다.

직장은 마음이 자라는 인간관계의 현장

직장 생활을 하다 보면 '좋은 상사란 어떤 사람일까?' 하는 생각을 자주 하게 된다. 일을 아무리 잘해도 감정의 간격을 조절하지 못하면 팀의 분위기는 금세 흔들리고, 반대로 일은 조금 서툴러도 사람의 마음을 다룰 줄 아는 상사는 조직 전체를 따뜻하게 만든다. 하루의 대부분을 보내는 직장은 단순히 돈을 벌기 위한 공간이 아니다. 그 안에는 소속되고 싶어 하는 마음, 인정받고 싶은 마음, 맡은 역할과 책임을 잘 해내고 싶은 마음, 그리고 존중과 성장을 바라는 우리 내면의 오래된 바람이 함께 얽혀 있다.

많은 사람들이 '주어진 일만 열심히 하면 된다.'고 생각하지만, 실제로 우리를 지치게 하는 건 일이 아니라 사람이다. 상사와의 갈등, 동료와의 미묘한 경쟁, 후배와의 거리감, 그리고 조직 안에 흐르는 보이지 않는 긴장감까지, 이 모든 것이 우리의 마음을 흔들고 때로는 상처로 남는다. 하지만 그 부딪힘 속에서 우리는 조금씩 단단해진다. 사람 사이의 일은 늘 어렵지만, 그 어려움 속에서 결국 '나'를 배우게 되기 때문이다. 돌아보면 직장은 참 아이러니한 공간이다. 일을 잘하려고 노력하다 보면 결국 사람을 배우게 되고, 관계에서 힘들어하다 보면 어느새 일보다 '마음'을 더 깊이 이해하게 된다. 일터에서 겪는 대부분의 경험은 타인과의 관계를 통해 드러나는 '나 자신의 패턴'을 보여주는 거울과도 같다.

심리학자 벤 다트너(Ben Dattner)는 10년 넘게 다양한 조직을 연구하며, 직장 내에서 사람들이 느끼는 존중감과 냉대감의 기준으로 '보수와 승진'을 꼽았다. 그는 직장 생활에서 느끼는 불만의 근본 원인이 "칭찬받지 못한 서운함과 분노", 그리고 "부당한 비난을 받을 때의 억울함"이라고 말한다. 참 단순한 이야기 같지만, 누구나 마음속 깊은 곳에서는 인정받고 싶은 마음을 품고 있다. 그러나 세상은 늘 공정하지 않고, 그 불균형 속에서 우리의 마음은 서서히 지쳐 간다. 그래도 그런 마음의 상처를 통해 우리는 배운다. 누군가의 칭찬이나 평가에 흔들리지 않고, 스스로를 다독이며 버티는 힘이 생긴다. 결국 직장은 나를 단단하게 만드는 또 하나의 인생 학교다.

상사와 부하 사이, 관계의 온도를 맞추는 기술

직장 생활을 하다 보면 제일 어렵게 느껴지는 관계가 바로 상사와의 관계일 것이다. 아무리 좋은 사람이라도, 위계가 있는 관계에서 언제나 편할 수는 없다. 상사와의 작은 오해나 어색한 거리감은 누구나 한 번쯤 경험한다. 회사는 일을 하기 위해 모인 곳이고, 그 일을 지시하고 평가하는 사람이 상사이기 때문에 이 관계는 늘 긴장감이 깃들어 있다. 그래서 상사와의 관계가 편하면 출근길이 가볍고, 반대로 불편하면 하루가 길고 힘들게 느껴진다. 특히 마음이 잘 맞지 않거나 불편한 상사와 함께 일해야 할 때 느끼는 스트레스는 정말 크다. 괜히 표정을 살피게 되고, 말 한마디에도 신경이 곤두선다. 그러다 보면 이런 생각이 든다.

'도대체 상사와의 적당한 거리는 어디일까?'

'상처받지 않으면서도 내 마음을 지키려면 어떻게 해야 할까?'

가까우면 불편하고, 멀어지면 냉랭해지는 이 관계의 온도를 맞추는 일은 참 어렵다. 일의 효율을 위해 일정한 거리가 필요하지만, 그 속에서도 사람의 온기를 잃지 않아야 한다. 너무 차갑지도, 너무 가깝지도 않은, 서로에게 숨 쉴 틈을 주는 거리가 필요하다. 상사와 부하의 관계는 일만 주고받는 관계는 아닐 것이다. 그 관계의 분위기는 팀의 성과뿐 아니라, 개인의 만족감과 성장에도 큰 영향을 준다. 상하 간의 심리적 거리는 마치 조직의 온도를 재는 온도계와 같다. 서로에 대한 신뢰와 존중이 있을 때 조직은 따뜻하게 돌아가고, 그렇지 않으면 금세 공기가 차가워진다. 마음의 거리가 너무 가까우면 감정이 일에 섞이고, 너무 멀면 대화가 끊기고 신뢰가 무너진다. 중요한 것은 '얼마나 가까운가, 얼마나 멀리 두는가'를 계산하는 게 아니라 상대의 마음을 느끼고, 그에 맞게 반응할 줄 아는 감각이다. 관계의 온도를 맞추는 것은 특별한 기술을 가진 사람의 몫이 아니라 마음의 태도에서 시작된다. 내 마음을 지키면서도 상대를 배려하려는 그 따뜻한 마음이 직장이라는 복잡한 공간을 조금 더 편안하게 만들어 준다.

건강한 심리적 거리를 위한 마음의 습관

그렇다면 그 섬세한 감각을 키우기 위해 우리는 무엇을 어디서부터 시작해야 할까? 먼저 상사와의 관계에서 점검해 볼 몇 가지 마음의 습관들이 있다.

첫 번째는 '좋은 상사란 어떤 사람인가?'라는 기대를 살펴보는 것이다. 우리는 각자의 경험을 통해 '이상적인 상사 이미지'를 마음속에 세워두고 있다. 누군가에게 이상적인 상사는 세심하고 따뜻한 사람일 수 있지만, 또 다른 누군가에게는 단호한 결정을 내리는 사람이 이상적일 수 있다. 그러나 우리가 바람직하다고 여기는 기준만 고집한다면, 그것은 익숙한 마음의 습관에 길들여져 있는 결과일 수 있다. 상사에 대한 기대를 돌아보는 일은 곧 내가 어떤 관계의 패턴 속에 머물러 있는지를 살피는 일이다.

두 번째는 지시와 통제에 대한 나의 태도를 살펴보는 것이다. 직장에서 상사의 지시 없이 완전히 독립적으로 일하기란 쉽지 않다. 업무가 어디까지 진행되었는지를 확인하고 조율하는 것은 상사의 역할이기 때문이다. 하지만 그 지시를 받아들이는 태도는 사람마다 다르다. 어떤 사람에게는 세심한 관리로 느껴지지만, 또 다른 사람에게는 간섭이나 통제로 느껴질 수 있다. 만약 그런 상황에서 유독 예민하거나 감정적으로 힘들어진다면, 과거의 권위적인 인물과의 관계 속에서 형성된 익숙한 감정 패턴이 작동하고 있을지도 모른다. 상사의 지시에 대한 나의 반응은 단지 현재의 관계만이 아니라, 내 안에 자리한 '권위에 대한 태도'를 비추는 거울일 수 있다.

마지막으로 서로의 차이를 대하는 나의 태도를 살펴보는 것이다. 우리는 모두 다르다는 사실을 알고 있으면서도, 막상 가까이 있는 사람에게는 나와 같기를 바라는 마음을 갖는다. 상사의 보고서

작성 방식이 마음에 들지 않거나, 사소한 부분까지 수정하라는 요구가 부담스러울 때가 있다. 출근 시간이나 점심시간을 철저히 지키는 태도가 답답하게 느껴질 수도 있다. 그러나 이런 차이들은 각자의 경험과 환경이 빚어낸 결과이며, 그 안에는 나름의 이유와 맥락이 있다. 감정에 앞서 상대의 의도를 이해하고 차이를 존중하는 것이 중요하다.

좋은 상사는 관계의 온도를 느끼고, 필요할 땐 다가서되 상대의 영역을 침범하지 않는다. 한 발 물러서되 방관하지 않는 균형을 유지한다. 좋은 부하란 상사의 의도를 헤아리면서도 자신의 감정선을 지키고, 상대의 말 너머에 담긴 맥락을 읽을 줄 아는 사람이다. 심리적인 거리는 누가 먼저 움직이거나 통제해서 만들어지는 게 아니다. 서로의 마음이 오가며 자연스럽게 만들어지는 것이다. 직장은 함께 일하며 관계를 배우는 공간이다. 마음의 온도를 잘 맞추고 균형을 유지하는 힘은 상대를 바꾸려 하기보다, 그 사람을 이해하려는 마음에서 시작된다.

누군가의 칭찬 한마디에 들떴다가, 다른 사람의 성과 소식에 갑자기 마음이 가라앉을 때가 있다. 나도 모르게 타인과 나를 비교하며 마음이 흔들릴 때, 일보다 더 힘든 건 '나 자신에게 실망하는 감정'이다. 인정받고 싶은 마음은 누구에게나 있다.

수진은 회사에서 늘 성실하고 꼼꼼한 직원으로 평가받았다. 그런데 어느 날, 입사 동기인 민지가 승진했다는 소식을 들은 뒤부터 마음이 요동쳤다. "저 사람은 발표도 잘하고 사교적이니까, 당연히 인정받는 거겠죠." 그녀는 애써 담담한 척했지만, 속에서는 쓰라린 감정이 밀려 왔다. 밤마다 민지의 SNS를 들여다보다가 자신을 향한 실망감으로 잠을 이루지 못했다. 상담에서 수진은 이렇게 말했다. "민지를 싫어하는 건 아닌데, 그 애를 볼 때마다 제 부족함이 드러나는 기분이에요." 상담자는 물었다. "수진 씨는 민지와 비교할 때, 자신에게 어떤 기준을 적용하고 있나요?" 수진은 고개를 떨궜다. "항상 완벽해야 한다는 기준이요. 실수하면 안 되고, 뒤처지면 안 된다는 생각이요." 그녀의 마음 깊은 곳에는 '부모에게 인정받기 위해 늘 1등을 해야 했던 어린 시절'이 자리하고 있었다. 칭찬은 언제나 성적표 뒤에 따라왔고, 조금이라도 떨어지면 "다음엔 더 잘하자."라는 말이 돌아왔다. 그때부터 수진은 자신의 가치가 '비교 속에서만' 증명된다고 믿게 되었다. 상담이 이어지며 수진은 '비교'라는 습관을 하나의 자동 반응으로 바라보기 시작했다. 민지를 떠올릴 때마다 "나는 뒤처지고 있어." 대신, "나는 나의 속도로 성장하고 있어."라고 되뇌었다. 몇 주 뒤, 이런 말을 했다. "민지를 보면 여전히 부럽긴 해요. 그런데 요즘은 그 부러움이 저를 미워하게 만들지 않아요. 그냥 나도 내 자리에서 잘해보고 싶다는 마음이 들어요."

비교의 순간, 마음이 흔들릴 때

직장에서는 나름의 자리에서 최선을 다한다. 하지만 성과가 드러나는 순간마다 마음 한구석이 불편해질 때가 있다. 누군가 칭찬을 받을 때, 상사가 특정 동료를 더 신뢰하는 듯할 때, 우리 마음은 조용히 비교의 저울 위에 올라선다. 인정받고 싶은 마음은 인간이라면 누구나 가진 자연스러운 욕구다. 그러나 이 인정욕구는 때로 사람을 지치게 만든다. 칭찬이 없을 때 불안해지고, 성과가 주목받지 못하면 자신의 존재가 희미해지는 듯한 허무감이 밀려온다. 특히 조직 안에서는 누군가의 '성과'가 곧 나의 '부족함'처럼 느껴질 때가 있다. 동료가 승진하거나, 상사의 관심과 칭찬이 다른 사람에게 향할 때, 내 안의 인정욕구는 갑자기 흔들리며 불편한 감정으로 변한다.

'나도 저 사람만큼 노력했는데 왜 나는 주목받지 못할까?'

이 질문이 마음속에 자리 잡는 순간, 일의 의미는 금세 '경쟁의 장'으로 변해버린다. 인정받고 싶었던 마음은 점차 비교와 열등감으로 변질되고, 그때부터 마음의 에너지는 바깥이 아닌 내면의 혼란 속으로 빨려 들어간다. 비교는 순간적인 긴장과 경쟁심을 자극하여 발전의 동력이 되기도 하지만, 그 끝에는 대개 허무와 불안이 남는다. 성과, 평가, 연봉, 자리, 심지어 상사의 미소까지도 비교의 대상이 된다. 비교의 눈으로 세상을 보기 시작하면, 나의 만족은 항상 타인의 상태에 의존하게 된다. 더 잘하는 동료를 보면 자존감이 흔들리고, 뒤처지는 사람을 보면 잠시 안도한다. 이런 감정은 나를 끊임없이 흔든다. 문제는 내가 중심을 잡고 살아가는 것이 아니라, 타인의 움직임에 따라 내 마음이 흔들린다는 것이다. 그 결과 나의 성장은 타인과의 비교 속에서만 확인되며, 비교는 본질적으로 끝이 없다. '어제보다 나은 나'가 아니라, '누군가보다 나은 나'를 목표로 삼을 때, 직장 생활은 금세 피로하고 힘들어진다. 누구나 자신만의 속도와 시간표가 있다. 그러나 비교의 눈으로 세상을 보면, 그 고유한 리듬을 잃고 타인의 박자에 맞춰 뛰게 된다. 그때 우리는 자신을 잃는다.

경쟁과 공평함, 마음의 함정

그렇다면 경쟁할 것인가?, 협력할 것인가? 힘든 직장 생활의 고단함을 털어놓기에는 동년배만큼 편안한 상대도 없다. 좋은 동료는 큰 힘이 되지만, 반대로 관계가 불편해지면 매일 얼굴을 마주해야 한다는 사실 자체가 부담으로 다가온다. 동료와의 관계를 어렵게 만드는 요인은 여러 가지가 있지만, 그중 대표적인 세 가지를 살펴보자.

첫 번째는 '경쟁'에 대한 태도이다. 동료들은 비슷한 시기에 입사하고 비슷한 평가 과정을 거치며 승진에서도 같은 후보군에 놓이기 쉽다. 그러니 경쟁을 피하기 어렵고, 누구나 이기고 싶은 마음을 갖기 마련이다. 하지만 모든 경쟁에서 이길 수는 없다. 그런데도

'○○에게만은 절대 지고 싶지 않아.'라는 감정이 자주 올라온다면, 그 경쟁의 상대는 동료가 아니라 내 안의 불안일 수 있다.

두 번째는 '공평함'에 대한 태도이다. 직장에서는 불공평함을 마주할 때가 많다. 누군가 편의를 보거나 기준이 흐트러지면 마음이 금방 요동친다. 물론 공정함은 중요하지만, 그 원칙 때문에 매번 감정이 크게 흔들린다면 스스로 만든 '완벽하게 공평해야 한다.'는 기준에 너무 매달리고 있는 것은 아닌지 돌아볼 필요가 있다. 현실은 자로 잰 듯 움직여 주지 않고, 회사는 언제나 합리적이지 않기 때문이다.

세 번째는 '권력'에 대한 태도이다. 동료가 상사에게 살갑게 구는 모습을 보면 쉽게 '아부'라고 생각하기도 한다. 하지만 모든 관계 맺음을 그런 시선으로 바라본다면 오히려 나의 권력에 대한 감정이 왜곡되어 있는 것은 아닌지, 혹은 '청렴함'을 '소극성'과 혼동하고 있는 건 아닌지 점검해 볼 때이다.

잠시, 마음을 바라보는 다른 방식–수용전념치료

여기서 잠깐 '수용전념치료(ACT)'라는 접근을 소개하고 싶다. ACT는 감정을 없애거나 바꾸려는 데 초점을 두지 않는다. 감정은 원래 오고 가는 경험이고, 그 감정 속에서 내가 어떤 방향으로 살아가고 싶은지를 더 중요하게 본다. 그중에서도 내가 특히 마음에 새긴 개념 하나가 있다. 바로 '탈융합', 즉 생각과 나 사이에 적당한 거리를 두는 일이다. 머릿속에 떠오르는 생각이나 감정을 '사실'로 단정하기보다 '지금 이런 생각이 올라오고 있구나.' 하고 한 발 떨어져 바라보는 태도이다. 생각을 없애려 애쓰는 것이 아니라, 생각에 휩쓸리지 않도록 나와의 거리를 확보하는 것. 그 여백이 생길 때 우리는 흔들림 속에서도 덜 요동치고, 조금 더 자유로울 수 있다.

이 관점을 알고 나니 마음이 흔들리는 순간들이 조금 다르게 보이기 시작했다. 머리로는 다 알고 있지만 마음은 좀처럼 따라오지 않는 그 순간들, 누군가의 표정 하나에 괜히 위축되고 사소한 말 한마디에 하루의 정서가 흔들리는 순간들 말이다. '나는 왜 이렇게 불안하지?', '왜 저 사람과 비교하게 될까?'라는 생각이 스칠 때마다 예전의 나는 스스로를 다그쳤다. '이런 감정은 느끼면 안 돼.', '프로답게 행동해야지.' 같은 말들로 마음을 억눌렀다. 하지만 이제는 안다. 억누를수록 마음은 더 복잡해지고 자책은 끝없이 이어진다는 것을. 그래서 요즘 나는 조금 다른 방식으로 나를 바라본다. 그저 잠시 멈춰서 지금 내 안에서 어떤 감정이 고개를 들고 있는지 조용히 바라본다. "아, 지금 불안이 올라오고 있구나.", "지금 비교의 마음이 스치고 있네." 하고 말해주는 것만으로도 마음은 조금 놓인다. 불안, 초조, 질투, 서운함…… 어떤 감정이든 올라올 수 있고, 그 감정이 찾아온다는 건 내가 여전히 잘하고 싶고 성장하고 싶다는 뜻이기도 하다. 불안이 생긴다는 건 그만큼 내가 진심이었다는 증거이고, 비교의 마음은 '나도 저만큼 되고 싶다.'는 바람의 또 다른 얼굴이다. 그러니 그런 감정을 미워하거나 부끄러워하기보다 "지금 나는 여전히 나아지고 싶구나." 하고 다정하게 인정해 주면 된다.

직장에서는 언제나 누군가의 평가가 따라붙는다. 상사의 말, 동료의 표정, 성과표의 숫자, 회의의 공기까지 모든 것이 나를 비추는 거울처럼 느껴질 때가 있다. 하지만 정말 중요한 건 타인이 나를 어떻게 보는가가 아니라, 일하는 나 자신이 '나를 어떻게 바라보느냐.'라는 사실이다. 오늘의 내가 어제보다 조금이라도 성장했는지, 맡은 일에 진심을 담아 해냈는지, 그 질문에 조용히 "응."이라고 답할 수 있다면 그걸로 충분하다. 직장은 원래 경쟁과 평가가 교차하는 곳이다. 누군가는 빠르게 달리고 누군가는 천천히 걷는다. 모두가 각자의 속도로 하루를 살아간다. 그러니 마음이 흔들릴 때 억지로 다잡으려 애쓰지 않아도 된다. 뿌리 깊은 나무라도 바람이 불면 흔들리듯, 사람도 흔들릴 수밖에 없다. 중요한 것은 흔들리는 순간을 두려워하지 않는 것이다. 그 흔들림 속에서 '아, 지금 내가 흔들리고 있구나.' 하고 알아차릴 수 있다면 그것이 바로 탈융합이며, 그 알아차림이 나를 다시 단단한 중심으로 데려간다.

완벽해지려는 마음은 겉보기엔 성실함처럼 보이지만, 그 안에는 불안이 숨어 있다. '실수하면 안 돼.', '이 정도는 해야 인정받지.'라는 생각이 관계를 조이기 시작하면, 사람보다 결과가 더 중요해진다. 그러면 어느새 나도 모르게 타인을 평가하고, 자신을 몰아세운다. 완벽주의자는 실수를 두려워하지만, 결국 그 두려움이 사람과의 거리를 만든다.

지윤은 늘 '실수하면 안 돼.'라는 생각으로 사람을 대했다. 친구가 약속에 늦으면 속으로 불편해졌고, 동료가 일을 미루면 답답했다. "저렇게 대충 해도 괜찮을까?"라는 말이 입 끝까지 올라올 때마다, 그녀의 얼굴은 점점 굳어갔다. 완벽함을 유지해야만 사랑받을 수 있다는 믿음은 그녀를 끊임없이 긴장시켰다. 하지만 상담을 통해 자신이 완벽함으로 관계를 통제하려 했다는 걸 깨닫게 되었다. "사실은 실수하는 나를 누가 싫어할까 봐 두려웠어요." 그 순간, 지윤은 처음으로 자신에게 이렇게 말했다. "괜찮아, 완벽하지 않아도 돼." 그 후로 지윤은 일부러 작은 실수를 허용하기 시작했다. 회의에서 실수를 인정해도, 집안일을 하루 미뤄도 세상은 무너지지 않았다. 오히려 타인의 미흡함이 보일 때마다 예전의 자신이 떠올라 미소가 지어졌다. 완벽을 내려놓자, 관계는 조금 느슨해졌지만, 대신 훨씬 따뜻해졌다.

완벽함의 이면, 불안이 만든 긴장

'오늘은 내가 좀 잘나 보였으면 좋겠다.'라는 마음이 스칠 때가 있다. 인정받고 싶은 마음은 인간다운 욕구다. 하지만 그 마음이 '이 정도는 해야 인정받는다.'라는 조건과 만나면 이야기는 달라진다. 그때부터 성과는 단순한 업무 결과가 아니라, 나라는 사람의 존재를 증명하는 증거가 되어버린다.

'유능해야 사랑받는다.'
'잘해야 버려지지 않는다.'
'성공하지 않으면 쓸모없다.'

이런 마음의 바탕에는 심리학자 칼 로저스(Carl Rogers)가 말한 '가치 조건화(condition of worth)'라는 개념이 있다. 로저스는 사람이 '조건 없이 사랑받을 때' 가장 건강하게 성장한다고 했다. 쉽게 말하면, 있는 그대로의 나를 인정받을 때 인간은 가장 편안하고 자연스럽게 자란다는 것이다. 하지만 많은 사람들은 어린 시절부터 "잘해야 칭찬받는다.", "착해야 사랑받는다."라는 말을 반복해서 들으며 자라왔다. 그 말들이 우리 마음속에 조용한 규칙을 새겨 놓는다. '내가 이런 모습을 해야 사랑받는다.'라는 기준이 생기고, 그 기준을 만족하지 못하면 사랑과 보호가 멀어질 것 같은 불안이 자리잡는다. 이것이 바로 '가치 조건화'이다.

문제는 이 규칙이 어른이 되어서도 여전히 작동한다는 것이다.

어린 시절에는 부모의 표정이 기준이었지만, 어른이 되면 상사의 평가, 동료의 시선, 조직의 분위기가 그 자리를 대신한다. 상사의 말투 하나, 회의 중 짧은 반응에도 마음이 쉽게 흔들린다. 마치 어린 시절 부모의 눈빛 하나에도 마음이 요동치던 것처럼, 지금도 누군가의 반응이 내 존재감의 기준이 되어버린다. 그 순간 우리는 다시 옛 규칙에 갇힌다. '잘해야 인정받는다.', '부족하면 버려질지도 모른다.'라는 불안한 생각이 밀려온다.

그래서 우리는 불안을 줄이기 위해 더 열심히, 더 완벽하게 하려 한다. 처음엔 그것이 성실함처럼 보이지만, 시간이 지나면 불안을 감추기 위한 가면이 된다. '잘해야 인정받는다.'라는 믿음은 어느새 '실수하면 무너진다.'라는 두려움으로 바뀐다. 일의 결과가 곧 나 자신이 되어버리면, 작은 실수 하나에도 마음은 크게 흔들린다. 단순히 일이 틀어진 것이 아니라, '나는 부족한 사람인가?'라는 생각으로까지 번져버리는 것이다. 다행스럽게도 가족이나 친구, 애인처럼 가까운 대상에게는 '내가 무엇인가를 잘못해도 나를 있는 그대로 볼 거야.', '완벽하지 않고 부족한 부분이 있어도 나 자체를 사랑할 거야.'라는 믿음을 가진 경우도 있다. 그런 관계 속에서 우리는 조금 더 편안하게 숨 쉴 수 있다. 누군가는 우리의 실패를 나의 가치를 판단하는 기준으로 삼지 않는다. 누군가는 우리가 할 수 있는 것과 없는 것을 모두 포함해서 그대로 사랑한다. 그것이 무조건적 긍정적 존중이다. 로저스가 말한 그 정서적 안전지대가 있는 사람과 없는 사람은 인생의 안정감이 다르다.

하지만 직장은 다르다. 채용 공고의 조건들을 충족하는 사람으로 선택되었기 때문에 직장에서 우리는 조건 속에서 존재한다고 느끼기 쉽다. 직장은 그 마음의 패턴이 가장 뚜렷하게 드러나는 곳이다. 늘 평가와 성과가 따르고, 숫자와 지표로 가치가 매겨진다. 그러다 보니 우리는 불안을 다루기보다 통제하려 한다. '조금만 더 완벽하면 괜찮아질 거야.' 그렇게 자신을 몰아붙이지만, 그 노력은 불안을 잠시 덮어둘 뿐 결국 더 깊게 만든다.

불가능한 통제, 그리고 관계의 단절

개인적인 삶에서는 노력한 만큼 결과가 돌아오는 경우가 많다. 공부하면 성적이 오르고, 운동을 하면 몸이 변한다. 입력과 출력이 나란히 이어지는, 예측할 수 있는 세계다. 하지만 직장은 다르다. 팀원의 컨디션, 상사의 판단, 조직의 방향, 시장의 흐름, 심지어 회의실의 공기까지도 결과에 영향을 준다. 아무리 최선을 다해도, 내가 통제할 수 없는 일이 훨씬 많다. 그럼에도 완벽주의자는 그런 불확실한 세상 속에서도 모든 걸 통제하려 한다. 왜일까? 불안이 크기 때문이다. 친구나 가족 앞에서는 당신이 실패해도 사랑받을 것이라는 믿음이 있었지만, 직장에서는 그런 안전장치가 없기 때문이다. 그래서 일이 예상대로 흘러가지 않으면, 자신을 탓하고, '내가 부족해서 그렇다.'며 더 열심히 몰아붙인다. 그럴수록 불안은 커지고, 실수에 대한 두려움은 목소리를 높인다. '완벽해야 해. 이번에는 틀리면 안 돼.' 그렇게 자신에게 더 높은 기준을 세우면, 어느새 그 잣대를 타인에게도 들이댄다. 그때부터 사람은 함께 일하는 동료가 아닌, 평가의 대상이 된다. 일은 협업이 아니라 검증이 되고, 관계는 점점 팽팽히 조여간다. 완벽해야만 인정받을 수 있다고 믿었던 마음이, 오히려 관계를 멀어지게 한다.

발표 5분 전, 팀원의 슬라이드에서 오탈자 하나를 발견했을 때 심장이 철렁 내려앉는 경험. '이 한 줄 때문에 우리가 준비한 것들이 다 무너질 수도 있어.', '이런 걸 놓치다니, 왜 나까지 허술해 보이게 만들지?' 여러 생각이 한꺼번에 밀려오고, 손에 땀이 차오른다. 이 순간 완벽주의자에게 일어나는 일은 두 가지다. 하나는 객관적 상황 파악 즉, 오탈자를 발견했다는 사실이다. 하지만 더 큰 것은 감정이다. 그 오탈자가 나의 부족함의 증거로 느껴진다. 당신의 능력이 의심받을 것 같은 두려움이 몰려온다. 작은 실수 하나가 두려움으로 번지고, 두려움은 관계의 문을 닫게 한다. 완벽을 향해 애쓸수록 마음은 점점 더 외로워진다.

완벽함 대신 연결

완벽주의자의 마음은 실수를 고치고 나서도 멈추기 어렵다. '다시는 이런 일이 생기지 않게 해야지.' 이 다짐은 어느새 사람을 바꾸려는 시도로 번지고, 회의는 협업이 아니라 점검으로 변하기 쉽다. 일의 과정보다 결과가 더 중요해지고, 관계는 조용히 긴장으로 굳는다. 누가 틀렸는지, 무엇이 부족했는지에 집중하다 보면, 함께 일하는 사람들 사이의 온기가 먼저 사라진다. 조직 안에서 완벽주의자는 종종 이렇게 불린다.

'능력은 있지만, 까다로운 사람'
'일은 잘하지만, 함께 일하기는 어려운 사람'

그들의 철저함은 분명 강점이지만, 세밀함이 지나치면 타인에게는 통제로 느껴진다. 실수를 두려워하는 팀은 말을 아끼고, 회의실에는 조심스러운 침묵이 흐른다. 겉으로는 모든 게 매끄럽게 보이지만, 관계 속의 믿음은 서서히 줄어든다. 서로의 눈치를 보며 일하는 조직에서는 주도성이 자라지 않고, 결국 성과보다 분위기가 먼저 무너진다. 완벽주의는 자신을 보호하기 위한 방패 같지만, 아이러니하게도 그 방패가 관계를 가장 먼저 무너뜨린다. 사람은 누구나 실수하고, 때로는 모자란 부분이 있다. 그 불완전함을 인정할 때 비로소 관계는 숨을 쉰다. 작은 실수 하나쯤은 웃어넘길 수 있을 때, 마음과 마음 사이에 따뜻한 신뢰가 자랄 수 있다.

우리는 모두 불안해서 완벽을 좇는다. 실망하게 하고 싶지 않아서, 믿음을 잃고 싶지 않아서, 잘하고 싶은 마음이 너무 커서 그렇다. 하지만 완벽함은 결코 평안을 허락하지 않는다. 오히려 나를 조이고, 타인을 멀리하게 만든다. 완벽을 내려놓는 것은 포기가 아니라, 사람에게 중심을 다시 돌리는 일이다. 실수해도 괜찮고, 다른 의견이 있어도 존중받을 수 있는 공간. 그런 곳에서 일할 때, 관계는 자연스럽게 이어지고, 일은 더 부드럽게 흐른다. 결국 완벽보다 중요한 건, 서로의 다름을 견디고 이어주는 그 연결의 힘 아닐까.

일터에서 감정은 늘 절제되어야 한다. 화가 나도 미소를 지어야 하고, 속이 상해도 괜찮은 척해야 한다. 그렇게 하루하루 쌓이는 감정노동은 결국 마음의 체력을 갉아먹는다. 공감이 많을수록 더 쉽게 소진되고, 진심으로 일할수록 더 빨리 지친다.

세연(간호사)은 병동에서 일한 지 7년째였다. 그녀는 환자와 보호자, 동료 사이에서 늘 밝은 얼굴을 유지했다. 화가 나도 웃었고, 서운해도 "괜찮아요."라고 말했다. 하지만 퇴근길 엘리베이터 안에서는 눈물이 났다. "하루 종일 감정을 쓰다 보면, 집에 가선 아무 말도 하기 싫어요." 그녀는 점점 사람을 만나는 것도 힘들어졌다. 세연은 말했다. "저는 환자들이 좋아요. 근데 어느 순간, '또 웃어야 하나?' 하는 생각이 들어요." 상담자는 고개를 끄덕이며 물었다. "세연 씨는 감정을 쓰는 일에는 익숙한데, 감정을 돌보는 일에는 익숙하지 않은 것 같아요." 그날 이후 세연은 근무일지를 쓸 때 '오늘 나를 가장 힘들게 한 일'과 '그래도 고마웠던 순간'을 함께 적었다. 감정을 밀어내지 않고, 잠시 머물러주는 시간을 만들자, 하루의 무게가 조금은 가벼워졌다. 며칠 후 동료가 환자의 항의에 눈물을 보였을 때, 세연은 예전처럼 "괜찮아, 신경 쓰지 마." 대신 "많이 힘들었겠다."라고 말했다. 그 말 한마디가 오히려 자신에게도 위로가 되었다. 감정은 억누르는 게 아니라 관리해야 하는 것이다. 그리고 일터의 회복은 업무 능률보다 '마음을 돌보는 기술'에서 시작된다.

일터에서 살아남기 위해 감정 누르기

일터에서 감정을 누르는 것은 우리가 약해서가 아니라, 그것이 직장이라는 환경의 규칙이기 때문이다. 그렇게 하루하루 쌓이는 감정노동은 결국 마음의 체력을 갉아먹는다. 공감이 많을수록 더 쉽게 소진되고, 진심으로 일할수록 더 빨리 지친다. 회의실에서 완벽주의 상사가 지난주 성과에 대해 "이 정도는 최소한이다. 더 끌어올려야 한다."라고 말한다. 밤샘 작업으로 주말을 포기했지만, 화가 치민다. 하지만 입에서 나오는 말은 "네, 검토하겠습니다."라고 말하며 담담한 표정을 지을 수밖에 없다. '성격이 거칠다.', '감정 조절이 미숙하다.'라는 낙인이 찍힐까 봐 화를 꾹 눌러 담게 된다.

우리는 실제로 느끼는 감정과 겉으로 표현해야 하는 감정이 다를 때가 많다. 심리학에서는 이를 '정서적 부조화'라고 한다. 속으로는 슬프거나 화가 나지만, 겉으로는 웃어야 할 때가 있다. 이렇게 실제 감정과 표현되는 감정의 간극이 클수록 에너지 소모가 커진다. 슬플 때 울고, 화날 때 적절히 표현하는 일은 마음을 가볍게 하지만, 직장에서는 쉽지 않은 일이다. 그래서 과도한 업무 자체보다 감정 관리에 더 많은 에너지가 빠져나간다고 느끼며 피로해진다. '지금 감정을 눌러야 해.', '표정을 밝게 하자.', '목소리는 차분하게'와 같이 스스로 내면에서 세운 지침에 계속 대응하느라 심리적 자원이 바닥나기 쉽다. 감정을 정돈해 드러내지 않는 것도 힘겹지만, 더 많이 공감하고 친절해지려 할수록 모래주머니를 차고 달리는 것처럼 체력이 빠르게 소모된다. 내면의 지침이 늘고 더 애를 쓸수록 무거워진다. 동료의 말에 귀 기울이고 고객의 불만을 이해하려 할수록 그 감정은 내 안에 축적된다. 고객의 실망, 동료의 스트레스가 내 마음으로 옮겨붙는다. 한쪽에는 '감정을 관리해야 한다.'라는 부담이, 다른 쪽에는 '더 공감해야 한다.'라는 압력이 실린다. 처음엔 누군가를 돕고 제대로 해내고 싶었을 뿐이다. 그 순수한 마음에는 아무런 문제가 없다. 문제는 당신의 진심과 함께 따라오는 감정까지 계속 '관리'하라는 요구가 당신의 마음을 닳게 한다는 것이다. 기뻐도 담담하게, 슬퍼도 침착하게. 반복될수록 진심은 갇히고 에너지는 줄어든다. 더 큰 문제는 퇴근 후에도 감정 억제 모드가 꺼지지 않는 것이다.

집에서도 긴장이 풀리지 않고, 휴일에도 마음은 일에 붙잡힌다. '일하는 나'와 '진짜 나'의 경계가 흐려지고, 거리는 멀어진다. 중요한 무언가를 잃어가고 있음을 느끼지만 멈출 수 없다. 이러한 '공감 피로'는 심리학 개념에서 시작됐지만, 이제는 우리 모두에게 익숙한 일상의 언어가 되었다. 서비스 직군만의 문제가 아니라, 누군가의 감정을 이해하고 보듬으려 애쓰는 모든 사람에게 찾아오는 일상의 피로다. 다른 사람의 마음을 계속 들으면서 자신의 마음을 챙길 여유가 없어진다. 이렇게 계속 달리다 보면 두 발은 점점 무거워지고, 어느 순간 더 이상 달릴 수 없어 멈추게 된다.

몸과 마음이 보내는 신호, 이제는 들어야 할 시간–번아웃

번아웃이 찾아오면, 몸과 마음은 먼저 신호를 보낸다. 밤에는 잠이 얕아지고, 아침마다 몸이 유난히 무겁다. 가슴이 눌리는 듯 답답하고, 이유를 딱 집기 어려운 두통이나 소화불량이 잦아진다. 누군가에게는 생리 주기가 흐트러지기도 한다. 신호의 형태는 저마다 다르지만, 메시지는 하나다. 지쳤다. 정서적으로는 작은 일에도 눈물이 왈칵 쏟아지거나, 반대로 아무 감정도 느껴지지 않는 '무감(無感)'의 상태가 온다. 내 감정이 내 것이 아닌 것처럼 멀게 느껴지기도 한다. 좋은 소식에도 마음이 덤덤하고, 슬픈 일에도 묘하게 멍하다. 감정이 극단적으로 흔들리거나 반대로 무뎌지는 것은 오래 눌러 온 감정과 과도한 부담이 쌓였다는 자연스러운 신호다. 몸과 마음이 동시에 피로해지면 일의 의미가 흐려지고, 마음의 온기가 서서히 옅어진다. 예전엔 가슴이 뛰던 일들도 어느 순간 '그냥 해야 하는 일'처럼 느껴진다.

능력 부족이나 의지의 문제라고 오해하면 안 된다. 오래 달려온 마음이 잠시 쉬고 싶다는 신호다. '이게 무슨 의미가 있을까?', '뭐 하는 짓인가?' 하는 냉소는 자신을 지키기 위해 속도를 줄이려는 마음의 장치일 수 있다. 잘하고 싶은 마음은 여전하지만, 에너지가 따라주지 않으면 실수가 잦아지기도 한다. 평소라면 '실수는 누구나 하는 것'이라 생각했겠지만, 이런 때에는 작은 실수에도 '내가 문제인가?'라는 생각이 길게 머문다. '나만 이런가?' 싶지만 많은 이들이 같은 길을 지난다. 더 이상 감정을 억누를 에너지가 없다는 사실이 여러 곳에서 신호로 드러나는 것이다.

우리는 여기서 한 가지를 분명히 할 필요가 있다. 감정 관리는 감정을 억누르거나, 사회가 선호하는 긍정적인 감정에 따라 억지로 바꿔 연기하는 기술이 아니다. 지금 내 안에서 일어나는 감정을 알아차리고, 그 강도와 머무는 시간을 살피며, 상황에 맞게 안전하게 표현할 수 있도록 돕는 과정이다. 감정을 없애는 기술이 아니라, 감정과 함께 살아가는 기술이다. 감정의 발생(무슨 일이 일어났는가), 주의(무엇에 마음을 두는가), 해석(어떤 의미를 붙이는가), 반응(어떻게 드러내는가)까지 전 과정이 포함된다. 그래서 감정 관리의 핵심은 억압이 아니라 '인식-수용-조절-표현'의 순환이다. 이러한 순환이 작동될 때 우리는 감정 속에서 나를 잃지 않지만, 많은 사람은 이 신호들을 지나친다.

작은 것부터 시작하는 회복

회복을 위해 장기 휴가나 큰 결심을 하지 않아도 된다. 오늘의 아주 작은 선택이 내일의 체력을 만든다. 작게, 그러나 꾸준함이 필요하다.

감정을 인정하기: 있는 그대로의 지금 마음을 느껴본다. '지금은 불안하다.', '지금은 무의미함이 느껴진다.', '지금은 서운하다.' 이름 붙이는 순간 마음은 방향을 찾는다. 3분 감정 일기, 오늘의 감정 한 줄부터 시작해 보자. 감정은 옳고 그름이 아니라 신호이다. 신호를 알면 길을 잃지 않는다.

하루 속 작은 쉼 만들기: 완벽한 쉼을 기다리지 말고, 화장실에서

3분 호흡, 엘리베이터 대기 중 어깨 내리기, 점심 후 5분 산책, 퇴근길 한 정거장 걷기를 하자. 이런 짧고 잦은 쉼이 신경계를 진정시키고 내일을 위한 연료를 생산한다.

혼자가 아니라는 것을 느끼기: 신뢰하는 한 사람에게 지금의 마음을 말로 건넨다. '나만 이런 게 아니구나.'라는 감각은 고립을 풀어준다. 업무 이야기가 아닌 일상의 소소한 대화도 좋다. 그 앞에서는 '직장인 표정'을 벗어도 된다. 진짜 표정이 드러나도 괜찮다.

나를 지키는 작은 경계 긋기: 가능한 것과 어려운 것을 구분해 약속한다. 메일 확인 시간대를 정하고, 회의 후 90~120분은 집중 구간으로 보호하고, 즉답 대신 '검토 후 답장'의 시간을 둔다. 경계는 차가움이 아닌 나를 지키는 친절이다. 경계가 생기면 할 일과 못 할 일이 분명해지고, 명확함이 불안을 낮춘다.

감정 속에서 나 잃지 않기: 감정을 없애려 애쓰지 말고, 감정과 함께 행동하는 법을 연습한다. '화가 나도 내 일을 할 수 있다.', '지쳤어도 누군가에게 기대볼 수 있다.' 감정과 행동은 동시에 존재할 수 있으니까. 이렇게 나의 마음과 내가 맡은 역할이 함께 움직일 때, 우리는 결코 혼자가 아니라는 것을 느낄 수 있다.

이 다섯 가지를 꾸준히 실천하면 크고 작은 변화가 시작될 수 있다. 만약, 번아웃이 가벼운 수준을 넘어 중등도 이상이라면 (밤이 두렵고, 아침이 올 생각에 가슴이 철렁하고, 모든 일이 무의미하게 느껴진다면) 전문가의 치료적 개입이 필요하다. 심리상담사, 정신 건강의학과 의사를 만나는 것은 약해서가 아니라, 자신을 진정으로 지키는 현명한 선택이다. 이미 충분히 혼자 견뎌왔으니, 이제는 전 문가와 함께 걸을 차례이다. 혼자가 아니라는 것을 기억해 주길 바 란다.

⑤ 일 잘하는 사람보다 함께 일하고 싶은 사람

함께 일하고 싶은 사람은 '잘하는 사람'보다 '편안한 사람'이다. 일을 잘해도 주변 사람들을 불편하게 만드는 사람보다, 함께 있으면 마음이 놓이는 사람이 오래 남는다. 신뢰는 큰 성과보다 작은 배려에서 자란다.

마케팅팀 지현은 누구보다 성실하고 꼼꼼한 직원이었다. 하지만 팀 내 회의가 끝나면 유독 분위기가 싸늘해졌다. 그녀는 늘 정확한 데이터를 내세우며 동료들의 아이디어를 반박했다. "효율이 떨어져요.", "그건 이미 실패했던 방식이에요." 말은 틀리지 않았지만, 모두가 함께 일하고 싶지는 않은 사람이 되어 있었다. 어느 날 팀장은 조용히 말했다. "지현 씨는 일은 잘하지만, 사람들과 일하는 법은 좀 더 배워야 해요." 그 말이 마음에 남았다. 지현은 억울했지만, 회의 때마다 '옳은 말'을 하느라, '관계의 온도'를 놓치고 있었음을 깨달았다. 그 후 그녀는 회의 시간에 바로 반박하지 않고 "좋아요, 그 방향으로 가면 이런 변수도 생길 것 같아요."처럼 상대의 의견을 먼저 인정한 뒤 자신의 생각을 덧붙이기 시작했다. 놀랍게도 그 한 문장만으로 회의 분위기가 달라졌다. 동료가 말했다. "요즘 지현 씨랑 일하면 편해요. 같이 하면 일이 술술 풀리는 느낌이에요." 그 말을 들은 지현은 미소를 지었다.

신뢰가 일을 움직인다

신뢰는 거창한 행동에서 나타나지 않는다. 작은 배려가 쌓이는 순간, 함께 일할 때 느껴지는 '안정감', 말하지 않아도 전해지는 '편안함' 그 미세한 접점에서 조용히 형성된다. 그리고 신뢰는 혼자 잘한다고 되는 것이 아니라, 누군가와 함께 움직이는 과정에서 단단해진다. 아무리 능력이 뛰어나도 주변을 긴장시키는 사람보다, 함께 있으면 마음이 놓이는 사람이 결국 오래 살아남는다. 업무 스타일이나 성향도 중요하지만, 팀의 분위기를 결정짓는 건 결국 신뢰다. 그렇다면, 직장에서 신뢰는 어떻게 만들어질까? 사람들은 어떤 순간에 '아, 이 사람 믿을 수 있겠다.'라고 느낄까?

대학원을 졸업하고 처음 들어간 직장은 조용하고 차분한 공공기관이었다. 신입이었던 나는 그 정적인 분위기 속에서 늘 작은 긴장을 안고 있었다. 10년 이상 경력을 가진 선배들 사이에서 나는 어떤 역할을 할 수 있을지, 온종일 그런 생각만 맴돌았다. 선배들은 묵묵히 자기 일을 해나갔고, 나는 책상 위 매뉴얼만 들여다보며 어색한 시간을 견디다가 결국 마음을 다잡고 먼저 다가가 보기로 했다.

"○○ 선임님, 오늘 부처 회의 있으시죠? 회의실 자료 제가 세팅해 놓을까요?"

"응. 그럼, 일도 알려줄 겸 같이 해볼까?"

갑작스러운 신입의 제안에 선배는 잠시 놀란 듯했지만, 곧 미소를 지으며 부탁할 일을 알려주었다. 그 한마디는 단순한 업무 분담이 아니라, 신입인 나에게 건네는 심리적 초대의 제스처였다. 사실 새로운 팀에 들어간 신입이 옆자리 선배에게 계속 말을 건다는 건, 누군가에게는 번거로운 일일 수도 있다. 특히 이미 오랫동안 함께 일한 사람들 사이에 전문가적 리듬이 자리 잡은 팀이라면 더 그렇다. 그럼에도 그 선배는 그 리듬을 잠시 멈추고, 나를 그 흐름 안으로 부드럽게 끌어들였다. 그 작은 배려 덕분에 나는 자연스럽게 팀 일에 스며들었고, 회의·출장·협업 자리에서도 함께 앉게 되었다. 관계는 그렇게 서서히, 그러나 확실하게 가까워졌다.

가끔 생각한다. 만약 그때 선배가 "아니야, 그냥 내가 할게."라고 말했다면? 아마 나는 팀의 중심에 들어가기까지 더 오래 걸렸을 것이고, 서로를 향한 신뢰도 이렇게 깊어지지 않았을 것이다. 물론 내 마음도 단순하진 않았다. '내 일도 벅찬데…… 이것까지 함께 해도 될까?', '혹시 폐가 되는 건 아닐까?' 상담자로서 늘 타인의 경계를 존중해온 습관 때문에 더 조심스러웠던 것도 사실이다. 그럼에도 '함께 해보려는 의지'는 팀 안에 작은 파문을 일으켰다. 누군가의 손길이 더해지고, 또 다른 이가 조용히 도움을 얹으면서 협업은 자연스럽게 팀의 문화가 되었다. 문제가 생기면 누가 먼저랄 것 없이 움직여주는 팀워크는 그렇게 형성되었다. 나는 상담 현장에서 늘 보아왔다. 신뢰는 거대한 행동이 아니라 아주 작은 선택들의 반복에서 만들어진다는 사실을. 이야기를 들어주기 위해 앉아주는 행동, 상대의 호흡을 기다려주는 순간, 필요한 말을 조용히 건네는 그 미세한 배려들. 직장에서의 신뢰도 다르지 않았다. 배려는 마음을 열게 하고, 협업은 관계의 리듬을 맞추며, 작은 손길은 팀을 안전하게 만든다.

이 축적된 순간들이 결국 '신뢰'라는 가장 강력한 팀의 자산이 된다.

상사로부터 받은 '신뢰 기반 피드백'

새로운 사업을 기획하고 첫 사업계획서를 올렸을 때, 나는 승인 여부를 기다리며 내내 마음이 들떠 있었다. 그러다 실장님의 호출이 들어오자, 긴장감이 훅 올라왔다. 혹시 빠뜨린 내용이 있었던 건 아닐까, 다시 고쳐야 하는 건 아닐까. 여러 걱정을 안고 들어간 순간, 실장님이 건넨 말은 전혀 예상하지 못한 것이었다. "이 사업은 선배들이랑 팀장들의 힘이 좀 필요해 보이네. 업무 분담안에 그분들 역할을 넣어서 다시 올려봐요." 그 말은 지적이 아니라 '지지'였다. "이건 네가 좀 부족했어."가 아니라 "우리 함께할 수 있어."라는 메시지였다. 그 한마디는 신입이었던 나에게 큰 숨구멍처럼 느껴졌다.

내가 혼자 전부 해내야 한다는 압박에서 벗어나자, 생각도 훨씬 더 넓게 펼쳐졌다. 도움을 청하는 게 능력 부족의 증거가 아니라, 일을 더 크게 만들고 더 단단하게 하는 방법이라는 사실을 그때 처음 경험했다. 그 이후 협업의 분위기는 눈에 띄게 달라졌다. 선배들은 자신의 경험을 자연스럽게 나눴고, 협업하며 신뢰 포인트는 하나씩 쌓여갔다. 나는 그 안에서 배우면서도 동시에 한 팀의 일원이라는 소속감을 느꼈다. 민간 기관과의 연계도 술술 풀렸다. 전국 청소년을 위한 다양한 지원 사업이 빠르게 확장된 것도 결국 이 '함께하는 힘'이 만들어 낸 결과였다. 돌이켜보면, 실장님의 한마디는 업무 방향을 바꾼 것이 아니라 나의 태도를 바꾼 말이었다. 나는 그때 이런 결론에 또렷하게 도달했다.

"신뢰가 있어야 사람이 움직이고, 사람이 움직여야 팀이 성장한다."
"팀을 강하게 만드는 것은 능력이 아니라 관계다."
−조직 심리학자 아담 그랜트(Adam Grant)

'저 사람은 믿어도 된다.'는 평판만큼 강력한 경쟁력은 없다. 신뢰를 쌓는 일은 보이지는 않지만 자연스럽게 전해진다. 우리는 일의 성과가 개인의 능력에서 비롯된다고 생각하지만, 일터에서 조금만 오래 머물다 보면 알게 된다. 서로를 믿는 분위기, 부탁할 수 있는 마음, 기꺼이 도와주려는 태도. 이런 작고 다정한 힘들이 모여 팀을 움직이고, 그 조직의 성장을 이끈다. 그리고 그 시작은, 누군가의 작은 한마디 그리고 작은 약속을 지키는 것에서부터 시작된다. 배려는 관계를 지켜내고, 협업은 목표를 이뤄낸다.

각자의 60점이 모여 100점을 넘어설 때

회사에서 자기소개서를 보다 보면 비슷한 문장이 자주 보인다.

"혼자서 모든 것을 해내는 사람이 아니라, 여러 사람을 연결해 협력을 이끌어내는 사람입니다."

아마 많은 이들이 이 문장을 선택하는 이유가 있을 것이다. 일이라는 건 혼자만 잘해서 되는 게 아니라, 결국 함께 움직일 때 비로소 완성되는 작업이라는 걸 이미 알고 있기 때문이다. 직장에서 "○○○ 씨는 일을 잘해요."라는 말을 들으면 자연스럽게 떠오르는 이미지가 있다. 문서도 잘 만들고, 발표도 매끄럽고, 업무도 빠르게 처리하는 사람. 물론 이런 능력은 중요하다. 하지만 조금 더 자세히 들여다보면, 실제로 팀을 살리는 사람은 따로 있다. 누가 먼저 시키지 않아도 자연스럽게 사람들을 잇고, 서로 돕는 분위기를 만드는 사람. 그 사람이 있는 자리에는 이상하게도 일이 더 부드럽게 흘러간다. 조직심리학에서는 이런 힘을 '상호 의존적 시너지(interdependent synergy)'라고 부른다. 여러 사람이 함께 움직일 때는 혼자서 만들어낼 수 없는 힘이 생긴다. 한 사람의 100점보다 다섯 사람이 내는 60점이 더 강력한 이유다. 모든 정보를 혼자 찾고, 혼자 해결하려 애쓰던 시대는 이제 지나가고 있다. 이제 우리는 막히는 순간 핸드폰을 켜서 챗GPT에 묻는다. '혼자 해결'보다 '함께 탐색'이 훨씬 효율적이라는 사실을 몸으로 배우고 있기 때문이다.

심리적으로도 마찬가지다. 관점이 달라지면 시야가 넓어지고, 서로
의 인지가 연결되면 문제는 빠르게 풀린다.

　"혼자였으면 절대 못 했을 거예요."

　그 말속에는 서로를 향한 작은 고마움과, 함께 만들어 낸 결과
에 대한 조용한 자부심이 담겨 있다. 이제 협력은 성향이 아니라 실
력이다. 한 사람이 가진 강점이 아무리 좋아도, 그 강점만으로는 닿
을 수 없는 영역이 있다. 반대로 여러 팀원의 강점이 서로 맞물리
면, 생각보다 훨씬 큰 결과가 만들어진다. 누군가는 자료 정리에 강
하고, 누군가는 사람을 챙기는 데 능하며 또 다른 누군가는 새로운
아이디어를 만들어 낸다. 이 세 가지가 자연스럽게 연결될 때, 팀은
비로소 '팀다운' 힘을 낸다. 이제 협업은 '착한 성향'의 문제가 아니
라 하나의 기술이다.

　물론 배려와 성격도 중요하지만, 협업을 움직이는 것은 기술이
다. 조율하는 능력, 공유하는 능력, 역할을 조정하는 능력! 이 세 가
지가 협업의 엔진이다. 이제 우리는 '일 잘하는 개인 플레이어'나
'그냥 좋은 사람'에 머무르지 말고, 함께 일할 때 더 빛나는 협업자
가 되어보자.

실전 협업을 가능하게 하는 8가지 행동

① 정보를 아끼지 말고, 나누기

숨기면 혼자 버티게 되고, 나누면 함께 해결할 길이 열린다.

작은 정보 공유가 팀의 속도를 바꾸는 출발점이다.

② 업무 성향 이해하기 (자료형 / 사람형 / 아이디어형)

사람마다 일하는 방식은 다르다.

다름을 문제로 보지 말고, '어떻게 연결할까.'에 집중해 보자.

③ 일정이 빠듯하면 바로 협조 요청하기

"도와주세요."는 약함의 표현이 아니다.

상황을 조율할 줄 아는 능력이며, 협업을 여는 신호다.

④ 책임을 '내 탓'에서 '우리의 과제'로 전환하기

함께 짐을 나누는 순간 협력은 자연스럽게 시작된다.

문제를 개인의 실수로 보지 않을 때 팀은 더 빠르게 회복한다.

⑤ 말할 때 '나'보다 '우리'를 더 자주 쓰기

단어 하나가 팀 분위기를 바꾼다.

작은 호칭의 전환이 '함께하는 감각'을 만든다.

⑥ 분위기를 살리는 한 줄 유머 준비하기

웃음은 팀워크의 윤활유다.

회의가 굳어질 때 가볍게 던지는 한마디가 흐름을 풀어준다.

⑦ 먼저 손을 내밀기-"제가 먼저 맞춰볼게요."

협력은 누가 먼저 움직이느냐에서 차이가 난다.

작은 선제 행동이 신뢰를 빠르게 만든다.

⑧ 흐름을 정리해 주는 사람 되기-"제가 정리할게요."
정리해 주는 한 사람이 있으면 팀의 속도는 두 배가 된다.
흐름을 잡아주는 역할은 생각보다 큰 리더십이다.

공감적 소통이 만들어 내는 팀워크

회사에서 누군가와 유독 잘 맞는다고 느낄 때 우리는 자연스럽게 "그 사람은 말이 참 잘 통해."라고 말한다. 그런데 이 말의 의미는, 그 사람이 내 말을 '들으려는 마음'을 가지고 있다는 뜻이다. 사람은 나이가 들수록 상대를 더 빠르게 판단한다. 이 사람이 내 편인지, 나를 도우려는 사람인지, 혹은 조심해야 하는 사람인지. 그래서 상대가 나를 이해해 보려는 태도를 보이면 우리의 뇌는 아주 재빠르게 긴장을 풀고, '여기는 안전하다.'는 신호를 보낸다. 조직에서 마음이 열리는 대화란 결국 이렇게 안전함을 느끼게 해주는 소통이다. 비난받을까 두려워 말하지 못하는 분위기가 아니라, 실수해도 괜찮고 도움을 청해도 환영받을 것 같은 공기, 그 안에서 사람은 비로소 진심을 꺼낸다.

조직에서 팀워크를 강화하는 말 한마디 실전 연습

① 공감을 열어주는 말
"그 상황이면 누구라도 당황했을 것 같아요."
"많이 부담됐겠어요."

“힘들었겠네, 얘기해줘서 고마워요.”

② 마음의 안전지대를 만들어 주는 말

“제가 도울 수 있는 게 뭐가 있을까요?”

“최근에 일이 많아 보여서 걱정됐어요. 어떤 일이 있었나요?”

③ 오해를 줄이는 확인의 말

“제가 이해한 게 맞는지 한번 확인하고 싶어요.”

“저는 이렇게 들렸는데, 혹시 다르게 느끼셨어요?”

④ 힘을 북돋우는 칭찬의 말

“오늘 발표(회의) 정말 좋았어요.”

“덕분에 일이 훨씬 잘 풀렸어요.”

⑥ 조직 안에서도 나답게 존재하는 법

조직 안에서 '나답게' 존재한다는 건, 내 방식대로만 일하겠다는 뜻이 아니다. 그보다는 수많은 사람과 의견이 부딪치는 곳에서도 내 마음의 중심을 잃지 않는 것이다.

무영은 늘 조직 안에서 '예스맨'으로 통했다. 상사가 부탁하면 밤을 새워서라도 처리했고, 팀 분위기를 위해 하고 싶은 말도 삼켰다. 그 덕분에 평판은 좋았지만, 마음속엔 이상한 공허감이 쌓여갔다. "나는 일은 잘하는데, 왜 점점 나 자신이 작아질까?" 어느 날, 회의 자리에서 자신이 준비한 안건이 무시당했을 때 그는 처음으로 조용히 손을 들고 자신의 생각을 말했다. 그 순간의 떨림은 컸지만, 그 후로 무영의 마음은 한결 가벼워졌다. 누군가의 기대에 맞추는 대신, 자신의 목소리를 내기 시작하면서 '조직 속의 나'가 아닌, '나로서의 나'가 보이기 시작한 것이다. 이후에도 상사의 의견에 동의하지 않을 땐 부드럽게 다른 견해를 제시했다. 사람들은 오히려 그를 더 신뢰하기 시작했고, 팀 내 분위기도 유연해졌다. 맞추지 않아도 괜찮다는 걸 알게 된 순간, 무영은 비로소 회사 안에서도 숨이 트였다.

맞추기만 하다 보면, 내가 사라진다. '경계선 확보'

조직 안에서 '경계선(Boundary)'을 확보하는 일은 생각보다 더 중요하다. 조직에서 '나답게' 존재한다는 건 고집스럽게 내 방식만 고수하겠다는 뜻이 아니라, 여러 사람의 의견이 부딪치는 순간에도 내 마음의 중심을 잃지 않는 능력에 가깝다. 심리학자 칼 융(Carl Jung)은 타인의 기대에 지나치게 적응하다 보면 겉으로 보이는 역할, 즉 '페르소나(Persona)'만 두꺼워지고 내면의 진짜 '자기(Self)'는 점점 약해질 수 있다고 말했다.

내 직장 생활 초반 7년을 돌아보면, 늘 이런 질문들이 머릿속에 따라붙었다. '이렇게 말해도 될까?', '조직에 피해가 되지 않을까?', '그냥 조용히 따라가는 게 낫지 않을까?', '내가 한 노력을 알아줄까?', '너무 튀는 건 아닐까?' 그렇게 수많은 생각이 마음속을 채우다 보니 어느 순간 '나'라는 사람은 흐려지고, 사업명과 직무 캐릭터만 남아 있었다. 겉으로 보기엔 잘 맞추는 사람이 조직에 유리해 보이지만, 실제로 더 오래 신뢰받는 사람은 자기 경계가 분명한 사람이다. 자신을 지킬 줄 아는 사람은 의사결정이 선명하고, 책임이 명확하며, 감정 소모가 적기 때문이다. 그래서 조직에서 자기표현과 자율성은 건강하다는 신호이기도 하다.

일과 육아를 병행하던 시절, 나는 더 이상 모든 것을 조직에 '맞추는 방식'으로는 살 수 없다는 걸 인정해야 했다. 그래서 선택한 것은 회사 안에서 '나로 남아 있기'였다. 그 시작은 거창하지 않았다. 내가 잘하는 것을 업무에 자연스럽게 녹여보고, 업무 분장이나 당직 근무에서 불합리한 부분을 조용하지만 분명하게 의견을 말해보는 것, 기존 사업을 그대로 운영만 하기보다 내 아이디어를 조금씩 더해보는 일이었다. 공공기관은 구조상 크게 바뀔 수 있는 영역이 많지 않지만, 그 안에서도 내가 움직일 수 있는 작은 공간이 있었다. 혼자 고군분투하는 시간은 길고 외롭기도 했지만, 그렇게 개발한 프로그램과 신규 사업들이 결국 여러 수상과 우수사례로 이어지며 기관의 위상을 높이는 데 기여했다. 돌아보면 그 성과보다 더 중요한 건 '나의 정체성을 잃지 않았다.'는 사실이다. 조직 안에서 나다운 방식으로 서 있으려는 작은 용기, 나를 표현하는 행동, 그리고 스스로의 강점을 활용하려는 태도가 결국 기회를 만들어 냈다. 조직에서 나답게 존재한다는 건 누군가를 불편하게 만드는 일이 아니라, 내가 나를 지켜내는 가장 단단하고 건강한 방식이라는 걸 그 과정에서 배웠다.

조직에서 나를 흔들었던 고민들

- '팀장님이 알아줄까?'라는 인정욕구

기다림 모드 OFF → '내가 먼저 보여주자.'라는 자기 존중

- '너무 튀는 건 아닐까?'라는 걱정

불안 취소 → '튀는 게 아니라 나다움이다.'라는 현실 검증

- '이걸 말해도 될까?'라는 망설임

입막음 금지 → '말해야 관계가 시작된다.'라는 자기표현

- '그냥 따라야 하나?'라는 순응적 태도

순응 패스 → '선택해서 나를 지키자.'라는 자기결정

이 작은 전환들 덕분에 남이 보는 나로 살기에는 내 하루가 너무 아까웠다는 걸 깨달았다. 이런 마음의 전환들이 쌓이면서 비로소 조직 안에서 '누군가가 바라보는 나'가 아니라 '내가 선택해 서 있는 나'로 자리 잡을 수 있었다. 결국 나답게 일한다는 것은 타인의 기준이 아니라, 스스로 세운 내 경계를 믿고 지켜내는 일에서 시작되었다.

나다운 속도

조직 안에는 참 다양한 사람들이 모여 있다. 심리검사 가운데 가장 널리 쓰이는 DISC (Dominance·Influence·Steadiness·Conscientiousness) 유형만 보더라도 성향은 실제로 순응형(S), 몰입형(D), 관망형(C), 자기표현형(I)처럼 서로 다른 방향을 향한다. 나는 그중에서도 순응형에 가까웠다. 부탁을 받으면 거절하지 못했고, 내 기준을 말하고 싶어도 '그냥 따라가는 게 낫겠다.'라는 생각이 먼저 떠올랐다. 인정받고 싶은 마음은 늘 조용하게 나를 밀어붙였고, 그래서 회사에서의 나는 어느새 '착하고 일 잘하는 사람'이라는 역할 안에 갇혀 있었다.

하지만 육아휴직 후 돌아온 나는 예전과 달랐다. 완벽하게 해내고 싶은 욕심과 달리, 내게 남은 것은 피로함과 허무함, 그리고 내가 잃어버린 '나만의 색'이었다. 아이를 키우며 우선순위가 분명해지고, 업무에서도 어느 정도 경험이 쌓이던 시기, 나는 처음으로 물었다.

'나는 여기서 어떤 모습으로 살아가고 싶은가?'

그 질문이 나를 조금씩 바꿔놓았다. 예전에는 당직 변경 요청이 오면 일정이 불편해도 말없이 따라갔지만, 그 이후에는 작은 거절을 연습하기 시작했다. 작은 부탁을 조심스레 먼저 건네보기도 하고, 업무에서 내 역할을 분명하게 말해보기도 했다. 처음에는 어색했지만, 해보니 내가 두려워했던 것만큼 관계가 흔들리지는 않았다. 오히려 상대는 내 경계를 자연스럽게 받아들였다. 순응형으로만 존재하던 시절에는 몰입형 동료의 속도에 지치고, 관망형의 조용함에 불안해지고, 자기표현형의 직설적인 태도 앞에서 내가 뒤처지는 사람처럼 느껴지기도 했다. 하지만 내 경계를 세우고 나니 모든 유형이 서로 다르게 살아간다는 것을 자연스럽게 이해할 수 있었다. 그 차이는 나를 흔드는 요소가 아니라, 함께 일하는 방식의 다양성이었다. 그리고 그때 깨달았다. 내 한계를 아는 사람이 자신을 지킬 수 있고, 경계를 지켜내는 사람이 결국 흔들리지 않는다는 사실을. 조직 안에서 나의 자리는 누가 정해주는 것이 아니라, 내가 선택하고 만들어 가는 자리였다.

4장 친구, 연인, 가까울수록 어려운 사람들

멀리 있는 사람보다, 가까운 사람이 더 어렵다. 가족보다 친구가, 친구보다 연인이, 연인보다 나 자신이 더 어렵다. 관계가 가까워질수록 마음의 간격은 더 섬세해지고, 그만큼 자주 흔들린다. 가까운 사람에게 서운해지는 건 마음이 약해서가 아니라, 그만큼 애쓰고 있기 때문이다. 친구 사이에서는 늘 '좋은 사람'이고 싶다. 먼저 연락하고, 먼저 챙기고, 먼저 미안하다고 말한다. 하지만 주기만 하는 관계는 결국 마음의 무게가 된다. 사랑도 마찬가지다. 뜨겁게 시작하지만, 가까워질수록 온도를 조절해야 오래간다. 서로의 경계가 없는 관계는 금세 지쳐버리고 말 것이다. 우리는 '가깝다'는 이유로 상대의 마음까지 내 마음처럼 움직이길 기대한다. 하지만 친밀함은 마음을 합치는 게 아니라, 서로의 차이를 인정하는 데서 시작된다.

가까워질수록 불안해지는 사람도 있다. 사랑을 받고 싶지만, 동시에 두렵다. 밀착과 회피 사이에서 오락가락하며 마음의 안전거리를 찾는다. 그건 결함이 아니라, 상처가 만든 자기방어다. 상처를 다루는 방법을 배우지 못했기 때문에, 사랑할 때마다 같은 두려움이 되살아나는 것이다. 누군가를 피하려는 마음도 결국은 '연결되고 싶은 욕구'의 다른 표현이다. 친밀한 관계를 지켜내려면 솔직함이 필요하다. 하지만 그 솔직함은 상대를 상처 주지 않으면서도 나를 숨기지 않는 기술이다. 서운함을 말하지 못하면 마음이 멀어진다. 감정을 숨기는 건 배려가 아니라, 관계를 조금씩 닫아버리는 일이다. 감정은 숨길수록 멀어진다. 때로는 관계를 잠시 멀리해야 할 때도 있다. 거리를 두는 건 이기심이 아니라, 관계를 오래 지키기 위한 휴식이다. 모든 관계가 끝까지 가야 할 필요는 없다. 떠나야 할 때를 아는 것도 성숙이다. 관계의 끝을 품위 있게 마무리하는 사람은, 다음 관계를 두려워하지 않는다.

이 장은 가까운 사람들 사이에서 일어나는 마음의 복잡함을 다룬다. 사랑과 거리, 서운함과 용서, 집착과 놓아줌 사이의 미묘한 균형. 가까운 관계일수록 우리는 더 자주 흔들리지만, 그만큼 더 깊이 성장한다. 친밀함은 내 마음의 온도를 조절하는 일이다. 관계의 온기가 식지 않게, 그리고 나의 온기마저 잃지 않게, 그 사이에서 나답게 머무는 법을 배워가면 된다.

좋은 친구란 서로의 마음이 오고 가는 사이 같다. 어떤 날은 내가 더 많이 안아주고, 또 어떤 날은 그 사람이 나를 다독여 준다. 마음을 주고받는 일은 따뜻하지만, 그 안에는 보이지 않는 피로도 함께 있다. 상대의 기분을 살피느라 내 마음을 뒤로 미루고, 괜히 멀어질까 봐 하고 싶은 말을 삼키다 보면 마음이 조금씩 무거워진다. 그래서 친구 사이에는 '주는 마음'만큼 '쉬어가는 마음'도 필요하다. 서로의 속도를 맞추며 오래도록 함께 걷는 것, 그것이 아마 진짜 친구 사이일 것이다.

미진은 친구들 사이에서 늘 '기댈 수 있는 사람'이었다. 누가 힘들다고 하면 밤새 연락을 받아주고, 약속이 잡히면 일정이 아무리 바빠도 늘 맞춰줬다. 그런데 이상하게, 정작 자신이 힘들 땐 누구에게도 연락이 오지 않았다. '나만 이렇게 애쓰는 걸까?' 하는 생각이 들 때마다 마음이 점점 허물어졌다. 상담을 통해 그녀는 '좋은 사람으로 보이고 싶다.'라는 욕구가 관계의 중심이었다는 걸 알게 되었다. 친구를 위해주는 게 아니라, 버림받지 않기 위해 애쓰고 있었던 것이다. 그 후 미진은 관계의 균형을 조금씩 바꿔보기로 했다. 도움을 요청받았을 때, "오늘은 나도 힘들어서 어려울 것 같아."라고 말해봤다. 처음엔 죄책감이 들었지만, 의외로 친구는 "괜찮아, 나도 너무 의지했나 봐."라며 웃었다. '좋은 친구'란 더 주는 사람이 아니라, 서로에게 숨 쉴 틈을 주는 사람이다.

늘 먼저 내어주는 사람

"내가 안 챙기면 이 관계는 금방 멀어질 것 같아요."

상담에서 자주 듣는 얘기다. 친구보다 늘 먼저 연락하고, 먼저 선물하고, 친구의 기분을 맞추려 애쓰는 사람들이다. 그들은 다정하고 믿음직한 친구로 남고 싶어 하지만, 마음 한켠에는 설명하기 힘든 외로움이 쌓여 있다. '왜 나만 이렇게 애써야 하지?' 하는 생각이 올라오고, 그러다 보면 친구를 만나는 일도 예전처럼 반갑지만은 않다.

이들은 '늘 먼저 움직이는 사람들'이다. 먼저 연락하고, 먼저 안부를 묻고, 먼저 챙기며 관계를 이어간다. 그들은 처음에는 그게 싫지 않고, 오히려 스스로가 여유 있고 마음이 넓은 사람이라고 생각한다. 하지만 어느 순간부터 마음이 조금씩 기울기 시작한다. 한쪽으로만 쏠린 마음의 저울은 결국 피로와 서운함을 만들어 낸다. 관계는 한쪽의 노력으로만 오래 이어질 수 없기 때문이다. 내가 주는 마음만큼 돌아오지 않는다는 느낌, 그 불균형은 어느 순간 서운함을 넘어선다.

이런 사람들은 대체로 관계에 참 성실하다. 스스로가 좋은 친구가 되길 바라고, 누군가에게 믿을 만한 사람으로 남고 싶다. 그 마음이 진심이기에 더 애쓴다. 하지만 그 다정함 뒤에는 이런 마음이 숨어 있다. '내가 잘해야 이 관계가 이어질 거야.', '혹시 내가 실망시키면 떠나버릴지도 몰라.' 그렇게 무의식 속에서 관계를 잃을까 두려운 마음이 조금씩 작동한다.

주면서 받게 되는 것

관계에서 조금 더 배려하고, 조금 더 양보하는 쪽이 따뜻한 사람처럼 보이기도 한다. 하지만 계속해서 내가 더 많이 주고 있다고 느껴지는 순간, 마음 한구석이 서늘해질 때가 있다. 분명 좋은 마음으로 시작했는데, 어느 순간 그 따뜻함이 무거움으로 바뀌어 버리는 것이다. 이런 경험은 단순한 성향 문제를 넘어, 심리학적으로도 설명되는 패턴이 있다. 심리학에서는 이를 자기희생적 스키마(Self-Sacrifice Schema)라고 부른다. 다른 사람의 욕구를 우선시하며 자신의 욕구와 감정을 억누르는 패턴이다. 표면적으로는 다정함이지만, 그 바닥에는 '나를 사랑해달라'는 외침이 숨어 있다. 이들은 다정함과 성실함으로 타인을 대하기 때문에 이런 관계는 처음엔 따뜻하지만, 그 따뜻함이 오래가지는 못한다. 한쪽이 계속 내어주면, 다른 쪽은 점점 익숙해지기 마련이다. 처음에는 고마워하던 사람이 어느 순간부터는 그 다정함을 '기본값'으로 받아들인다. 그리고 주는 사람은 점점 공허해질 수밖에 없다.

'내가 이렇게까지 하는데, 왜 그 사람은 모를까?'

자기희생적인 사람들은 처음엔 그게 사랑이라고 믿는다. 상대를 먼저 챙기고, 늘 이해하려 애쓰는 일이 당연하다고 생각한다. 하지만 시간이 지나면 마음이 조금씩 고갈된다. 계속 주기만 하다 보면, 어느 순간 '왜 나만 이렇게 힘들까?'라는 서운함이 밀려온다. 그러다 결국 관계 자체가 버겁게 느껴지고, 고마워하지 않는 사람을 보면 미운 감정이 차오른다. 그래서 다시는 누구에게도 쉽게 마음을 주지 않으려 한다. 그런데 정작 문제는 상대가 아니라, 나 자신이 멈추지 못했다는 데 있다. 누군가에게 주는 일은 따뜻하지만, 그 속에는 '나도 그렇게 받고 싶다.'라는 마음이 숨어 있다. 어쩌면 오래전 사랑받지 못한 기억을, '주는 사람'이 됨으로써 메우려 했는지도 모른다. 내가 먼저 내어주면 언젠가 나도 사랑받을 거라는, 그 마음 깊은 곳의 바램 말이다. 사실 그것은 사랑이 아니라, 마음이 상처를 회복하려는 조용한 시도였다.

관계의 균형을 위한 멈춤

나를 뒤로 미루고 늘 먼저 마음을 내어주다 보면, 어느 순간 마음이 텅 빈 듯한 허전함이 찾아온다. 상대를 향해 계속 손을 내밀고 있는데, 정작 나를 돌볼 여유는 사라진다. 그렇게 '주는 사람'이 되기 위해 애쓰다 보면, 내가 뭘 좋아하고 무엇을 원하는 사람인지 알 수 없다. 그리고 참 아이러니하게도, 그렇게 애를 써도 내가 바라던 따뜻한 사랑은 쉽게 돌아오지 않는다. 사실 받기만 하는 사람의 자리도 마냥 편하지 않기 때문이다. 계속 받다 보면 미안함이 쌓이고, 그 마음이 부채처럼 무겁게 느껴질 수도 있다. 그래서 결국 관계가 오래 이어지려면, 서로의 마음이 오가는 균형이 필요하다. 그 균형은 '상대가 얼마나 주느냐.'보다 '내가 나를 잃지 않고 있는가?'를 살피는 데서 시작된다. 늘 내가 먼저 연락하고 챙기고 다가가는 쪽이라면, 잠시 멈춰보자. 오늘은 연락을 참아보고, 조용히 상대의 마음이 움직이는지 기다려 보자. 때로는 그 고요 속에서 관계의 온도가 드러난다. 기다림은 관계의 진짜 온도를 드러내는 조용한 실험실이 된다.

상대가 다가오지 않는다면, 그것은 내가 모자라서가 아니라, 그동안 내가 혼자서 관계를 지켜왔기 때문일지도 모른다. 이제는 조금 쉬어가도 괜찮다. 관계도, 마음도, 숨 쉴 틈이 필요하니까. 이제는 관계를 유지하기 위해 애쓰기보다, 함께 있을 때 마음이 편한 사람을 선택하는 용기가 필요하다. 억지로 맞추지 않아도 대화가 이어지고, 침묵이 어색하지 않은 사람, 나의 다정함이 '의무'가 아닌

'자연스러움'으로 흘러가는 그런 관계 말이다.

관계의 건강함은 얼마나 자주 연락하느냐, 얼마나 많은 시간을 함께 보내느냐로 정해지지 않으니 안심해도 좋다. 함께 있을 때 나답게 있을 수 있는가, 그리고 그 모습으로도 충분히 사랑받을 수 있는가가 중요하다. 가끔은 조금 떨어져 있을 때 마음이 오히려 더 단단해질 때가 있게 마련이다. 잠시 멈춰 숨을 고르며 나를 챙기다 보면, 마음의 결이 부드러워지고 관계의 온도도 자연스럽게 돌아온다. 그때 문득 느낌이 온다. 좋은 관계는 함께 있을 때 편안하고, 떨어져 있어도 편안한 사이구나. 서로의 삶을 조금씩 응원해 주며 각자의 자리에서 잘 살아가는 그 마음, 그것이 오래가는 관계의 모습이다.

사랑은 어쩌면 너무 가까워서 어렵다. 마음이 깊어질수록, 더 확인받고 싶고 두려움도 커진다. 그래서 연애는 사랑의 온도를 맞춰가는 일, 서로의 숨결이 닿을 만큼만 다가서는 연습부터 해야 한다.

지훈과 수연은 3년째 연애 중이다. 처음엔 모든 게 자연스러웠지만, 시간이 지나며 관계의 온도 차가 느껴지기 시작했다. 수연은 지훈이 메시지 답이 늦거나 혼자 있고 싶다고 말할 때마다 불안해졌고, 지훈은 그런 수연의 반응에 점점 숨이 막힌다고 느꼈다. 서로 사랑하고 있음에도, 마음의 간격은 조금씩 벌어졌다. 상담에서 수연은 그녀의 불안이 사랑이 부족해서가 아니라, 자기 안의 두려움이 사랑을 덮고 있었기 때문이라는 것을 알게 되었다. 확인받으려는 마음이 커질수록, 오히려 관계의 온기를 식히고 있었다. 그 후 수연은 지훈에게 기대는 대신, 자신의 시간을 채워보기로 했다. 카페에서 혼자 책을 읽고, 친구와의 약속을 늘리며, 자신을 돌보는 연습을 시작했다. 그렇게 마음의 중심을 되찾자, 관계의 온도도 서서히 안정되기 시작했다. 이제 수연은 사랑은 붙잡는 힘이 아니라, 서로의 속도를 존중하며 나란히 걸어가는 온도라는 걸 알게 되었다.

쫓고 도망치는 관계-밀당의 역학

연애를 하다 보면 많은 사람이 경험하게 되는 것이 있다. 바로 '밀당'의 경험이다. 내가 너무 다가가는 것 같으면 뒤로 멀어져야 할 것 같고, 상대가 너무 다가온다고 느낄 때 답답해져 물러나고 싶은 느낌. 정도와 역할의 차이는 있지만 모두 그런 경험을 조금씩은 하게 되는 것 같다. 나 역시 남편과의 연애 시절 그런 경험을 했었다. 좋아서 다가가다가도 '내가 너무 들이대나?' 싶어 괜스레 걱정되고, 또 어떤 때는 그가 너무 가까이 다가옴이 느껴져 뒤로 물러나고 싶어지는 경험 말이다. 너무 사랑하는 사이지만, 가까우면 숨이 막히고, 멀어지면 마음이 시려오는 이 아이러니. 어쩌면 사랑에서 중요한 것은, 그 거리의 온도를 적절히 조율하는 일인지도 모르겠다. 상대를 향해 가까워지기를 희망하고, 그의 온기를 통해 안도하며 '나 혼자가 아니다'라는 감각을 얻지만, 이상하게도 가까워질수록 불안이 커지기도 한다. 사랑이 짙어질수록 마음이 흔들리고, 그럴 때 누군가는 더 다가가려 하고, 누군가는 그만큼 물러선다. 그리고 이때, 커플은 미묘한 밀당의 춤을 추기 시작한다.

이마고 관계 치료(Imago Relationship Therapy)에서는 이러한 밀당을 '추격자-도망자(Pursuer-Distancer) 역동'이라고 설명한다. 추격자는 가까워짐으로 사랑을 확인받고 안전해지는 사람이다. 이들은 연결이 약해질 때 불안을 느끼고, "우리 이야기 좀 하자.", "왜 대답 안 해?"라는 말로 애정을 표현한다. 하지만 그 말은 종종 상대에게 압박으로 들린다. 반면, 도망자는 '거리' 속에서 안전감을 느끼는 사람이다. 감정의 열기가 높아질수록 숨이 막혀 후퇴한다. "잠깐 혼자 있고 싶어.", "지금은 생각 좀 하자."라고 하며 뜨거운 열기로부터 자신을 방어하지만, 추격자에게는 거절처럼 들린다. 추격자는 관계가 멀어질까 두렵고, 도망자는 너무 가까워질까 봐 불안하다. 그래서 한쪽이 다가갈수록 다른 한쪽은 뒤로 물러선다. 각자의 두려움과 불안이 서로 다른 방어 행동을 만들어 내고, 서로를 반대 방향으로 밀어낸다. 하지만 그 밀당의 밑바닥에는 모두 단 하나의 욕구가 숨어있다.

'안전하게 사랑받고 싶다.'

무의식의 선택

이마고 이론은 우리가 사랑에 빠지는 이유를 조금 다른 방식으로 설명한다. 사람들은 겉으로는 상대의 성격이나 외모에 끌린다고 생각하지만, 실제로는 어린 시절 채워지지 못한 욕구를 다시 채워 줄 것 같은 사람에게 마음이 향한다고 본다. 어릴 때 해결되지 못한 감정이나 필요가 마음속 깊은 곳에 남아 있고, 우리는 그 흔적을 닮은 사람을 만나면 이유를 설명하기 어렵게 끌림을 느낀다. 예를 들어, 정서적으로 멀리 있는 부모 아래에서 자란 사람은 사랑을 지키기 위해 늘 먼저 손을 내밀어야 한다고 믿게 될 수 있다. 그래서 관계 안에서도 상대의 반응을 확인하고, 신호를 보내고, 붙잡으려는 행동을 하게 된다. 반대로 감정이 지나치게 난무했던 환경에서 자란 사람은 가까워질수록 불안해지고, 상대의 감정에 휩쓸릴까 두려워 거리를 두는 법을 배웠을 수 있다. 결국 한 사람은 외로움이 무서워 붙잡는 법을 배우고, 다른 한 사람은 혼란이 두려워 피하는 법을 배운 셈이다. 각자의 생존 방식이 다를 뿐인데, 이 둘이 성인이 되어 서로에게 끌려 연인이 되면 서로를 이해하지 못하고 다투기 쉽다. 하지만 이마고 이론은 바로 이 지점에서 희망을 본다. 사람들은 무의식적으로 자신에게 상처를 남겼던 방식과 닮은 사람을 선택하며, 그 관계 안에서 서로의 상처를 다시 마주하고 치유할 기회를 만들기 때문이다. 어린 시절 미완성으로 남아 있던 마음의 퍼즐 조각을, 어른이 된 지금 서로를 통해 다시 맞춰보려는 노력이라고 볼 수 있다.

연애 시절을 떠올려 보면 나 역시도 그런 두려움이 있었다. 정서적으로 안전한 환경이 아닌 어린 시절을 보낸 나로서는 강한 감정을 다루는 것이 어려웠다. 그래서인지 남편이 너무 좋아 가까이 다가갔다가도, 어느새 가까워지면서 강한 감정을 느끼게 될까 봐 두려움에 뒤로 물러나고 싶어졌다. 혹여라도 너무 가까운 상태에서 강한 감정을 경험하면 돌이킬 수 없는 화상을 입게 되지는 않을까 두려웠던 것 같다. 그러나 지금은 가까워지는 것이 두렵지 않다. 나의 무의식적 두려움을 다루고, 남편의 두려움을 이해하며, 우리의 적절한 거리를 찾기 위한 밀당의 시간을 충분히 가졌기 때문이다.

'나의 분노 뒤에는 어떤 두려움이 있는가?'
'나의 침묵 뒤에는 어떤 상처가 숨어 있나?'

연인과의 관계에서 적절한 거리를 찾지 못해 불안할 때, 자신에게 이런 질문을 해보자. 그렇게 나를 알아가고 상대를 알아가면서, 우리는 다시 균형의 연습을 시작한다.

사랑의 골디락스 존(Goldilocks zone)

골디락스 존(Goldilocks zone)이란, 동화 속에서 아이가 너무 차갑지도 뜨겁지도 않은 죽을 찾는 것처럼, 너무 과하지도 부족하지도 않은, 관계 속에서 편안하고 지속 가능한 균형점을 말한다. 추격자와 도망자가 사랑에서 딱 좋은 거리의 온도, 골디락스 존을 찾기 위해서는 어떻게 해야 할까?

추격자: 그가 나를 떠난 게 아니라, 잠시 숨을 고르는 중일지도 몰라.
도망자: 그가 나를 옭아매려는 게 아니라, 연결을 갈망하고 있을지도
*　　　　몰라.*

추격자에게는 멈추는 용기, 도망자에게는 남아 있는 용기가 필요하다. 그렇게 서로 한 걸음씩만 속도를 늦출 때, 둘은 비로소 같은 중심선 위에 서게 된다. 그곳이 바로 사랑의 골디락스 존–숨이 트이고, 마음이 닿는 그 '딱 좋은 안전한 거리'일 것이다.

사랑은 '조율의 예술'이 아닐까 싶다. 친밀함 속에서 '나'를 잃지 않으며, 조금씩 서로를 밀고 당기며 딱 안전한 거리를 찾아내는 일. 한쪽이 불안을 느낄 때 다른 한쪽이 조금 더 천천히 숨을 쉬어야 하

고, 한쪽이 물러설 때 다른 한쪽은 한 걸음 덜 쫓아야 한다. 이 작은
조율의 반복이 사랑의 온도를 일정하게 유지시키는 게 아닐까. 너
무 뜨겁지도, 너무 차갑지도 않은 감정의 온도. 서로에게 닿되, 중
심을 잃지 않는 거리. 그 거리의 균형을 유지하기 위해 오늘도 발을
내딛는다.

❸ 친밀감이 두려울 때 ─ 밀착과 회피 사이

마음은 다가가고 싶은데, 몸은 자꾸 한발 물러서게 되는 사람이 있다. 사랑받고 싶은 마음과 상처받을까 두려운 마음이 한 사람 안에서 엇갈릴 때, 친밀감은 참 따뜻하면서도 어쩐지 어려운 감정이 된다. 너무 가깝지도, 너무 멀지도 않게 머무는 일—그게 마음을 나누는 일보다 훨씬 더 어렵고도 섬세한 일일지도 모른다.

민수는 친해지고 싶은 사람일수록 이상하게 어색해졌다. 동료가 먼저 커피를 마시자고 해도 "괜찮아요, 다음에요."라며 피했고, 모임 자리에서는 늘 한 발짝 떨어져 앉았다. 사람들은 "차가운 성격 같다."라고 말했지만, 사실 민수는 따뜻한 사람이라는 말을 듣고 싶었다. 다만 가까워질수록 마음이 불안해졌다. "혹시 내가 실수해서 실망시키면 어쩌지?", "가까워지면 결국 멀어질 텐데……." 상담에서 민수는 처음으로 이런 말을 꺼냈다. "좋아하는 사람일수록 피하게 돼요. 거리를 두면 마음이 덜 흔들리니까요." 상담자는 "민수 씨는 관계에서 '안전함'을 어떻게 느끼나요?"라고 물었다. "아마…… 서로 말하지 않아도 편안한 상태요. 근데 그건 아직 겪어본 적이 없어요." 그 이후 민수는 '불안하면 물러나는 패턴'을 조금씩 바꾸기로 했다. 동료가 점심을 같이 먹자고 했을 때, "좋아요, 같이 가요."라고 대답했다. 그 짧은 말이 처음엔 낯설었지만, 이상하게 마음이 덜 복잡했다. 가까워지는 건 상처받지 않기 위해 피해야 할 일이 아니라, 누군가에게 마음을 내어주는 또 다른 연습이다. 마음을 내어준다고 다치는 건 아니니까 너무 두려워 말자.

가까워질수록 불안한 마음

사람은 본래 서로 가까워지고 싶고, 연결되고 싶은 존재이다. 하지만 어떤 관계는 가까워질수록 불안감이 커진다. 자신의 감정을 솔직하게 드러내기 어려워지는 이유는 왜일까? 겉으로는 '관계를 멀리하고 싶은' 마음처럼 보일 수 있지만, 내면 깊은 곳에는 '다가가지 못하는 두려운 마음'을 지키려는 본능이 숨어 있는지도 모른다.

그녀는 겉보기에 부족한 것이 없어 보였다. 전문직에 종사하며 누구나 부러워할 만큼 안정된 삶을 살아가는 듯했다. 그러나 상담실 문을 조심스레 열고 들어온 모습에는 말하기 어려운 마음이 담겨 있었다. 한참을 망설이던 끝에 겨우 입을 열었다.

"요즘 혼자 있으면 우울해져요. 누구에게 이야기하고 싶은 마음도 없고요…… 남자친구가 있는데, 헤어져야 하나 생각도 들어요. 2년 넘게 만나고 있지만…… 사실 마음이 잘 안 가요. 남자친구 직업도 어디 가서 자랑할 만한 건 아니라는 생각이 있고요. 요즘은 저에게 너무 기대는 것 같아서…… 부담도 돼요."

그와의 관계가 어떤지 묻자, 고개가 천천히 흔들렸다. 특별히 갈등이 있는 건 아니지만 대화가 자연스럽지 않고, 불만이 있어도 쉽게 말하지 못한다고 했다. "잘 모르겠어요."라는 말이 몇 번이나 반복되었다. 이전 연애는 어땠는지 묻자, 잠시 생각에 잠기더니 담담하게 입을 열었다. "사실…… 만족스러웠던 적은 거의 없었어요."
겉으로는 평온해 보였지만, 그녀의 말에는 오랜 시간 자기 마음을
뒤로 미뤄둔 사람만이 가진 막막함이 묻어 있었다.

완벽함 뒤에 숨은 상처

그녀는 남자친구와 만나면서도, 언제든 더 나은 사람이 나타나
면 떠날 준비가 되어 있었다고 털어놓았다. 가까운 관계임에도 불
안과 의심이 함께 자리하는 모습은 불안정 애착의 전형이었고, 상
대에게 마음을 완전히 내어주는 일이 쉽지 않아 보였다. 겉으로 드
러나는 회피적 태도 또한 차가움 때문이 아니라, 상처받지 않기 위
해 본능적으로 선택한 또 다른 방식의 자기 보호였다. 내면에서는
분명 친밀함을 원하고 있었지만, 그 욕구가 드러나는 순간 자신이
약해 보일까 두려워 이를 감추려 애썼다. 그래서 마음이 비어 있
는 듯한 공허함이 늘 주변을 맴돌았고, 그 부족함을 채워줄 '완벽
한 사람'을 찾으며 헤매기도 했다. 그 사람이 나타나면 우울도 사
라지고 마음이 안정될 거라고 믿으면서 말이다. 하지만 정작 누구
에게도 자신의 약한 모습을 보이고 싶지 않아 했다. 부족한 사람으
로 보일까 두려웠고, '의지하는 존재'라는 사실이 자신에게 불편하
게 다가왔다. 그래서 솔직한 감정은 숨기고, 필요해 보이는 모습만
드러냈다.

감정이 닫힌 집에서 자란 아이

오카다 다카시의 『나는 왜 혼자가 편할까』에서는 회피적인 사람들의 마음을 섬세하게 설명한다. 그는 회피 성향 뒤에는 대개 두 가지 양육 방식이 자리한다고 말한다. 하나는 무심함과 방치, 또 하나는 과도한 관심과 '옳아야 한다.'라는 부모의 강압적인 태도다. 이런 환경에서 자란 아이들은 정서적으로 안전하게 기대어 볼 경험이 부족해, 가까운 관계에서조차 불안을 느끼거나 자연스레 거리를 두게 된다. 부모가 아이의 감정이나 요구에 크게 관심을 두지 않으면, 아이는 자신이 사랑받을 만한 존재인지 확신하지 못한다. 반대로 지나친 간섭과 높은 기준 속에서 자라면, 자유롭게 감정을 드러내기 어렵게 된다. 늘 부모의 기대에 맞추려 애쓰다 보면 자신이 무엇을 원하는지 점점 모르게 되고, 타인과 연결되는 일도 서툴러진다. 이런 경험들이 켜켜이 쌓이면, 사람 사이의 온기를 갈망하면서도 동시에 두려워하게 된다. 그래서 어느 순간 혼자 있는 시간이 더 편하게 느껴지고, 관계의 거리감이 오히려 마음을 안정시키는 것처럼 느껴진다. 혼자가 편한 이유는 차갑고 이기적인 성향 때문이 아니라, 마음 깊이 새겨진 경험들이 만든 조용한 보호막일지도 모른다.

닫힌 마음속 연결을 향한 갈망

그녀는 어린 시절부터 마음을 편히 내려놓을 곳을 찾기 어려웠다. 아버지와 깊은 대화를 나눠본 기억이 거의 없었고, 어머니는 늘 바빠 스치듯 얼굴만 보는 날이 많았다. 집 안 어디에서도 감정이 머물 자리를 찾지 못한 채 자라다 보니, 결국 공부에 마음을 쏟을 수밖에 없었다. 잘할 수 있는 유일한 것이 공부였고, 그것을 통해서만 '괜찮은 사람'이라는 인정받을 수 있다고 믿었기 때문이다. 그 믿음은 그녀를 끊임없이 성취로 이끌었지만, 감정은 점점 메말라갔고, 그 빈자리를 외부의 평가나 성공에 더 매달리는 일로 채우게 되었다. 이런 배경 속에서 관계를 어려워하는 모습은 단순히 까다롭거나 무심해서가 아니었다. 내면에는 누군가와 가까워지고 싶은 마음과 상처받을까 두려운 마음이 동시에 흔들리고 있었다. 그녀는 "혼자 있는 건 외롭지만, 누군가에게 너무 기대는 것도 불편해요."라고 말하곤 했다. 관계를 유지하면서도 언제든 떠날 준비를 하고 있었던 이유도 어쩌면 이러한 복잡한 마음 때문이었다. 외로움을 달래기 위해 관계를 붙잡으면서도, 관계가 깊어지면 다시 뒤로 물러나는 모습은 연결을 향한 갈망과 자기 보호 본능이 동시에 작동하는 신호였다.

상담 과정에서 이 마음의 복잡함을 판단 없이 받아들이자, 그녀는 조금씩 마음의 문을 열기 시작했다. 속물처럼 보일까 걱정하며 조심스레 털어놓았던 이야기들 속에는 사실 누군가에게 자신의 진심을 들려주고 싶은 욕구가 담겨 있었다. 그렇게 자신의 마음을 조금씩 드러낼 때마다 이전에는 보이지 않던 변화의 실마리가 나타났다. 사람은 누구나 친밀함을 원하면서도 상처받을까 두려워 다가가지 못하는 양가적인 마음을 지니고 산다. 가까워질수록 불안이 생기고, 그 불안이 커지면 다시 거리를 두려는 마음이 고개를 든다.

그녀도 그 지점에서 오랫동안 머물러 있었던 것이다. 그러나 ‘내가 두려워서 이런 행동을 하는구나.’ 하고 스스로의 마음을 이해하기 시작하면, 그 순간부터 새로운 길이 천천히 열린다.

인간이라는 단어가 ‘사람 사이’를 뜻하듯, 우리는 서로를 필요로 한다. 완벽한 관계가 치유를 주는 것이 아니라, 마음을 내어놓아도 안전하다고 느끼게 하는 따뜻한 연결이 우리를 다시 살아 움직이게 한다.

관계에서 서운함은 피할 수 없는 감정이다. 그러나 많은 사람은 그 감정을 꺼내는 대신 삼킨다. 말하지 않으면 갈등은 피할 수 있을 것 같지만, 그 침묵은 오히려 마음의 거리를 넓힐 뿐이다.

혜린은 친구와의 관계에서 늘 '좋은 사람'으로 남고 싶었다. 서운한 일이 있어도 "아무렇지 않아."라고 말하며 넘겼고, 상대가 미안해할까 봐 더 환하게 웃었다. 하지만 마음은 무거워지고 있었다. 그녀는 점점 대화를 피하게 되었고, 예전처럼 편하게 웃지 못했다. 상담에서 혜린은 처음으로 자신의 감정을 소리 내어 말했다. "사실 그때 조금 서운했어요. 나도 그 자리에 있고 싶었거든요." 그 말을 들은 친구는 예상과 달리 미안해했고, 오히려 마음을 열었다. 그제야 혜린은 감정을 표현하는 것이 관계를 흔드는 일이 아니라, 서로의 진심을 확인하는 것임을 새롭게 알게 되었다. 그날 이후 그녀는 "괜찮아." 대신 "조금 서운했어."라고 말하는 연습을 시작했다.

감정은 숨기면 멀어지고, 표현하면 닿는다

신혼 초를 떠올리면, 감정을 제대로 표현하지 못했던 시절의 내가 가장 먼저 떠오른다. 당시에는 남편과 큰 갈등이 없었다고 생각했지만, 지금 돌아보면 '갈등이 없었던 것'이 아니라 '갈등을 일으키지 않으려 했던 것'에 가까웠다. 서운함이 쌓일 때마다 나는 그것을 제대로 전달하지 못했고, 결국 질책과 섭섭함이 뒤섞인 큰소리로 터뜨리곤 했다. 그런데 그런 순간마다 남편의 조용한 반응은 오히려 나를 더 당황하게 했다. 어느 날 "왜 내 말에 반응이 없어요?"라고 따져 묻자, 남편은 담담하게 말했다.

"그렇게 큰소리 낼 일이 아니잖아요. 그냥 말로 해도 되잖아요."

그 말이 이상하게도 크게 와닿았다. 마치 내가 혼자 너무 달려간 것 같아 갑작스러운 패배감이 밀려왔다. 말은 더 이어지지 않았고, 대화는 그대로 멈췄다. 갈등은 나에게 '극복해야 할 싸움'이었지만, 남편에게는 '되도록 피하고 싶은 상황'에 가까웠던 것 같다. 나는 감정을 표현하는 법을 몰랐고, 남편은 불편한 감정을 마주할 준비가 되어 있지 않았다. 자연스럽게 서로의 마음은 오가지 못했고, 대신 침묵과 어색함만 쌓여갔다. 우리는 갈등이 없던 부부가 아니었다. 그저 '건강한 갈등'이 무엇인지 몰랐을 뿐이다. 내가 어떤 감정을 느끼는지, 상대에게 무엇을 원하는지조차 명확히 알지 못했던 시절이었다. 자라온 환경도 이런 서툶을 키웠다. 집안의 분위기가 살얼음판 같을 때는 내 감정보다 타인의 눈치를 더 살펴야 했다. 누군가의 기분이 곧 내 기분이 되곤 했고, 그런 환경에서 감정표현은 늘 위험한 일이었다. 참고 또 참다가 어느 순간 터져버리는 나를 보며, 왜 감정표현이 중요한지 머리로는 알면서도 실생활에서는 잘 적용하지 못했다. 그 시절의 나는 내가 어떤 마음을 가진 사람인지 배우는 중이었다. 그런 경험을 겪으며, 지금의 나는 '서툴러도 표현하는 용기'가 관계를 지키는 가장 중요한 기술이라는 걸 천천히 배워가고 있다.

감정이 우리에게 선물하는 것

『심리치료에서 정서를 어떻게 다룰 것인가』에서 레슬리 그린버그(Leslie S. Greenberg)는 "정서는 우리가 압도당하는 대상이 아니라, 우리의 의지와 지혜, 욕구와 함께 통합되어야 하는 내면의 안내자"라고 말한다. 한마디로 정서는 삶에서 길을 잃지 않도록 도와주는 가장 깊은 신호라는 뜻이다. 감정이 순간순간 스쳐 지나가는 작은 파도라면, 정서는 그 파도들이 모여 만들어진 바다와 같다. 감정은 빠르게 일어나 사라지지만, 정서는 그 감정들이 쌓여 만들어지는 좀 더 오래 머무는 마음의 기운이다. 그래서 감정을 알아차리고 표현하는 연습이 중요하다. 감정을 무시하면 정서는 쉽게 흐트러지고, 반대로 감정을 부드럽게 느끼고 풀어낼 때 정서는 안정되고 깊어진다. 그렇다면 왜 감정을 잘 알아차리는 일이 중요한 걸까? 이유는 많지만, 그중에서도 두 가지는 꼭 짚고 넘어갈 필요가 있다.

첫째, 감정은 '지금 내 욕구가 무엇인지'를 알려준다.

우리는 때로 자신이 무엇을 원하는지 직접 말하기 어렵다. 대신 감정을 통해 그 신호를 받는다. 불안은 "안정되고 싶다.", 서운함은 "내 이야기를 들어줘.", 분노는 "내 경계를 지켜줘."라는 욕구를 알려준다. 이처럼 감정은 내면의 작은 메시지다. 그런데 감정을 회피하거나 억누르면 그 메시지가 흐려진다. 감정을 잠시 멈추어 바라볼 때, 내가 어디가 불편하고 무엇이 필요한지 명확해지고 다음 행동도 자연스럽게 결정된다.

둘째, 감정은 우리의 행동 방향을 알려주는 나침반이다. 감정은 상황을 해석하는 데 필요한 단서를 준다. 예를 들어, 내가 중요한 이야기를 건네고 있는데 남편이 딴청을 부린다면 서운함이나 화가 날 것이다. 이 감정은 단순한 짜증이 아니라 "나는 지금 존중받고 싶은데 그렇지 못해."라는 신호이다. 이럴 때는 먼저 감정을 솔직하게 인정하는 것이 필요하다. "지금 내 이야기에 집중해 주지 않아서 나는 서운하고 속상해." 이렇게 내 마음을 스스로 알아준 뒤, 어떻게 표현하면 좋을지 차분하게 생각할 수 있다.

감정이 가리키는 곳으로 걸어가다

감정 뒤에는 어떤 '바람'이 숨어 있다. 누군가에게 존중받고 싶고, 마음을 알아주면 좋겠으며, 나를 가볍게 여기지 않길 바라는 작은 욕구들이다. 그래서 감정을 제대로 들여다보면 상대에게 무엇을 기대하는지도 자연스럽게 드러난다. 예를 들어 남편이 내 이야기에 집중하지 않을 때 느끼는 서운함은, 사실 "내가 지금 중요해."라는 마음을 알아주었으면 하는 바람에서 비롯된 것이다. 이런 마음을 부드럽게 꺼내 말할 수 있다면 관계는 훨씬 덜 삐걱거린다.

"내 이야기에 조금만 더 귀 기울여 줬으면 좋겠어."
"이 부분에서는 당신의 관심이 필요해."

이렇게 '내 마음'을 중심에 두고 표현하면 상대가 방어적으로 느끼지 않는다. 비난이 사라지고 자연스럽게 공감이 머무는 자리가 생긴다. 그 순간부터 둘 사이의 거리는 조금씩 좁아진다. 관계는 결국 대화로 만들어진다. 하지만 대화가 깊어지려면, 내가 말하는 것만큼이나 상대의 마음을 들을 준비도 필요하다. 소통은 서로의 마음이 오가는 과정이기 때문이다. 상대의 말에 귀 기울이며 판단이나 해석을 서둘러 덧붙이지 않고 그 감정 자체를 받아들이면, 상대는 "내 마음이 존중받고 있구나." 하는 안전감을 느낀다. 이 작은 경험들이 쌓여 친밀감이 생기고 관계는 더 단단해진다. 물론 모든 감정을 누구에게나 솔직히 드러낼 필요는 없다. 감정표현에도 상황과 관계에 따른 적절한 온도가 있기 마련이다. 가끔은 상대가 받아줄 준비가 되어 있지 않을 수도 있고, 마음을 숨기는 편이 더 안전한 관계도 있다. 하지만 서로를 신뢰하고 싶은 중요한 관계라면 이야기가 달라진다. 진심을 조심스럽게 꺼내 놓는 순간, 관계는 이전보다 훨씬 깊어질 수 있다.

심리학에서도 이런 감정표현의 힘을 꾸준히 강조해 왔다. 애착 이론에서는 친밀한 관계 속에서 자신의 감정을 안전하게 드러낼 수 있어야 정서적 안정이 생긴다고 말한다. 감정을 나누는 경험이 서로를 더 가깝게 만드는 것이다. 완벽한 관계는 없다. 어떤 관계는 10점 만점이 될 수 없고, 서로 편안하게 유지되는 '지금의 최선'이 있을 뿐이다. 그 현실적 기준을 인정할 때, 서로에게 기대하는 방식도 한결 부드러워진다. 그리고 무엇보다 기억해야 하는 사실은, 감정을 표현하는 일이 단지 관계를 위한 행동이 아니라는 점이다. 솔직한 감정표현은 나를 돌보는 방식이기도 하다. 마음속에 눌러 담은 서운함이나 분노, 슬픔은 결국 다른 방식으로 흘러나오기 마련이다. 친밀한 사람에게 감정을 표현하는 것은 싸움을 만들기 위한 것이 아니라 사랑을 더 오래, 더 건강하게 지켜내기 위함이다.

사람 사이에는 보이지 않는 거리가 있다. 너무 가까우면 숨이 막히고, 너무 멀면 마음이 식는다. 그래서 때로는 잠시 떨어져 있는 편이 서로에게 더 나을 때가 있다. 같은 공간에 있으면서도 마음이 엉켜버릴 때가 있고, 반대로 한동안 거리를 두었을 때 오히려 상대가 더 또렷하게 느껴지는 순간도 있다. 이 거리는 관계를 끊기 위한 것이 아니라, 다시 이어가기 위해 숨을 고르는 시간에 가깝다.

민호는 연애를 시작하면 언제나 전부를 쏟아붓는 사람이었다. 아침부터 밤까지 연락을 이어가고, 상대의 표정이나 말 한마디에 하루의 기분이 오르내렸다. 연애 초반엔 '사랑받고 있다.'라는 확신으로 벅찼지만, 시간이 지날수록 관계는 점점 불안해지고, 결국 상대는 "숨이 막힌다."라며 떠나갔다. 상담에서 민호는 자신이 '상대를 돌보는 사람'이 아니라 '상대의 반응으로 존재를 확인받는 사람'이었다는 사실을 깨달았다. 그는 사랑이 곧 자기 증명의 수단이 되어 있었다. "상대가 날 필요로 하지 않으면, 나는 의미 없는 사람 같아요." 그의 말에 상담자는 이렇게 물었다. "민호 씨는 자신을 돌볼 때, 어떤 느낌이 들어요?" "그건…… 시간 낭비 같아요. 나한테 쓸 시간이면, 상대에게 잘해주는 게 낫다고 생각했어요." 그날 이후 민호는 '내가 먼저 나를 챙기는 연습'을 시작했다. 연락이 오지 않아도 불안할 때, 그는 억지로 연락을 기다리기보다 산책을 하거나 좋아하는 음악을 들었다. 놀랍게도 그 작은 시도는 관계를 더 안정시켰다. 상대가 잠시 바빠도, 더 이상 혼자 무너지지 않았다. 그는 "내가 나를 놓치지 않을 때, 사랑도 오래가네요."라고 말했다. 그는 연애에서 '사랑을 증명하는 법' 대신 '함께 숨 쉬는 거리'를 배워나가고 있다.

경계, 나를 지키는 최소한의 선

경계란 바로 그 숨결이 머무는 자리다. 나를 지키면서도 상대를 밀어내지 않는 조용한 균형, 상대의 감정에 귀 기울이면서도 내 마음을 잃지 않는 태도 말이다. 우리는 누군가를 깊이 아낄수록 더 가까이 가고 싶어지지만, 그 안에서도 나만의 공간이 필요하다는 사실을 잊기 쉽다. 그 공간이 있어야 관계 안에서도 편안하게 숨을 쉴 수 있기 때문이다. '이 정도는 해줘야 하지 않을까?'라는 생각을 계속 품다 보면, 어느새 나는 타인을 위해서만 존재하는 사람이 되어 버린다. 특히 늘 친절해야 한다는 믿음으로 살아온 사람일수록 경계가 쉽게 흐려진다. 작은 부탁도 거절하지 못하고, 상대의 감정까지 떠안으려다 보면 어느 순간 마음이 지칠 대로 지쳐버린다. 그러나 거절은 냉정함이 아니라 나를 소진시키지 않기 위한 보호이며, 건강한 관계를 지키기 위한 가장 기본적이고 솔직한 표현이다.

"지금 바로는 어렵고, 생각할 시간이 필요해요."

이 짧은 한마디에도 내 마음을 돌보려는 따뜻한 의지가 담겨 있다. 심리학에서는 이런 마음의 선을 '심리적 경계(Psychological boundaries)'라고 한다. 경계란 나와 타인의 감정을 구분하는 섬세한 감각이다. 경계가 선명한 사람은 상대의 불안을 이해하되 그 감정 속으로 빠져들지 않는다. 누군가의 슬픔을 들어줄 수는 있지만, 그 슬픔을 대신 짊어지려 하지는 않는다. 반대로 경계가 흐릿해지면 상대의 감정이 파도처럼 밀려와 내 마음을 흔든다.

대학원생 다혜가 그랬다. 친한 동료와 시험공부를 함께하다가 오히려 공부 리듬을 잃어버렸다고 털어놓았다. 불안이 높은 친구가 계속 독촉하고 걱정을 쏟아내자, 다혜 역시 그 불안에 휩쓸려 집중을 잃었다. 결국 공부 시간의 절반 이상을 친구의 고민을 들어주는 데 쓰게 되었고, 기말고사를 제대로 준비하지 못한 것이다. 이처럼 경계를 세운다는 건 나만을 지키기 위한 방어가 아니다. 오히려 내 안의 평온을 지키며 관계를 오래 이어가기 위한 배려에 가깝다. 우리는 가까운 사람일수록 거리감을 잊어버리기 쉽지만, 진짜 가까움은 거리감이 없을 때 생기지 않는다. 서로의 마음에 숨을 쉴 작은 공간을 내어줄 때, 그 공간 사이로 이해와 여유가 자란다. 그래서 경계는 사랑의 끝이 아니라, 사랑이 오래 머물 수 있도록 도와주는 자리다. 누군가의 마음을 돌보기 전에 내 마음부터 단단히 챙길 수 있다면, 관계는 훨씬 부드럽고 따뜻한 결을 가지게 된다.

감정이 소진될 때 필요한 건 휴식이 아니라 인식이다

경계가 흐려지면 제일 먼저 피로해지는 건 마음이다. 처음엔 그 저 잘하고 싶은 마음이었을 것이다. 상대의 기분을 맞추고, 부탁을 들어주고, 웃으며 괜찮다고 말하다 보니 어느새 내 감정이 설 자리 를 잃어버리게 된다. '친절한 사람', '좋은 사람'이라 불릴 때마다 이 유를 정확히 모르는 상황이지만, 마음 안쪽이 허전하다. 한참 시간 이 지난 후에 되짚어 보면, 그건 피로가 아니라, 내 감정이 내 것이 아니게 된 순간들이 하나둘 쌓여서 생긴 헛헛함이었다. 심리학에서 는 이런 상태를 '감정 소진(Emotional Burnout)'이라고 부른다. 누 군가의 감정을 대신 짊어지는 동안 내 마음의 주인은 조금씩 사라 진다. 나를 챙기기보다 타인을 돌보는 데 익숙해지고, 거절보다는 양보가 편한 사람이 되어간다. 그렇게 하루하루를 보내다 보면, 내 감정이 남의 감정과 뒤섞여 버리고, 무엇이 진짜 내 마음이었는지 조차 모르게 된다.

'착해야 사랑받는다.'
'다 맞춰줘야 관계가 유지된다.'
'누군가에게 실망을 주면 나를 떠날지도 모른다.'

이런 생각들은 겉으로는 배려처럼 보이지만, 사실은 불안의 또 다른 얼굴이다. '싫어하지는 않을까?', '나를 미워하면 어떡하지?' 하는 마음으로 쌓아 올린 친절은 결국 나를 잠식한다. 그렇게 마음이 점점 지쳐가고, 사소한 일에도 쉽게 흔들리게 된다. 이때 필요한 건 긴 휴식보다 먼저 내 마음을 알아차리는 일이다. '지금 내 마음은 어떤가?' 이 질문 하나가 방향을 바꾼다. 피로가 몰려오기 전에 잠시 멈추고, 불편한 상황에서는 정중하게 선을 긋는 것. "이번엔 조금 어렵겠어요."라는 말 속에는 스스로를 존중하는 마음이 담겨 있다. 에둘러서 이유 대지 않고 솔직하게 말하는 자신을 기꺼이 받아들이는 것이다. 이는 관계를 끊자는 뜻이 아니라, 오래 지키기 위한 최소한의 배려다. 내가 나를 돌볼 때, 타인과의 관계도 더 건강해진다. 내 감정의 주인이 다시 나로 돌아온다. 누군가의 불안을 대신 짊어지지 않아도 괜찮고, 타인의 기대에 정확히 맞추지 않아도 관계는 흔들리지 않는다. 내가 버텨낼 여유가 있어야 관계도 단단해지고, 내 마음이 무너지지 않아야 다른 사람의 마음도 한결 편안하게 바라볼 수 있다.

나를 중심에 두는 관계

친구 관계도, 연애도 마찬가지다. 가까워질수록 적당한 거리가 필요하다. 서로에 대한 경계와 감정 소진의 시간을 지나면, 마음은 서서히 자신이 있을 자리를 되찾는다. 다해 주고 싶은 마음에 늘 누군가의 기분을 살피고, 기대에 맞추느라 바쁘게 움직이던 발걸음이 잠시 멈추고 나면, 그제야 고요하게 들려오는 내 안의 목소리가 있다.

'이젠 내 마음을 좀 더 솔직하고 편안하게 말하고 싶다.'

이 작은 문장이 잔잔히 울린다. 그렇게 피어나는 힘이 바로 자율성이다. 자율성은 아주 사소한 선택에서 시작된다. '오늘은 쉬어도 괜찮아.', '이번엔 내 마음이 편한 쪽으로 해볼까?' 이렇게 나를 존중하는 순간들이 하나둘 쌓일 때, 우리는 조금씩 내 삶의 주인으로 서게 된다. 자율성은 거창한 말보다 훨씬 일상적인 순간에 깃든다. 누가 대신 정해주지 않아도, 오늘의 방향을 내가 고를 수 있다는 감각. 그건 인생의 큰 전환점이 아니라, 아주 사소한 장면 속에서 피어난다. 점심시간에 먹고 싶은 음식을 고를 때, 피곤한 저녁에 약속을 미루며 "오늘은 그냥 쉬고 싶어요."라고 말할 때, 그 순간마다 마음은 자신 쪽으로 조금씩 돌아온다. 우리는 늘 누군가의 시선을 의식하며 살아왔다. 기대에 맞춰야 안전하다고 믿었고, 맞지 않으면 어딘가 잘못된 것 같았다. 하지만 자율성은 그런 '맞춤의 삶'에서 한발 비켜서 보는 눈이다. 세상의 기준보다 내 안의 감각을 먼저 믿어보는 일. 그게 바로 자율성의 시작이다.

자율성이 자라기 시작하면, 마음이 이상하리만큼 고요해진다. 무언가를 증명하지 않아도 되고, 남의 기준에 서지 않아도 되기 때문일까. 그저 내가 괜찮다고 느끼는 방향으로 나아가면 된다. 그 단순한 사실을 받아들이는 데 오래 걸릴 수 있지만, 막상 받아들이고 나면 삶은 생각보다 훨씬 부드럽게 흘러갈 것이다. 누가 뭐라 하든 피곤하면 쉬어가고, 마음이 불편하면 한 걸음 물러나는 것. 때로는 남들이 이상하게 생각하는 것은 아닌지 걱정되더라도, 내 마음이 괜찮은 방향을 고르는 용기를 내어볼 일이다. 그 용기에는 작은 선택이 필요하다. 한 번의 단호한 거절, 한 번의 진심 어린 멈춤. 그렇게 나를 지켜낸 작은 경험이 쌓이면, '이제 나는 나를 믿을 수 있구나'라는 따뜻한 신뢰가 조금씩 생겨난다. 내 안의 '괜찮음'을 다시 믿는 일이 바로 자율성이 아닐까. 완벽하지 않아도, 지금의 나로 괜찮다는 마음이 단단해질수록 우리는 더 자유로워질 것이다. 남에게 잘 보이려 애쓰지 않아도, 진심으로 나를 좋아해 주는 관계가 자연스레 남는다.

⑥ 떠나야 할 때, 품위 있게 이별하기

모든 관계에는 끝이 있다. 그러나 우리는 그 사실 앞에서 쉽게 멈칫한다. 붙잡고 있으면 다시 좋아질 것 같고, 놓아버리면 모든 게 무너질 것 같아 마음이 갈팡질팡한다. 어떤 관계의 끝은 예고 없이 찾아오는 것처럼 보이지만, 사실은 그전부터 이미 조용히 금이 가 있었던 경우가 많다.

수영은 오랜 친구와의 관계에서 점점 지쳐가고 있었다. 예전에는 하루에도 몇 번씩 메시지를 주고받으며 서로의 일상을 공유했지만, 언제부턴가 대화는 늘 불편하게 끝났다. 친구는 자신이 힘들 때만 연락했고, 수영은 그때마다 위로하고 맞춰주었다. 하지만 통화를 끊고 나면 마음이 찝찝했다. '나는 늘 들어주기만 하고 있구나.' 하는 생각이 스쳤다. 그러던 어느 날, 친구가 약속을 또다시 취소한 뒤 아무런 연락도 하지 않았다. 예전 같으면 먼저 연락했을 수영이지만 이번엔 휴대폰을 내려놓았다. 며칠이 지나자 서운함보다 오히려 마음이 가벼워졌다. 자신이 오랫동안 '좋은 친구'라는 이름 아래에서 혼자 애쓰고 있었다는 걸, 그제야 깨달은 것이다. 며칠 후 수영은 친구에게 마지막 메시지를 남겼다. "그동안 고마웠어. 우리 각자의 자리에서 잘 지내자." 수영의 메시지에는 미련이 아니라, 스스로를 존중하려는 다짐이 담겨 있다. 그날 밤, 수영은 오래 걸리지도 않은 이별이 왜 이렇게 오래 자신을 붙잡아 두었는지를 떠올렸다. 그것은 '사람'이 아니라, '관계 속의 역할'을 놓기 어려웠기 때문이었다. 그렇게 그녀는 조금 늦게라도 배웠다. 끝을 인정하는 일은 냉정함이 아니라, 자신을 존중하는 일이다.

관계의 끝을 받아들이는 일

관계의 끝자락에 서면 마음 깊은 곳에는 '이 관계도 결국 끝나는 구나.', '나는 또 혼자가 되는 건가?' 하는 불안이 자리한다. 대화가 줄고, 눈빛이 달라지고, 서로의 하루에 관심을 덜 기울이게 되면서 관계는 서서히 방향을 잃는다. 그래서 우리는 '예전처럼 웃던 순간이 그리워서' 관계를 계속 이어가 보지만, 마음의 계절은 이미 조용히 바뀌어 있다. 그럼에도 사람은 '아직 괜찮을 거야.'라고 자신을 달래며 버틴다. 끝이 아니라 잠시의 거리일 거라고 믿고 싶기 때문이다.

하지만 진짜 성숙한 관계는 오래 지속된 관계가 아니라, 끝을 단정하게 마무리할 줄 아는 관계다. 억지로 붙잡지 않고, 찾아오는 변화를 있는 그대로 받아들이는 일. 서로의 마음이 달라졌음을 알아차리면서도 상대를 탓하거나 원망하지 않고, 함께했던 시간을 고마움으로 기억하려는 태도 말이다. 오랜 친구와 헤어진 뒤 매일 후회로 잠 못 이루던 어느 날, 시간이 흘러서야 그 관계가 자신의 성장에 꼭 필요한 과정이었다는 걸 깨닫게 되는 것처럼. 이렇게 관계의 끝은 때로 우리를 아프게 하지만, 동시에 조용히 성장의 방향으로 이끌어 준다. 상대를 이해하기보다 먼저 있는 그대로의 내 마음을 살피는 일을 수용이라 한다. 아쉬움, 미련, 후회, 그리움이 한꺼번에 밀려올 때 그 감정들을 억누르지 않고 조용히 바라보는 것.

'그래, 나는 지금 슬프구나.'
'이 관계의 끝이 아직 낯설구나.'

이렇게 자신에게 말을 건네다 보면 감정의 결이 조금씩 풀리고, 마음은 숨 쉴 틈을 찾기 시작한다. 완벽한 관계도, 완벽한 이별도 없다. 다만 서로의 다름과 한계를 인정하면서도, 함께했던 시간의 의미를 기억하려는 마음이 있다면 그것만으로도 충분하다. 우리는 종종 끝을 받아들이는 일을 실패로 오해한다. 하지만 관계의 끝은 실패가 아니다. 서로의 인생에서 한 장면이 끝났음을 받아들이는 과정에 더 가깝다. 한때 사랑했고, 함께 웃고 울었던 그 시간들은 사라지지 않는다. 다만 우리 안에서 다른 모습으로 남는다. 끝을 받아들일 수 있다는 건 그만큼 관계 속에서 배우고 자란 부분이 있다는 뜻이다. 한동안 함께했던 인연이 내게 남긴 건 상처만이 아니라, 세상을 조금 더 깊이 이해하게 된 마음이기도 하다.

후회와 미련이 남는 자리에서

이별 뒤에는 묘한 공기가 남는다. 홀가분함과 슬픔, 후회와 안도가 한데 섞여 마음이 쉽게 가라앉지 않는다.

'그때 그렇게 하지 말 걸, 조금만 더 참았더라면 어땠을까?'

수많은 생각이 밤마다 고개를 든다. 후회는 지나간 일을 바꾸지 못한다는 사실을 알면서도, 마음은 여전히 그 순간으로 돌아가 머문다. 진심으로 아꼈던 관계일수록 이별의 여운도 그만큼 길게 이어지는 것이다. 오랜 연인과의 관계를 정리한 뒤에는, 매일 '상대방이 없다는 사실'을 받아들이는 연습이 필요할지도 모른다. 혼자 밥을 먹을 때도, 출근길 버스에서 창밖을 바라볼 때도, 함께했던 장면들이 문득 떠오른다. 그러나 시간이 지나면 알게 된다. 미련은 그 사람을 향한 감정이기도 하지만, 사실은 '내가 더 잘하고 싶었던 나 자신'에 대한 아쉬움이기도 하다는 것을. 우리는 관계 속에서 타인을 잃는 동시에, 한때의 나 자신을 잃기도 한다. 그렇기에 이별은 늘 아픈 상실감과 함께 찾아온다.

후회는 불편하지만, 완전히 나쁜 감정은 아니다. 그 안에는 '다음에는 더 잘하고 싶다.'는 조용한 성찰이 숨어 있기 때문이다. 관계 속에서 상처받고 후회할 때마다 우리는 조금씩 배운다. 어떤 말은 마음을 닫게 만들고, 어떤 침묵은 관계를 지켜내지 못한다는 것을. 이런 배움은 아픔을 통과하지 않으면 얻을 수 없는 것들이다. 그러니 후회가 찾아올 때 자신을 탓하기보다, 그 마음을 잠시 머물게 해도 괜찮다. 불편한 감정을 조용히 바라보고 있노라면, 어느 순간 그 감정이 잦아들고 그 자리에 한층 단단해진 내가 남는다.

이별은 정리의 과정이다. 상대를 바꾸려 하거나, 다시 붙잡기 위해 애쓸 필요는 없다. 잘 헤어진 관계는 흔적은 남아도 상처로 남지 않는다. 마음이 그 사람을 완전히 밀어내지 않으면서도, 다시 그 시절로 돌아가고 싶은 마음이 서서히 사라질 때 우리는 비로소 관계의 끝을 받아들인 것이다. 후회가 없어지는 것이 아니라, 그 의미가 천천히 바뀌어 가는 것이다. 잃어버린 관계의 자리에 자신을 다시 세우는 법을 배우고, 더 이상 사랑을 두려워하지 않는 법을 배운다. 떠나보낸다는 것은 그 사람을 마음속에 두되, 이제는 나의 하루를 중심에 두는 일이다.

나로부터 다시 시작되다

익숙한 연락이 끊기고, 함께 가던 길을 혼자 걷게 되면 마음이 뻥 뚫린 듯 황량할 것이다. 그러나 그 안을 자세히 보면, 새로운 삶이 시작될 작은 틈이 있다. 그동안 타인을 위해 애써왔던 마음을 이제는 나 자신에게 돌려줄 때가 된 것이다. 누군가를 돌보는 일에 익숙했던 사람일수록, 그 마음의 방향을 자신에게 되돌리는 일이 낯설게 느껴지겠지만 바로 그 낯섦이 새로운 시작의 마중물이 된다.

'지금의 나는 누구이며, 앞으로 어떤 길을 걷고 싶은가?'

이런 질문을 스스로에게 던지는 그 시기가 바로 자기 성장이 시작되는 문 앞이다. 누군가는 관계의 끝에서 자신이 '무엇을 잃었는지'보다 '무엇을 배웠는지'를 적어 내려가며 매일 일기를 썼다고 했다. 처음엔 울음으로 번지던 글씨가, 어느 날부터는 감사로 바뀌어 있었다고 한다. 그렇게 마음은 조금씩 회복의 길을 찾는다. 심리학에서는 이런 과정을 '통합(integration)'이라 부른다. 관계 속에서 경험한 기쁨과 아픔, 기대와 실망을 모두 나의 일부로 품는 일이다. 누군가와의 관계가 끝났다고 해서 내 삶의 가치가 줄어드는 것은 아니다. 오히려 이별은 나를 다시 만나는 시간이 된다. 타인의 시선에 맞춰 살아오던 습관에서 벗어나, 내가 어떤 사람인지 천천히 되짚어 볼 수 있는 시기. 그동안 미뤄두었던 취미를 다시 시작하거나, 오랜 친구에게 먼저 연락을 해보는 일, 혼자 밥을 먹으면서도 괜찮다고 느껴지는 순간들 속에서 균형을 찾아간다.

5장 상처 난 관계에도 봄은 온다

사람은 관계 속에서 상처받고, 또 관계 속에서 치유된다. 누구에게나 잊지 못할 마음의 흉터가 있다. 믿었던 사람의 배신, 한마디 말로 무너진 신뢰, 설명되지 않은 오해. 그 모든 순간은 우리를 단단하게 만들기보다 무너뜨려 놓는다. 하지만 상처의 흔적이 있는 곳에서만 진짜 회복이 자란다. 상처받았다는 건, 그만큼 사랑하고 기대했다는 뜻이다. 무관심한 관계는 다치지도 않는다. 아팠던 이유는 그만큼 마음을 주었기 때문이다. 그래서 상처는 단순한 아픔이 아니라, 여전히 연결되고 싶은 마음의 또 다른 이름일지도 모른다. 하지만 우리는 그 마음을 다루는 법을 배우지 못한 채, 미움과 분노로 관계를 덮어버리곤 한다.

신뢰가 깨졌을 때 다시 시작할 수 있을까? 관계는 예전 그대로 완전히 회복되지 않는다. 다만 다른 방식으로 이어질 수 있을 뿐이다. 용서는 상대를 위한 것이 아니라, 나 자신을 괴롭히던 감정을 놓아주는 과정이다. 미움을 쥔 채 살아간다는 건, 상처의 자리에 나를 계속해서 묶어두는 일이다. 용서는 그 자리를 조금씩 벗어나는 연습이다. 때로는 관계가 끝나야 비로소 나를 되찾을 수도 있다. 단절은 실패가 아니다. 끝난 관계를 애도하는 건 약함이 아니라, 그만큼 진심이었다는 증거이다. 우리는 사랑의 시작은 배우지만, 끝내는 법은 배우지 못한 채 어른이 되었다. 그래서 이별이 더욱 아프다. 그러나 떠난 사람을 용서하지 않아도 괜찮다. 그 관계를 품었던 나 자신을 이해하면, 이미 절반은 회복된 것이다.

상처 준 사람을 바꾸려 하기보다, 그때마다 요동치는 내 마음을 다루는 법을 배워가면 좋겠다. 이해받는 대화는 회복의 문을 열어

주지만, 모든 관계가 다시 이어질 필요는 없다. 때로는 화해하지 못한 채 서로의 거리를 인정하는 일이, 나를 더 단단하게 만들어 주기도 한다.

이 장은 깨지고 무너졌던 관계들 속에서 다시 자신을 세우는 이야기다. 미움 속에서 이해를 배우고, 이별 속에서 나를 다시 만나며, 관계의 봄을 기다리는 시간, 상처 난 마음을 덮지 않고 바라볼 때, 비로소 치유가 시작된다. 결국 봄은, 다시 사랑할 수 있는 마음으로 찾아온다.

① 신뢰가 깨졌을 때 다시 시작할 수 있을까

신뢰는 한 번에 무너지고, 다시 쌓는 데는 긴 시간이 필요하다. 배신의 순간은 단지 한 사건이 아니라, 마음 깊은 곳의 믿음이 흔들리는 경험이다. 그래서 다시 믿기로 결정하는 일은 단순히 상대를 용서하는 게 아니라, 내 안의 상처를 다시 열어보는 일이다.

주영은 동료이자 친구였던 선영에게 깊은 상처를 받았다. 함께 진행했던 프로젝트의 성과를 선영이 자신의 이름으로만 보고한 것이다. 그날 이후 주영은 겉으론 괜찮은 척했지만, 마음속에는 실망과 분노, 그리고 자신을 탓하는 감정이 뒤섞여 있었다. "내가 너무 믿었나 봐요." 상담 초반에 주영이 가장 자주 꺼낸 말이었다. 상담자는 그녀에게 '믿음이 깨졌다는 건 관계의 균열뿐 아니라, 자신에 대한 믿음도 흔들렸다는 뜻'이라고 말했다. 그 말을 들은 민주의 눈빛이 잠시 멈췄다. "맞아요. 사실 그 일이 있고 나서부터, 제 판단력까지 의심했어요." 그제야 그녀는 배신감보다 더 깊이 자리한 상처—'다시는 누구도 믿지 않겠다.'는 결심이 자신을 가두고 있었다는 걸 알아차렸다. 몇 주 뒤, 주영에게 변화가 생겼다. 예전처럼 모든 걸 믿어주지는 않았지만, 다시 선영의 메일에 짧게 답장을 보냈다. "잘 지내지? 그때 일은 아직 완전히 정리된 건 아니지만, 나도 많이 생각해 봤어." 그 문장은 용서의 표현이 아니라, 닫혀 있던 마음을 조금 열어보려는 시도였다. 상담자는 마지막 회기에서 이렇게 말했다. "신뢰는 회복되는 게 아니라, 다시 배워지는 거예요. 이번엔 더 단단하게요." 그 말을 들으며 주영의 표정엔 오랜 시간 굳어 있던 긴장이 조금씩 풀렸다.

저 세상 끝에는 믿을 사람이 있을까

툭툭, 학교 수업 중 뒷자리에 앉은 친구가 내 등을 두드렸다. 고 개를 돌리자 그는 다른 친구를 가리키며, 나를 불렀다고 작은 목소 리로 말했다. 나는 조심스럽게 몸을 돌려 그 친구를 바라봤고, 그 순간 그의 입 모양만으로 묵음의 문장이 또렷하게 전해졌다.

"○○가 너 왕따시킨대. 내가 쪽지 봤어."

소리가 하나도 들리지 않았는데도, 그 문장은 또렷하게 귀에 꽂 혔다. 그 순간 친구의 입 모양 외에는 아무것도 보이지 않았다. 교실 소리는 멀어지고, 마치 머리 위에 벼락처럼 무언가 내리꽂히는 느낌 이 들었다. 찰나의 시간에 모든 친구가 나를 싫어하는 것처럼 느껴 졌고, 말로 표현하기 어려운 소외감과 외로움이 밀려왔다. 실제로는 나를 좋아해 주는 친구들이 있었고, 왕따를 당한 건 아니었다. 하지 만 문제는 그때부터였다. 마음속 어딘가에서 '사람을 쉽게 믿으면 안 된다.'는 감정이 자리를 잡기 시작했다. 몇 년 뒤, 그 생각에 쐐기를 박는 일이 또 한 번 벌어졌다. 학원을 함께 다니던 다른 반 친구들과 가까이 지내던 시기였다. 어느 날 수업 시간, 내 책상 위에 쪽지 두 개가 연달아 놓였다. 펼쳐보니 이렇게 적혀 있었다.

"나랑 절교하자."

아무런 이유도, 예고도 없었다. 그저 평범하게 지내던 아이들이 었는데 왜 이런 쪽지를 보낸 걸까. 설명되지 않는 위화감과 함께, 관계가 일방적으로 끊겨버린 느낌이 들었다. 억울했고, 거절당했다는 느낌이 마음 깊은 곳에 박혔다. 그와 동시에 외로움이 천천히 올라왔다. 마침 담임 선생님이 수업 분위기가 어수선한 것을 눈치채고, 조용히 나를 불러 쪽지를 보여달라고 했다. 선생님은 내용을 보자마자 상황이 이상하다는 걸 직감했고, 아이들 사이에서 무슨 일이 있었는지 조사하기 시작했다. 그리고 곧 전말이 드러났다. 한 친구가 나에 대한 거짓 소문을 퍼뜨리고 있었던 것이다.

이 사건을 알고 난 뒤, 나를 가장 깊이 흔든 지점은 두 가지였다. 첫 번째는, 꽤 친하다고 믿었던 친구가 소문을 퍼뜨린 장본인이었다는 사실이다. 그는 뒤에서는 터무니없는 이야기를 흘리면서도, 겉으로는 걱정하는 척 집으로 전화까지 걸어왔다. 그 이중적인 모습이 낯설고, 무엇보다 무서웠다. 두 번째는, 나를 제외한 거의 모든 여자아이들이 이미 그 소문을 알고 있었다는 점이었다. 아무도 내게 말해주지 않았다는 사실이 더 큰 충격이었다. 마음 한구석에서는 '그 아이들도 결국 방관자였던 건 아닐까?' 하는 생각이 들었고, 소극적으로나마 그 상황에 동조한 건 아닌지 의심이 스며들었다. 어린 마음엔 그 모든 발견이 너무 아팠고, 그날 이후 친구들에 대한 신뢰는 눈 깜짝할 사이에 무너져 버렸다. 그때가 아직 초등학생이던 시절이었다.

반복된 관계의 좌절은 결국 불신을 만든다. 그 이후의 나는 어느새 친구를 쉽게 믿지 않는 사람이 되어 있었다.

'친구를 쉽게 믿어서는 안 되는구나.'
'나를 진심으로 위하는 사람은 없을지도 몰라.'
'여러 사람과 관계를 맺는 건 위험한 일이고, 언젠가 뒤통수를 맞을 수도 있겠구나.'

이런 생각들이 마음 깊은 곳에 알게 모르게 자리 잡았고 겉으로는 아무렇지 않은 척했지만, 중학생이 될 즈음부터는 고민이나 감정을 거의 털어놓지 않고 스스로 입을 닫아버렸다. 말하지 않으면 상처받을 일도 없다고 믿었다.

믿음의 상처가 남긴 또 다른 나, 페르소나의 시작

초등학교 시절, 너무 이른 나이에 신뢰의 쓴맛을 본 뒤로 나는 다시는 그런 상처를 겪고 싶지 않았다. 사람을 온전히 믿는 건 여전히 힘들었지만, 아이러니하게도 학창시절에는 친구 관계를 완전히 끊고 살 수도 없었다. 친구들과 멀어질수록 불리하다는 걸 본능적으로 알았기 때문이다. 그래서 나는 아무 일도 없었던 것처럼 지난 흉터를 마음 한구석 깊이 밀어 넣고, 다른 방식의 관계를 선택했다. 내가 택한 방식은 '듣기'였다. 말하는 것보다 듣는 쪽이 훨씬 안전했고, 나에게는 비교적 편안한 관계 방식이었다. 그러다 누군가 내 고민을 묻기라도 하면 아무 문제 없다는 듯 웃으며 넘겼다. 그렇게 나는 천천히 가면을 쓰기 시작했다. 심리학에서 말하는 페르소나(Persona), 즉 사회적 가면. 본래의 나와는 조금 다른 모습으로 상황이나 역할에 맞춰 행동하게 하는 그 가면을, 나는 관계에서 자연스럽게 사용하고 있었다. 그 가면 뒤에 숨으면 두려움과 직접 마주할 필요가 없었고, 감정들도 조금씩 무뎌졌다.

가면을 쓰게 된 가장 큰 이유는 나의 취약한 부분이 누군가에게 약점으로 이용될까 두려웠기 때문이다. 내가 털어놓은 비밀이 지켜지지 않을 것 같은 불안, 언젠가 또다시 배신당할 수도 있다는 의심―그 모든 것이 나를 감추게 만들었다. 물론 친구들과 함께한 즐거운 순간도 많았지만, 나는 그 기억보다 불신을 강화하는 경험들에 더 집중하는 쪽을 선택했다. 상처받지 않기 위한 나만의 방식이었다. 그렇게 감정을 숨기는 데 성공했지만, 그 과정은 나를 점점 외롭게 만들었다. 그런데도 쉽게 가면을 벗을 수 없었다. 또 한 번 다치는 일을 견딜 자신이 없었기 때문이다.

선명하고 생생한 나를 찾는 방법, 나의 마음을 정면으로 마주하기

어느 날 문득 의문이 들었다.

'어라, 이게 정말 내가 바라던 관계의 모습이 맞나?'

마음 깊은 곳에서 질문이 떠올랐다. 친한 친구 사이였지만 늘 듣는 역할만 하다 보니, 어느 순간 관계가 너무 한쪽으로만 기울어 있다는 생각이 들었다.

'친한 친구라면 속 이야기도 나누는 게 자연스러운 거 아닌가?'

이런 의문이 들면서 비로소 깨달았다. 나는 사람들에게 상처받지 않으려고 가면을 쓴 채 관계를 이어온 것이지, 사실은 '진짜 나'로 누군가와 친밀하게 연결되고 싶었던 사람이었다. 예전의 나는 상처받지 않는 것이 최우선이었지만, 그 순간부터는 상처를 마주할 용기가 생기기 시작했다. 돌이켜보면, 친밀함을 원하면서도 내 방식으로 가식적인 관계를 만드는 데 일조하고 있었던 셈이다. 관계는 본질적으로 상호적이다. 누군가는 깊은 친밀함을 원하지만, 상대는 그렇게 느끼지 않을 수도 있다. 그 반대도 마찬가지다. 상대가 어떤 마음인지 알 수 없는 부분은 분명 존재한다. 하지만 최소한 내가 소중하다고 느끼는 관계에서만큼은, 친밀함을 유지하기 위해 내가 할 수 있는 노력을 해보는 것이 나의 욕구와 맞는 길이라는 생각이 들었다. 결국 내가 원하는 방향은 나에게 솔직해지고, 관계에도 솔직해지는 것이었다. 그래서 용기를 내어 친한 사람에게 내 속마음을 털어놓았다. 사람을 쉽게 믿지 못해서 늘 조심했고, 상처받지 않으려고 나 역시 솔직함을 피해왔다는 이야기까지. 막상 말하고 나니, 생각보다 별것 아니었다. 어떤 친구는 나를 이해해 줬고, 또 어떤 친구는 "나도 그런 적 있어."라며 공감해 주었다. 그 순간 마음이 개안되듯 환해졌다. 세상이 가벼워졌고, 숨이 한층 더 편해졌다.

진심으로 나를 만나기 시작하면, 다른 사람들과도 진심으로 맞닿을 용기가 생긴다. 관계에서 가장 중요한 건 '신뢰'이다. 신뢰는 상처로 인해 깨지기도 하지만, 회복 역시 신뢰에서 시작된다.

② 미움의 본질, 이해로 바꾸기

　　미움은 사실 이해받지 못한 마음의 다른 얼굴이다. 우리는 미워하면서도 동시에 그 사람이 나를 알아주길 바란다. 그래서 미움은 타인을 향한 감정처럼 보이지만, 사실은 내 안의 상처가 외로워서 내는 신호와도 같다.

서윤은 최근 같은 부서 동료를 떠올리기만 해도 마음이 불편했다. 사소한 말 한마디에도 신경이 곤두서고, 회의 자리에서 그 동료가 칭찬받을 때면 이유 없이 화가 났다. "그 사람이 잘못한 것도 없는데, 왜 이렇게 미운지 모르겠어요." 상담 초반, 서윤은 스스로도 당황한 표정이었다. 상담자는 서윤에게 "미움은 종종 마음의 방어일 수 있어요. 혹시 그 사람에게서 부러운 점이나, 인정받고 싶었던 부분이 있었나요?"라고 물었다. 서윤은 한참을 침묵하더니 조용히 말했다. "사실…… 그 친구처럼 되고 싶었어요. 그런데 그럴 수 없는 내가 싫었어요." 그제야 그녀는 미움의 화살이 사실 타인이 아닌 자신을 향하고 있었다는 걸 깨달았다. 그날 이후 서윤은 '저 사람은 왜 저럴까?' 대신, '나는 왜 이렇게 느꼈을까?'를 자신에게 물었다. 그러자 미움이 조금씩 다른 얼굴을 드러냈다. 그 안에는 인정받고 싶던 마음, 이해받고 싶던 외로움이 있었다. 상담 막바지, 서윤은 웃으며 이렇게 말했다. "이제는 그 친구를 보면 덜 불편해요. 미워했던 게 아니라, 그냥 마음이 아팠던 거였어요." 미움은 타인을 향한 감정이 아니라, 오랫동안 외면해 온 내 안의 상처가 보내는 신호이다.

분노의 깻잎 논쟁

최근 몇 년 전부터 연인 관계에서 '깻잎 논쟁'을 비롯해 다양한 보급형 논쟁들이 등장했다. 대표적인 예가 바로 깻잎 논쟁이다. 상황은 단순하다. 깻잎 장아찌에서 깻잎이 잘 떨어지지 않을 때, 내 연인이 다른 이성의 깻잎을 떼어줄 것이냐는 질문에서 논쟁이 시작된다. 예를 들어 남자친구가 다른 여자의 깻잎을 떼어줄 수 있다고 말하고, 그 이유를 "여러 개 붙어 있으니 떼어줘야지."라고 설명한다고 해보자. 그 말을 들은 여자친구가 "왜 다른 여자 걸 떼줘?"라며 화가 나는 것이다. 여자친구가 화가 나는 지점은 '깻잎' 자체가 아니라 '관계'에 있다. 다른 이성에게 깻잎을 떼어주는 행동이 여자친구에게는 관심을 빼앗긴 것처럼 느껴질 수 있기 때문이다.

요즘에는 전화 상담원도 공감 매뉴얼이 있는지, "그러셨군요. 고객님, 속상하셨죠?"와 같은 기계적인 문장으로도 공감을 표현한다. 그런 낯선 사람도 해주는 공감이, 정작 내 편이라고 믿는 남자친구에게서 느껴지지 않으면 여자친구는 더 외롭고 서운하다. 그래서 "왜 공감을 안 해줘?"라며 화를 내기도 한다. 왜 공감을 받지 못하면 그렇게 화가 날까. 어쩌면 자신도 깨닫지 못한 채, 이미 마음속에는 '정해진 대답'을 기대하고 있는지도 모른다. 깻잎 논쟁의 밑바닥에는 사실 사랑받고 싶고, 내 마음을 알아주었으면 하는 애정 욕구가 있다. 그 기대가 충족되지 않을 때 실망이 화로 바뀐다. 공감은 '당신의 마음을 이해하고 있다.'는 신호와 같다.

김 부장과 닮았다고? 왜 하필 김 부장이야

어떤 드라마를 보면 이상하게 너무 리얼해서, 현실고증이 잔인할 정도일 때가 있다. 특히 전형적인 '꼰대' 캐릭터가 등장하면 "우리 회사에도 저런 사람 있어.", "우리 아버지 같다.", 혹은 "혹시 나도 저런 모습일까?" 하고 스스로 점검하게 된다. 하지만 그런 장면을 볼 때 마음 한구석이 유독 불편해지기도 한다. 특정 장면이나 사람, 상황에 불편함이 강하게 느껴진다면, 그건 내 안의 '그림자(shadow)'가 건드려진 순간일 가능성이 크다. 분석심리학자 칼 융(Carl Jung)은 그림자를 "자아가 쉽게 받아들이지 못해 무의식 속에 눌려 있는 감정과 성향"이라고 설명한다. 말하자면 그림자는 우리가 인정하기 어려워 억눌러 둔 감정, 욕망, 특성 같은 '나도 잘 모르는 어두운 면'을 의미한다. 예를 들어 누군가 나에게 "너, 김 부장이랑 좀 닮았어."라고 했을 때 화가 난다면, 그 말이 내가 인정하기 힘들어하는 내 모습과 연결돼 있을 수 있다. 분노가 치밀어 오르는 순간의 피상적인 생각만 보지 않고, 그 감정의 밑바닥을 가만히 들여다보면 부정하고 싶던 내 모습이 어렴풋이 비칠 때가 있다. 이런 불편함은 사실 '내가 어떤 사람인지' 조금 더 가까이서 볼 수 있는 기회이기도 하다.

전형적인 꼰대 캐릭터와 내가 닮았다는 말을 들으면, 당혹스러움과 함께 부정하고 싶은 마음, 그리고 분노가 뒤섞일 수 있다. 그 감정 뒤에는 '나는 꼰대가 되고 싶지 않아.'라는 마음과 동시에 '나도 사실 저런 면이 있지 않을까.' 하는 양가감정이 숨어 있다. 이때,

그 사실을 깊이 들여다보지 않고 부정만 한다면, 나를 더 잘 이해할 수 있는 중요한 기회를 놓치게 된다. 불편함은 나를 괴롭히기 위해 생긴 감정이 아니라, 나를 이해하라는 신호다. 불편한 감정이 올라올 때 그 생각들을 가만히 들여다보면, 내 안에 있는 기대·상처·분노와 보다 솔직하게 마주할 수 있다. 그 과정은 쉽지 않다. 부정하고 싶고, 창피하고, 수치스러울 수도 있다. 그래서 인정이 어려운 것이다.

그림자는 결코 나쁜 것이 아니라, 아직 통합되지 못한 나의 한 부분이다. 어느 날 '나도 김 부장 같은 꼰대력이 조금 있구나.' 하는 사실을 인정하고 받아들일 수 있게 된다면, 그때부터 그 불편함은 더 이상 나를 괴롭히지 않는다.

분노로 위장한 밑 마음

사람들은 이상하게도 자신과 가장 가까운 사람에게 화가 난다. 엄마에게, 남자친구에게, 남편에게. 나 역시 얼마 전 남편과 크게 다툰 적이 있다. 그날 나는 남편과의 관계에서 느꼈던 서운함을 조심스레 이야기하고 있었다. 그런데 남편이 내 말을 흘려듣는 듯한 태도를 보이자, 마음이 확 상해버렸다. 나는 다시 한번 "제대로 들어봐." 하고 말을 꺼냈지만, 남편은 "듣고 있었어."라고 대답할 뿐이었다. 경청 태도는 분명 엉망이었다. "대충 들으니까 화나잖아." 라고 말하자 그제야 남편은 눈을 마주치고 경청하는 자세를 취했지만, 이미 나는 속이 상한 뒤였다. 시간이 조금 지나고 나서야 내가 왜 그렇게 화가 났는지 이해할 수 있었다.

남편에게 느꼈던 감정의 바닥에는 의존하고 싶은 마음, 돌봄 받고 싶은 마음이 있었는데, 그 욕구들이 충족되지 않자, 분노로 뒤바뀌어 올라온 것이다. 사실은 부모에게 바랐던 감정이, 남편과의 관계 속에서 다시 떠오른 것이었다. 심리학에서는 이런 현상을 전이(transference)라고 한다. 전이는 과거 중요한 대상에게 가졌던 감정과 태도가 무의식적으로 현재의 다른 대상에게 옮겨오는 것이다. 주 양육자에게 경험했던 감정이 남자친구나 남편에게 되살아나는 것도 같은 맥락이다. 이 관점에서 보면, 내가 느낀 분노는 단순히 남편이 내 말을 제대로 듣지 않아서만 생긴 감정이 아니었다. 과거에 채워지지 못했던 애착의 흔적, 사랑받고 싶었던 마음이 다시 건드려졌기 때문이다. 미움의 바닥에는 늘 '사랑받고 싶다.'라는 간절한 욕구가 숨어 있다. 물론 남편의 경청 태도가 부족했던 것은 사실이다. 하지만 과거의 좌절이 현재의 상황과 겹치면서, 내 감정이 더 크게 증폭된 것이기도 했다. 가까운 사람에게 이런 감정을 느끼는 것은 자연스러운 일이다. 다만 중요한 것은, 그 분노가 모두 상대를 향한 감정만은 아니라는 것을 구분해 내는 일이다.

③ 용서란 상대를 위한 게 아니라 나를 위한 선택

용서는 상대를 위해 하는 일이 아니다. 용서는 내가 더 이상 그 상처에 매여 살지 않겠다는 다짐이다. 누군가를 용서한다는 건, 그 사람이 변했기 때문이 아니라, 그 사람이 나를 더 이상 흔들 수 없기 때문이다.

연주는 오랜 친구에게 깊은 상처를 받은 후, 몇 년째 그 일을 잊지 못하고 있었다. 함께 운영하던 작은 스터디 모임에서 친구가 연주의 의견을 몰래 자신의 아이디어처럼 발표했던 것이다. 겉으로는 괜찮은 척했지만, 마음속에는 배신감이 가시지 않았다. "그 일을 떠올리면 아직도 심장이 쿵 내려앉아요. 그런데 이상하게, 그 친구보다 제 자신이 더 미워요." 상담 초반 연주의 말은 자신을 향한 분노로 가득했다. 상담자는 "그 친구가 아닌, 연주님 안에서 지금 가장 힘든 사람은 누구일까요?"라고 물었다. 연주는 울음을 터뜨렸다. "그때 아무 말도 못 하고, 그냥 웃던 제 자신이오." 그 순간 연주는 자신이 용서하지 못한 대상이 친구가 아니라, 상처받은 '나 자신'이었음을 알았다. 그날 이후 '그 친구를 용서해야 한다.'는 강박에서 조금씩 벗어났다. 대신 자신을 위한 일기를 쓰기 시작했다. "오늘은 그 일을 떠올려도 예전만큼 아프지 않았다." 짧은 문장이었지만, 그건 자신을 다시 회복시키는 다짐의 언어였다. 몇 달 후 말했다. "이제는 그 친구가 변하길 바라지 않아요. 그냥 그때의 나를 이해해 주고 싶어요."

관계 속에서 생겨나는 감정의 소용돌이

우리는 살아가면서 수많은 사람을 만나고, 다양한 기대를 품으며 관계를 맺고 유지하고 때로는 단절한다. 어떤 관계는 우리의 삶을 풍요롭게 만들고, 어떤 관계는 기쁨과 행복을 주며, 때로는 즐거움과 설렘을 느끼게 한다. 그러나 모든 관계가 언제나 긍정적이지만은 않다. 우리는 관계 안에서 슬픔과 분노, 실망, 좌절을 경험하고, 이러한 감정은 때로 가볍게 사라지지만, 어떤 감정은 쉽게 사라지지 않고 마음 깊은 곳에 오래 머물며 상처가 되기도 한다.

관계에서 받은 부정적인 감정은 시간이 지나며 치유되기도 하지만, 때로는 마음의 깊은 곳에 응어리진 채 남아 미움과 증오, 복수의 감정으로 변하며 우리를 고통스럽게 한다. 누군가의 말 한마디, 무심한 행동, 혹은 반복된 무시는 우리 안에 큰 상처를 남기며, 그 상처는 다시 일상 속의 많은 순간을 흔든다. 마음의 고통이 지속될 때 우리는 흔히 '용서'라는 단어를 떠올린다. 그러나 용서를 떠올리는 순간에도 마음은 복잡하다.

'과연 나는 그를 용서할 수 있을까?'
'언제쯤이면 그 사람을 떠올려도 분노와 고통의 소용돌이가 일어나지 않을까?'
'정말 그런 날이 오기는 할까?'

이 질문들은 상처받은 마음이 우리에게 보내는 신호이며, 동시에 우리가 이 관계에서 얼마나 많은 기대와 소망을 품고 있었는지를 보여준다. 한편으로는 용서하고 싶은 마음과, 다른 한편으로는 상처받고 배신당했다는 감정이 공존하기 때문에 우리는 괴로워한다. 이 괴로움은 종종 마음과 몸을 병들게 하고, 복수에 대한 충동을 부른다.

분노의 이면에는 '존중받고 싶은 마음'이 있다.

해리엇 러너(Harriet Lerner)는 『The Dance of Anger』에서 "정당한 분노는 관계를 끊기 위한 것이 아니라, 그 안에서 소중히 여겨지고 싶었던 마음의 증거다."라고 말한다. 이 말은 매우 중요한 사실을 환기시킨다. 분노는 관계를 깨뜨리려고 나타나는 파괴적 감정이 아니라, 오히려 우리가 그 관계 안에서 사랑받고 존중받고 싶었던 바람의 흔적이라는 것이다. 우리는 누구나 자신만의 욕구와 기대를 가지고 관계를 맺지만, 그 모든 바람의 핵심에는 '존중받고, 사랑받고, 소중히 여겨지고 싶다.'는 인간의 근원적 욕구가 자리한다.

따라서 분노는 누군가에게 소중한 존재로 대우받고 싶었던 기대가 좌절될 때 생기는 감정이다. 이 좌절의 깊이가 크면 클수록 분노의 크기도 커지고, 용서가 어려워지는 것도 자연스러운 일이다. 소중한 사람일수록 이 감정은 더욱 복잡해진다. 왜냐하면 그 상처는 단순한 서운함이 아니라 '나는 소중한 존재가 아니었을지도 모른다.'는 깊은 마음의 고통을 동반하기 때문이다. 분노와 함께 자책과 후회, 죄책감, 자기혐오가 밀려오기도 하며, 이런 복합적인 감정은 용서를 더욱 어렵게 한다.

용서는 나를 자유롭게 하는 선택

용서가 어렵다고 해서 용서가 불가능하거나 의미 없는 것은 아니다. 용서란 타인을 위한 것이 아니라 결국 나를 위한 선택이다. 여기서 말하는 용서는 상대를 용납하거나 무조건 화해하는 것을 의미하지 않는다. 또한 모든 고통이 사라지고 그 사람에 대한 감정이 완전히 긍정적으로 변해야만 용서라고 할 수도 없다. 오히려 용서는 나를 오랜 시간 옥죄어 왔던 분노, 복수심, 미움, 증오 같은 감정에 내가 더 이상 휘둘리지 않겠다는 주체적이고 의도적인 결정이다. 이때 중요한 것은, 용서의 과정에는 종종 타인을 용서하는 것보다 더 어려운 '자기 자신을 용서하는 일'이 포함된다는 점이다. 우리는 상처받았을 때뿐 아니라, 상처받은 뒤의 자기감정과 반응에 대해 자신을 책망하곤 한다.

'왜 그때 더 단호하지 못했을까?'
'왜 그 사람에게 그렇게 오래 묶여 있었을까?'
'왜 나는 항상 저런 상황에서 약해질까?'

이러한 자기 비난은 상처를 더 깊게 만들고, 때로는 타인을 용서하는 것보다 더 큰 내적 갈등을 가져온다. 자기 용서란, 내가 한 선택들 '그때의 나, 그때의 상황, 그때의 감정'이 불완전했음을 인정하면서도 그 불완전한 나를 포기하지 않겠다는 태도다. 완벽하지 않은 나 자신을 받아들이고, 후회와 자책을 내려놓아, 나 역시 '소중히 여겨져야 할 존재'라는 사실을 다시 회복하는 과정이다.

'그때의 나는 최선을 다했다.'
'나는 이미 충분히 아파했고, 더 이상 나를 상처 입힐 필요가 없다.'

이렇게 나 자신에게 말해주는 것이 자신을 용서하는 일이다.

타인을 향한 용서가 나를 감정의 굴레에서 해방시키는 행위라면, 자신을 향한 용서는 그때의 나를 다시 인정하고 받아들이는 내부의 회복 과정에 가깝다. 용서란 감정이 완전히 사라지는 상태가 아니라, 그 감정이 찾아와도 더는 휘둘리지 않겠다는 마음의 방향을 정하는 일이다. 그리고 자기 용서는, 그 감정 속에서 여전히 가치 있는 '나'를 발견하는 과정이다. 결국 용서는 나를 위한 회복의 과정이며, 분노와 상처로부터 자신을 자유롭게 만든다. 여기에 자신을 용서하는 마음까지 더해질 때, 마침내 과거의 상처에서 벗어나 다시 나답게 살 수 있다.

딸에게 쓰는 편지

딸아, 네가 나를 필요로 할 때 내가 감정적으로 지치고, 피곤하고, 시간이 늦었어도 너에게 시간을 내어주었더라면 너는 그때와는 다른 선택들을 했을까?

아니, 그 전에 내가 너에게 더 공감적이고 너의 개별성을 존중하며 너의 마음을 더 잘 헤아릴 수 있는 사람이었다면 너는 조금 더 해맑고 밝게, 상처 없이 어른이 될 수 있었을까?

나의 미성숙함이 너를 아프게 하고 세상을 힘들게 느끼게 한 것 같아. 너에게 미안해.

너는 잘 자라서 자유롭고 즐겁게 너의 삶을 살고 있고, 나를 누구보다 사랑하고 이미 나를 용서했지만 나는 아직도 나를 용서하기가 너무 어려워.

그런데 생각해 보면, 우리 참 잘해왔지?

그 시간 덕분에 우리는 서로를 더 깊이 이해하고 사랑하게 되었어.

그러니 이제 나도 그만 나를 용서하고 싶어.

그 시간을 지나온 너와 나, 우리는 정말 잘 해냈어.

기다려주고 참아준 딸아, 나를 용서하고 사랑해 줘서 고맙다.

이제는 나도 나를 조금씩 용서할 수 있을 것 같아.

④ 단절된 관계를 정리하는 심리적 애도

관계의 끝은 언제나 마음을 뒤흔든다. 끝났다는 사실을 받아들이는 데엔 시간이 필요하다. 그 사람을 잃은 것이 아니라, 그 사람과 함께했던 내 모습을 떠나보내야 하기 때문이다. 단절된 관계를 정리한다는 건 단지 잊어버리는 게 아니라, 마음속에 남아 있던 미련과 슬픔을 애도하는 일이다.

지수는 5년 동안 함께한 연인과의 이별 후, 한동안 아무 일도 손에 잡히지 않았다. 헤어진 지 석 달이 지났지만, 휴대전화 속 사진을 지우지도 못했고, 그가 좋아하던 노래가 들리면 여전히 눈물이 났다. "이제 그만해야 한다는 걸 머리로는 아는데, 마음이 말을 안 들어요." 상담 초기에 지수는 마치 시간이 멈춘 사람처럼 보였다. 상담자는 그녀에게 "그 사람을 놓는 건, 그 사람을 잊는 게 아니라 그 사람과 함께했던 '나'를 놓아주는 과정이에요."라고 말했다. 그 말을 들은 지수는 오랫동안 입을 다물더니, 조용히 고개를 끄덕였다. "그 사람을 사랑하던 저는 참 열정적이었어요. 그때의 나를 떠나보내야 하는 게 더 힘든 것 같아요." 지수는 상담에서 그동안 말하지 못한 감정들을 하나씩 꺼냈다. 억울함, 서운함, 그리고 여전히 남아 있던 미련까지. 그렇게 울고 나서야 비로소 '관계의 상실'이 아니라 '감정의 애도'가 시작되었다. 어느 날, 그녀는 상담실 문을 열며 이렇게 말했다. "이제는 그 사람의 이름이 떠올라도 덜 아파요. 대신 그때의 제가 떠오르면, 그냥 고맙다는 마음이 들어요." 애도란 이별의 끝이 아니라, 자신에게 돌아오는 길이다.

떠난 관계를 내려놓고 나에게 돌아오는 길

살아가는 동안 수많은 관계를 맺고, 또 그만큼의 관계를 떠나보낸다. 관계의 끝은 다양한 방식으로 온다. 누군가는 죽음이라는 돌이킬 수 없는 방식으로 우리의 곁을 떠나고, 누군가는 마음이 변해 더 이상 함께할 수 없음을 조심스럽게 혹은 잔혹하게 드러낸다. 때로는 서로가 합의하여 자연스럽게 관계를 정리하기도 하고, 혹은 환경적·심리적 요인으로 인해 더 이상 가까이 지낼 수 없는 상황이 오기도 한다. 어떤 형태이든 관계의 상실은 우리에게 하나의 사건이 아니라, 심리적 충격이자 삶의 중요한 전환점으로 온다. 그리고 그 상실이 어떤 전조나 이유를 가지고 찾아왔다 하더라도, 그것을 받아들이고 수용하는 일은 언제나 쉽지 않다.

관계의 상실이 힘든 이유 중 하나는, 우리가 잃는 것이 단순히 사람만이 아니기 때문이다. 그 관계 속에서 느낀 안정감, 나를 비추던 거울, 함께 쌓아 온 일상의 의미, 가능성이었던 미래…… 그 모든 것이 한순간에 닿을 수 없는 것이 된다. 그래서 관계의 끝은 본질적으로 '정체성의 부분적 상실'이기도 하다. '그 사람과 함께 있을 때의 나'를 잃는 경험이기도 한 것이다. 이렇듯 관계의 상실은 삶의 한 부분이 무너져 내리는 경험이기 때문에, 애도라는 심리적 과정이 반드시 필요하다.

애도의 의미–단순한 슬픔을 넘어

애도는 흔히 '슬퍼하는 과정'으로만 생각되지만, 실은 그보다 훨씬 더 복합적이고 정교한 심리적 과정이다. 애도는 상실을 현실로 받아들이고, 잃어버린 대상과의 관계를 새로운 방식으로 재조정하며, 그 과정을 통해 다시 자신의 삶을 살아갈 수 있게 만드는 내적 변화의 과정이다. 즉, 관계가 끝났다는 사실을 머리로만 아는 것이 아니라, 마음이 그 사실을 받아들여 일상의 구조를 다시 새롭게 세우는 과정이다. 관계가 끝나면 흔히 '잊어야 해.', '괜찮아져야 해.', '이제 지나간 일이야.'라고 자신을 다독이며 빨리 회복되기를 기대한다. 하지만 애도는 속도를 강요한다고 해서 되는 것이 아니다. 마음은 계단을 내려가듯 천천히, 때로는 올라갔다 내려갔다 하며 상실을 통합해 나간다. 그래서 애도의 과정은 예측할 수 없고, 직선적이지 않다. 어떤 날은 담담하지만, 어떤 날은 사소한 순간에도 눈물이 흐르기도 한다. 이 모든 것은 자연스러운 애도의 모습이다.

관계 상실의 애도 과정

상실 연구로 유명한 엘리자베스 퀴블러 로스(Elisabeth Kübler-Ross)는 상실 앞에서 인간이 가장 먼저 '부정(denial)'의 단계에 선다고 했다. 나 역시 한때 관계가 끝났다는 말을 자신에게 반복하면서도, 속으로는 '정말 이렇게 끝난 걸까?' 하고 끊임없이 되물었던 적이 있다. 연락이 올까 봐 휴대전화를 들었다 내려놓기를 반복하며 무너지고 싶지 않아 감정을 애써 붙잡던 시기. 이 시간이 지나면 마음속에 다양한 감정이 얽혀 올라온다. 분노, 억울함, 서운함, 그리고 때때로 자기 비난까지. 존 볼비(John Bowlby)는 이런 감정들을 끊어진 애착을 회복하려는 마음의 반응이라고 설명했다. 이론으로는 단정한 문장 하나지만, 실제로 겪어보면 훨씬 더 혼란스럽고 생생하다. 어느 날은 그 사람이 원망스럽다가도, 또 어느 순간에는 그 관계가 그리워 마음 전체가 텅 빈 느낌이 들곤 한다. 감정의 파도가 반복될수록 그 관계가 내 안에서 얼마나 깊이 자리하고 있었는지 오히려 더 선명해진다. 이 시간이 흐르고 나면, 슬픔이 마음의 중심에 또렷하게 자리를 잡는다. 프로이트(Freud)는 이 시기를 '애도의 핵심 작업(mourning work)'이라고 불렀다. 사라진 대상과 마음 깊숙이 대면하는 단계. 예상치 못한 순간에 갑자기 눈물이 차오르기도 하고, 익숙한 길을 걸으면서도 그 사람이 없는 현실이 파도처럼 밀려오기도 한다. 고통스럽지만 이 슬픔은 회복이 시작되고 있다는 신호이기도 하다. 슬픔을 외면하지 않고 받아들일 때 우리는 비로소 관계의 끝을 자신의 언어로 정리할 수 있다.

그리고 아주 오랜 시간이 지난 뒤, 마음에 조용한 변화가 찾아온다. 어느 날 문득 그 사람을 떠올려도 예전처럼 크게 흔들리지 않는 때, 애착 이론에서는 이 과정을 '재조직(reorganization)'이라고 부른다. 이 단계는 잊는 것과는 전혀 다르다. 오히려 더 깊은 이해가 일어나는 시기다.

그 사람에게 가졌던 기대와 서운함을 현실적 크기로
다시 바라보고,
그 관계가 준 상처와 동시에 남긴 의미를 구분하며,
더 이상 붙잡을 수 없는 것은 내려놓고, 내 삶에 가져갈 부분만
남기는 과정

재조직은 마음의 서랍을 새로 정리하는 일과 비슷하다. 무조건 버리는 것이 아니라, 무엇을 어떤 자리에 둘지 차분히 결정하는 일. 그제야 비로소 과거가 현재를 흔드는 방식이 달라지고, 관계의 의미가 자연스럽게 '다른 자리'에 놓이게 된다. 그래서 애도는 망각이 아니다. 관계를 '재배치(repositioning)'하는 일이다. 더 이상 나를 무너뜨리는 존재로 남겨두지 않고, 한때 내 삶에 깊이 머물렀던 사람으로서, 필요한 만큼만 마음의 구석에 조용히 놓아두는 일. 그 과정을 통과하고 나면, 우리는 마침내 잃어버린 관계와의 이별을 온전히 마무리하고, 새로운 하루로 조금 더 가볍게 걸어갈 수 있게 된다.

서둘러 괜찮아지지 않아도 괜찮아

관계가 끝나면 마음은 늘 조급하다. 빨리 잊어야 할 것 같고, 아무렇지 않은 척해야 할 것 같고, 오래 슬퍼하는 건 어른답지 못한 일처럼 느껴진다. 그래서 우리는 생각보다 쉽게 자신을 다그친다. '이제 괜찮아져야지.', '그만 생각하자.'고 마음을 밀어붙이지만, 억

눌린 감정들은 사라지지 않는다. 그저 마음 깊은 곳으로 내려갔다가 다른 순간, 다른 형태로 다시 떠오를 뿐이다. 상실을 충분히 겪지 않으면 내면에는 단단한 매듭 같은 것이 생긴다. 이유 없이 타인을 의심하게 되는 마음, 누군가 조금만 멀어져도 불안해지는 마음, 혹은 자신을 믿지 못하는 낯선 흔들림. 이런 반응들은 지금의 문제가 아니라 제때 애도 되지 못한 과거가 남긴 흔적일 때가 많다. 그래서 애도가 필요하다. 슬픔에 오래 머물기 위해서가 아니라 마음이 지나간 관계에 계속 붙잡혀 있지 않도록 하기 위해, 상실을 완전히 지우기 위해서가 아니라 그 무게를 내 삶에 어울리는 곳에 다시 놓아두기 위해.

애도를 충분히 지나오면 마음의 결이 달라진다. 내 감정을 더 정확히 알게 되고, 관계 속에서 내가 진짜로 원하는 것이 무엇인지, 어디까지가 나의 몫인지 천천히 구분할 수 있게 된다. 상실은 아프지만 그 아픔 속에서 조금씩 단단해지는 경험을 하게 되고, 그것이 애도가 남기는 조용한 선물이다. 그리고 이 과정은 혼자 감당해야 한다는 뜻이 아니다. 믿을 만한 사람에게 조심스럽게 마음을 꺼내 놓고, 누군가에게 내가 잃어버린 이야기를 들려주는 것만으로도 슬픔은 제 모양을 찾고, 숨겨져 있던 감정들이 천천히 풀려나기 시작한다. 무엇보다 중요한 건 애도에는 정답도, 기한도 없다는 사실이다. 어떤 사람은 몇 달이 걸리고, 어떤 사람은 몇 년이 걸린다. 속도가 느려도 잘못된 게 아니고, 오래 슬퍼해도 약한 것이 아니다. 애도란 강해지는 훈련이 아니다. 비어버린 마음을 다시 살아갈 수 있는 형태로 천천히 채우는 과정이다. 각자의 속

도대로, 각자의 방식대로 그저 자신이 버틸 수 있는 만큼의 걸음
으로 나아가는 것. 그래서 결국, 관계를 상실한 내 마음을 위한 애
도는 우리가 앞으로의 삶을 더 자연스럽게 살아가기 위해 꼭 필요
한 마음의 일이다.

⑤ 상처 주는 사람을 대하는 3단계 마음훈련

상처 주는 사람에게 휘둘릴수록 내 마음의 주인은 그 사람이 된다. 누군가의 말 한마디, 표정 하나에 하루가 무너질 때가 있다. '그 사람만 아니면 괜찮을 텐데' 하고 되뇌다 보면, 마음의 초점은 어느새 '나'에게서 '타인'으로 옮겨간다. 하지만 진짜 회복은 상대를 바꾸는 데서 시작되지 않는다. 그는 여전히 그 사람으로 남겠지만, 나는 나의 반응을 다루는 법을 배워야 한다. 그것이 자신을 지키는 가장 단단한 힘이다.

세연은 직속 상사의 말 한마디에 온종일 마음이 무너졌다. 상사는 늘 무심하게 말했다. "그 정도 일은 누구나 해요." 칭찬 한마디 없이 지적만 이어지는 말투에 세연은 자신이 무가치한 사람처럼 느껴졌다. 퇴근 후에도 상사의 얼굴이 떠올라 잠들지 못했고, 친구의 위로에도 "내가 예민한 걸까?"라며 자신을 탓했다. 상담에서 세연은 "그 사람만 바뀌면 다 괜찮아질 텐데요."라고 말했다. 상담자는 되물었다. "그 사람의 말이 아니라, 그 말에 대한 내 반응을 바꾸는 건 어떨까요?" 그 질문이 세연의 마음에 오래 남았다. 그날 이후 그녀는 상처받았을 때 즉시 반응하지 않기로 했다. 감정이 올라올 때마다 손목시계를 보며 10초간 멈췄다. 그리고 속으로 말했다. '이건 내 감정이지, 그 사람의 진실이 아니야.' 처음엔 억지 같았지만, 어느 순간 그 짧은 '멈춤'이 세연을 무너뜨리던 패턴을 끊기 시작했다. 몇 주 후, 세연은 상담실에서 이렇게 말했다. "이상하게 그 사람은 그대로인데, 저는 예전처럼 흔들리지 않아요. 그냥 그 말이 제 마음까지 들어오지 않아요." 세연의 회복은 타인이 아닌 '자기 마음의 주도권'을 되찾는 데서 시작되었다.

상담을 하다 보면 관계 속에서 상처받은 사람들을 자주 만난다. 그들은 이미 답을 알고 있으면서도 묻는다. "어떻게 해야 할까요?" 사실 그 질문 속에는 정답보다 위로를 받고 싶은 마음이 담겨 있다. 감정에 휩싸이면 누구나 자기 안의 목소리를 듣지 못한다. 나 또한 그런 순간이 있다. 상처받고도 '괜히 문제 만들기 싫어서' 그냥 삼킨 적이 많다. 하지만 그건 인내가 아니라 내 감정을 억누르는 일이었다. 그래서 요즘은 나에게 묻는다. '만약 내담자가 이런 상황이라면, 나는 뭐라고 말할까?' 그 질문 하나로 마음이 조금씩 제자리를 찾는다.

마음훈련의 세 단계는 누군가에게 상처받았을 때 나를 지키기 위한 기술이다. 감정이 크게 흔들리는 순간에도 관계를 깨트리지 않으면서 내 마음을 보호해 주고, 분노가 치밀어 오르거나 마음이 무너질 것 같은 순간, 다시 중심을 찾도록 도울 것이다.

1단계: 멈춤-감정의 파도 속에서 잠시 숨 고르기

분노는 순식간에 올라온다. 누군가가 "요즘 좀 피곤해 보여요." 라고 말했을 때, 어떤 사람은 그 말을 걱정으로 받아들이고, 어떤 사람은 비난처럼 느낀다. 말이 문제가 아니라, 그 순간 내 마음이 어떤 상태였는지가 감정의 방향을 정한다. 그래서 첫 번째는 '멈추기'다. 감정이 밀려올 때 바로 반응하지 않고, 아주 잠깐이라도 숨을 고르는 것. 마음이 흔들릴 때 '지금 느끼는 이 감정이 정말 사실일까, 아니면 내 생각이 조금 과하게 해석하고 있는 걸까?' 하고 조용히 자신에게 물어보는 순간, 마음의 소용돌이가 조금씩 잦아든다. 눈을 천천히 감아보고, 숨을 깊게 들이쉬고 내쉬면서 마음에 여유를 만들어 본다.

"지금 내 안에서 올라오는 이 감정의 이름은 무엇일까?"

분노일 수도 있고, 서운함일 수도 있고, 불안이나 두려움일 수도 있다. 뭐든 좋다.

2단계: 구분-상대의 말과 나의 존재를 분리하기

"왜 이것밖에 못 해?", "네가 문제야" 같은 말들을 반복해서 들었다면, 그 말들은 오랜 세월 마음속에 스며들어 '나는 늘 부족한 사람'이라는 오래된 이미지가 된다. 그래서 누군가의 무심한 말 한마디에도 쉽게 흔들리고, 상대의 평가가 곧 내 존재의 전부인 것처럼 느껴지기도 한다. 하지만 꼭 기억해야 한다. 상대의 말은 '그 사람이 바라보는 방식'일 뿐, 나의 진실은 아니다. 그가 실망하거나 화를 냈다는 건 내 존재가 잘못됐다는 뜻이 아니라, 그 사람이 원하는 방식으로 일이 흘러가지 않았기 때문일 때가 더 많다. 이 구분이 생기면 타인의 감정을 모두 내 탓으로 끌어안지 않아도 되고, 그 감정이 내 안으로 훅 스며드는 걸 막아주는 작은 경계가 생긴다.

그는 상사의 거친 말 앞에서 매번 마음이 무너졌다. "오늘은 왜 이것밖에 못 했어요?"라는 말을 들을 때마다 자신이 형편없는 사람처럼 느껴졌다고 했다. 하지만 마음의 경계를 하나씩 세우는 연습을 하면서 조금씩 변화가 생겼다. 어느 날 이렇게 말했다. "이제는 상사가 화를 내도, 그 감정이 전부 제 잘못이라는 생각이 들지 않아요. 그날 나는 나다운 방식으로 최선을 다했다는 걸 알거든요.”

3단계: 거리 두기-관계의 균형을 회복하기

사람 사이의 거리는 늘 일정하지 않다. 어떤 날은 더 가까워지고 싶다가도, 또 어떤 날은 잠시 물러서야 마음이 편안해진다. 그 미묘한 간격 속에서 관계는 자라고 숨을 쉰다. 너무 밀착되어 있으면 상대의 감정이 내 경계를 넘나들고, 너무 멀어지면 마음의 온기가 희미해진다. 균형은 그 사이 어딘가에서 조용히 만들어진다. 게슈탈트에서는 이를 ‘접촉과 물러남’의 리듬이라고 말하는데, 결국 우리의 마음은 다가가고 싶으면서도 자신을 돌보는 시간을 필요로 한다. 그 시간이 있어야 관계는 숨을 고르고, 나 또한 내 자리를 잃지 않는다.

그녀는 어느 날 조심스럽게 말했다.

“거리를 두면 제가 차가운 사람처럼 보일까 봐 무서워요.”

그 말에는 오랫동안 홀로 버텨온 마음이 숨어 있었다. 사랑받고 싶은 마음과 상처받을까 봐 두려운 마음이 함께 얽혀 있는 표정이었다. 우리는 한참을 이야기했고, 어느 순간 그녀는 이렇게 말했다. “조금 떨어져 있으니까, 오히려 그 사람이 더 선명하게 보여요.” 그 말과 함께 지어 보인 미소는 오랜 긴장을 내려놓은 사람만이 가질 수 있는 편안함이었다. 말을 아끼고, 자신을 다독이며, 내 안에 남아 있는 따뜻함을 지켜내는 일, 어쩌면 이게 우리가 관계 속에서 배워야 하는 가장 조용한 용기일지도 모른다.

분노를 다스리고, 나를 지키고, 마음의 경계를 세우는 일은 나를 회복하는 과정이기도 하다. 우리는 누구의 말이나 표정을 바꿀수 없지만, 그 말에 어떻게 반응할지는 선택할 수 있다. 상처 주는 사람이 여전히 같은 자리에 있더라도, 이제 그들의 말이 내 마음의 방향을 정하지는 않는다. 나는 타인의 감정에 휘둘리지 않고 내 안의 평온을 지켜낼 수 있다. 누군가를 바꾸려고 애쓰는 대신, 내 반응을 다루는 연습을 통해 다시 나에게로 중심을 되돌려놓을 때, 내 마음의 주인은 더 이상 그들이 아니라 오롯이 '나'가 된다.

닿을 듯 말 듯, 우리의 거리

사람과 사람 사이의 거리는 늘 같은 자리에 머물지 않는다. 가까워졌다가 잠시 멀어지기도 하고, 생각보다 빨리 다시 이어질 때도 있다. 그 변화는 실패가 아니라 관계가 숨 쉬는 자연스러운 흐름이다. 때로는 상처를 주고받지만, 그 틈을 정면으로 바라보고 솔직한 마음을 나누려는 순간 관계는 다시 균형을 찾아간다.

나는 일상의 작은 장면에서 이 마음의 흐름을 다시 확인한 적이 있다. 신발을 샀는데, 첫날은 발등이 아프도록 불편했다. 그날은 도저히 다시 신을 용기가 나지 않아 한동안 신발장을 그대로 닫아두었다. 며칠이 지나, 조심스럽게 다시 꺼내 신어 보니 놀랍게도 훨씬 편안했다. 내 발이 신발에 길든 것인지, 신발이 내 발을 받아들인 것인지 알 수는 없지만 둘 사이의 간격이 어느새 자연스러운 조화를 찾은 것이다.

관계도 그렇다. 때로는 잠시 멀어져야 다시 만났을 때 더 편안해지는 순간이 있다. 서로에게 맞추기 위해 애쓰는 시간이 필요할 수도 있고, 조용히 떨어져 서서 나의 마음을 정리하는 과정이 먼저일 때도 있다. 그리고 여러 번 시도해도 여전히 불편하다면, 그 관계를 억지로 붙잡지 않아도 된다. 불편한 신발을 내려놓듯, 관계도 놓아야 할 때가 있다. 완벽한 이해가 이루어지지 않더라도 "네가 그렇게 느꼈구나." 하고 마음을 내어주자.

갈등은 인간관계에서 피할 수 없는 일이다. 우리는 마음을 주는 만큼 상처를 받는다. 누군가의 말 한마디, 무심한 표정 하나에도 우리는 마음의 균형을 잃고 흔들린다. 그러나 관계는 완벽해서 유지되는 것이 아니라, 깨진 후에도 서로를 향해 다가가려는 용기로 이어진다. 진정한 회복은 '말을 잘하는 법'이 아니라 '마음을 내어 듣는 태도'에서 시작된다. 회복적 대화는 상대를 설득하기 위한 언어가 아니라, 이해를 회복하기 위한 공간을 여는 일이다.

선우는 직장 동료와의 갈등으로 몇 달간 불편한 시간을 보냈다. 함께 프로젝트를 진행하던 중 사소한 의견 차이로 언성이 높아졌고, 그날 이후 서로 인사조차 나누지 않았다. "내가 먼저 사과하면 지는 것 같았어요." 상담 시간에 그렇게 말했다. 하지만 시간이 지나도 마음 한구석이 계속 무거웠다. 상담자는 물었다. "이 관계에서 정말 원하는 게 '이기는 것'인가요, 아니면 '이해받는 것'인가요?" 그녀는 고개를 숙이며 말했다. "이해받고 싶어요. 사실은 그게 제일 중요했어요." 며칠 후, 선우는 동료에게 먼저 말을 걸었다. "그날 제가 너무 예민했어요. 미안해요." 예상과 달리, 동료는 금세 미소를 지으며 답했다. "나도 미안해요. 나도 그때 말이 너무 세게 나갔어요." 그렇게 두 사람은 잠시 어색한 웃음을 나눴다. 하지만 그 짧은 순간, 얼어붙어 있던 공기가 조금 녹았다. 선우는 상담에서 말했다. "그 친구가 내 말을 다 이해하지 못했어요. 그래도 괜찮았어요. 이번엔 제가 이해받으려 애쓰기보다, 그냥 그 사람을 이해해 보려고 했거든요." 관계의 회복은 완벽한 사과나 설명이 아니라, 진심이 닿는 한마디에서 시작된다. 그 이후로 선우는 '맞서는 대화' 대신 '이어주는 대화'를 연습하고 있다.

진심이 닿을 때, 관계는 다시 숨을 쉰다

"이제 그 사람과는 끝이에요."라고 단호히 말하는 내담자들을 종종 만난다. 그런데 시간이 지나면 같은 사람을 이야기하며 이렇게 말한다. "그때 제가 조금만 더 솔직했으면 좋았을 텐데요." 사람은 단절을 원한다고 말하면서도, 마음 한편에는 여전히 이해받고 싶은 바람이 남아 있다. 누군가와의 관계가 완전히 끝난 것 같아도, 그 속에는 아직 닿지 못한 마음이 숨 쉬고 있는 것이다. 심리학자 칼 로저스(Carl Rogers)는 인간이 성장하고 회복하는 힘을 '진정성'과 '공감적 이해'에서 찾았다. 그가 말한 진심은 완벽한 표현이나 위로의 기술이 아니다. "그랬구나!" 하고 건네는 짧은 한마디 속에도

'당신의 입장에서 느껴보고 싶다.'는 마음이 담겨 있다. 진심이란 상대의 말 뒤에 숨어 있는 감정을 알아차리려는 태도이며, 그 마음이 닿을 때 대화는 비로소 통한다. 상담실에서 나는 가끔 묻는다. "그때 정말 하고 싶었던 말이 있었나요?" 내담자들은 잠시 침묵하다가 조용히 말한다. "사실은 그냥 알아줬으면 했어요." 그 말 안에는 오랜 시간 쌓인 외로움과 이해받지 못한 마음이 있다.

경청은 단순히 귀로 듣는 일이 아니라 마음으로 함께하는 일이다. 상대의 감정이 어땠을지를 떠올리며, 그가 말하지 않은 부분까지 조용히 듣는 일, 그게 경청이다. 내 생각과 다르더라도 '그럴 수도 있겠구나.' 하고 마음의 문을 여는 순간, 방어는 서서히 풀리고 마음은 연결된다. 한 내담자가 이런 말을 했다. "선생님, 저는 왜 늘 오해를 살까요? 노력해도 결국 나만 나쁜 사람이 되는 것 같아요." 나는 되물었다. "혹시 누군가 당신의 이야기를 끝까지 들어주고 '그럴 만했겠다.'고 말해준 적 있나요?" 그는 고개를 숙였다. 누군가 내 이야기를 온전히 들어준다는 건, 그 자체로 살아나게 하는 경험이다.

비폭력 대화를 만든 마셜 로젠버그(Marshall B. Rosenburg)는 "진정한 경청은 판단을 멈추고, 그 사람의 욕구를 듣는 것"이라고 했다. 우리가 대화 속에서 상대의 욕구와 감정을 함께 바라볼 때, 관계는 다시 숨을 고르고 제 모습을 찾아간다. 결국 사람을 바꾸는 건 거창한 기술이 아니라, '당신의 마음을 보고 있다.'는 조용한 진심 하나일지도 모른다.

사과는 변명보다 용기를 필요로 한다

관계의 틈을 좁히는 가장 따뜻한 언어는 사과다. 그런데 많은 사람은 여전히 사과를 '지는 일'로 여긴다. 하지만 사과는 패배가 아니라, 관계를 다시 이어가겠다는 마음의 표현이다. "미안해, 그런 의도가 아니었어." 이 말은 상황을 설명할 뿐, 상처를 덜어주지는 못한다. 진짜 사과는 이유가 아니라 마음을 건네는 일이다. "내가 그런 말을 해서 많이 속상했지?" 이렇게 상대의 감정에 닿는 말 한마디가 닫혀 있던 마음의 문을 천천히 연다. 그 순간, 서로를 가로막던 벽은 조금씩 낮아지고 서로를 이해할 수 있는 다리가 놓인다.

사과는 마음을 열기 위한 첫걸음이다. 내가 옳았는지, 그가 틀렸는지를 따지는 순간에는 어쩐지 말이 목구멍에서 막히곤 한다. 하지만 관계 속에서 중요한 건 이기고 지는 문제가 아니다. 그저 내 말이나 행동이 누군가의 마음에 닿았을 때 그 마음이 어떻게 흔들렸는지를 이해하려는 태도다. 한 내담자가 말했다. "선생님, 미안하다는 말이 왜 이렇게 어렵죠? 내가 틀린 건 아닌데도요." 나는 대답했다. "지금처럼 그 마음을 들여다보는 게, 이미 사과의 시작일지도 몰라요." 그는 한참 생각하더니 고개를 끄덕였다. "그 말을 들으니까 조금 마음이 편해져요." 그의 표정에는 어딘가 풀린 듯한 온기가 번졌다. 누군가에게 미안하다고 말하는 일은 결국 마음을 다시 이어보려는 사람의 다정한 시도였다.

다시 연결되는 마음의 기술

사람과 사람 사이의 관계는 늘 같은 자리에 머물지 않는다. 가까워졌다가 멀어지고, 멀어진 줄 알았던 인연이 어느 날 다시 떠오르기도 한다. 완전히 끝났다고 믿었던 이름이 문득 부드럽게 마음에 스칠 때가 있다. 그 순간, 깨닫는다. 관계란 단절이 아니라, 시간이 모양을 바꾸어 가는 과정이라는 것을. 예전처럼 돌아가지 않아도 괜찮다. 서로를 미워하지 않을 만큼의 거리, 마음이 다치지 않을 만큼의 여백이 있다면 그걸로 충분하다. 그 정도의 거리에서도 온기는 남고, 그 온기가 관계를 다시 숨 쉬게 만든다.

상담을 진행하며 종종 이런 질문을 던지기도 한다. "만약 친한 후배가 당신처럼 '이제 다 끊을래요.'라고 말한다면, 뭐라고 해주고 싶으세요?" 대부분의 사람들은 잠시 생각하다가 이렇게 답한다. "그래도 한 번쯤은 진심으로 이야기해 보라고 하겠어요." 그 말 안에는 이미 회복의 신호가 담겨 있다. 타인을 위로하려는 마음속에는, 사실 자신을 다시 일으키는 힘이 숨어 있다. 누군가를 이해하려고 애쓰다 보면, 나 자신도 조금씩 달라진다. 그 따뜻한 시선이 내 안의 굳은 마음을 녹이고, 자신을 다독이는 힘이 된다. 갈등이 지나간 자리에 남은 감정들은 쉽게 사라지지 않는다. 그러나 그 감정들을 피하지 않고 마주 앉아 이야기할 수 있다면, 그 순간부터 관계는 조금씩 숨을 고른다. 이때 도움이 되는 것이 바로 '나 전달법(I-Message)'이다.

나 전달법은 내 감정을 중심에 두고 표현하는 대화의 방식이다.

상대를 비난하거나 단정하지 않고, "너는 왜 맨날 늦어?" 대신 "너를 기다리는 동안 마음이 초조했어. 다음에는 미리 알려주면 좋겠어." 이렇게 말하면 공기가 달라진다. 같은 상황이라도, 공격 대신 마음을 전하면 대화의 온도는 훨씬 부드러워진다.

나 전달법에는 세 가지의 작은 단계가 있다.

- 상황을 객관적으로 말하기—"회의가 시작되고 한참 뒤에 네가 들어왔을 때,"
- 감정을 표현하기—"조금 당황스러웠어."
- 바라는 점을 덧붙이기—"다음에는 미리 알려주면 좋겠어."

이 세 가지를 차분히 연결하면, 감정이 상하지 않으면서도 진심이 전해진다. 중요한 건 완벽한 문장을 만드는 것이 아니라, 내 감정을 있는 그대로 표현하려는 태도다. 그 마음이 느껴질 때, 방어는 낮아지고 이해는 조금씩 스며든다. 모든 관계가 다시 예전처럼 가까워질 필요는 없다. 하지만 마음이 완전히 닫히지만 않는다면, 그건 여전히 이어질 수 있는 관계다. 서로를 미워하지 않고, 한때의 인연을 따뜻하게 떠올릴 수 있다면 그걸로 충분하다. 대화는 그저 말의 교환이 아니라 마음이 닿는 과정이다.

살아가며 수많은 관계를 맺고 또 놓는다. 어떤 관계는 평생의 인연이 되고, 어떤 관계는 계절처럼 스쳐 지나간다. 그러나 모든 관계가 회복되어야 하는 것은 아니다. 어떤 관계는 다시 가까워지기보다, 멀어지는 편이 서로에게 더 평온한 일일 때가 있다.

희주는 오랜 친구와의 관계를 놓지 못한 채 몇 년을 버텨왔다. 함께 한 시간이 길었기에, 멀어지는 것이 두려웠다. 친구는 늘 자신의 이야기를 쏟아냈고, 희주는 들어주기만 했다. "그래도 내가 이해해야지, 그래야 관계가 유지되니까." 그렇게 자신을 다독였지만, 통화를 끊을 때마다 마음은 허전하고 지쳐 있었다. 상담에서 희주는 이렇게 털어놓았다. "이제는 그 친구 전화를 받기 전부터 숨이 막혀요. 그런데 그걸 끊으면 제가 나쁜 사람이 될 것 같아요." 상담자는 "그 관계를 지키는 게, 정말 '친구를 위한 일'인가요? 아니면 '혼자 버티는 일'이 두려운 것일까요?"라고 물었다. 그 질문에 희주는 눈시울이 붉어졌다. 그날 이후 그녀는 조금씩 거리를 두기 시작했다. 하루에 한 번씩 오던 연락에 즉시 답하지 않았고, 한동안은 아무 말도 하지 않았다. 대신 자신에게 이렇게 말했다. "이 관계를 멀리하는 건 이기적인 게 아니라, 나를 지키는 선택이야." 몇 주 뒤, 그녀는 상담실에서 잔잔히 웃었다. "그 친구랑 예전처럼 친하진 않아요. 그런데 이상하게 마음이 편해요. 내가 나를 지켜냈다는 생각이 들어요." 관계의 회복이 언제나 '다시 가까워지는 것'을 의미하지는 않는다. 때로는, 멀어지는 용기가 진정한 회복일 수 있다.

모든 관계가 회복될 필요는 없다

관계의 끝을 인정한다는 것은 냉정함의 표현이 아니다. 그것은 더 이상 상처받지 않기 위해, 그리고 내 마음을 지켜내기 위해 자신에게 내리는 한결같은 선택이다. 때로는 그 선택이 사랑보다 더 성숙한 용기일 때가 있다. 오랫동안 '좋은 사람'으로 살아야 한다는 믿음을 배워왔다. 누군가를 실망시키지 않기 위해 웃음을 지키고, 관계를 잃지 않기 위해 내 감정을 감추는 일에 익숙하다. 상대의 기분을 먼저 헤아리고, 나의 불편함을 뒤로 미루는 반복된 선택은 어느새 내면의 중심을 흔든다. 그 피로감 속에는 '나는 왜 이러고 있지?', '무엇을 위해 이렇게까지 애쓰고 있는 걸까?' 하는 내면의 목소리가 숨어 있다. 그것은 자신을 존중하지 못하는 상태로 머물게 한다. 존중이 결여된 마음은 타인에게도 따뜻함을 나눌 수 없다. 자신을 잃은 관계는 상대에게도 독이 된다. 아무리 이해하려 해도 이해되지 않는 부분이 있고, 아무리 맞추려 해도 맞지 않는 지점이 있는 것이 인간관계의 본질이다. 그 한계를 인정해야 한다.

'모든 관계는 끝까지 노력해야 한다.'는 말은 어쩌면 우리가 너무 오래 믿어온 신화처럼 느껴질 때가 있다. 붙잡는 것이 미덕처럼 여겨지지만, 사실은 조용히 손을 놓는 쪽이 더 큰 용기가 필요한 순간도 있다. 어떤 관계는 어느 지점에서 멈춰 서야 한다는 신호를 분명하게 보낸다. 그 멈춤은 포기도, 실패도 아니라 더 이상 마음을 소모하지 않으려는 작은 보호막에 가깝다. 관계가 멀어지는 일은 여전히 아프다. 마음이 허전하고, 오래 알고 지낸 누군가가 점점 희미해지는 감각이 불쑥 찾아오기도 한다. 하지만 그 거리감 속에서 오히려 나에게 더 가까워지는 경험을 하게 될 때가 있다. 더는 상대의 표정이나 말투에 흔들리지 않고, 내가 어떻게 지내고 있는지 다시 묻기 시작하는 순간이 그렇다. 외부에 머물던 시선이 서서히 내 안으로 향하면, 관계의 주도권도 자연스레 내 쪽으로 돌아온다. '더 이상 타인의 기준으로 나를 평가하지 않겠다.'는 다짐은 그렇게 마음속 깊은 곳에서 조용히 자리를 잡는다. 소모적인 관계를 보면, 한쪽 마음에서는 이제는 놓아야 한다고 말하지만, 또 다른 마음에서는 여전히 그 사람을 손에 꼭 쥐고 있고 싶어 한다. 그 갈등은 내가 어떤 사람인지, 무엇을 지키고 싶은지 묻는 질문이기도 하다. 그렇게 나를 보호하려는 마음이 조금씩 단단해지면, 떠나야 하는 이유를 알면서도, 떠나지 못하는 감정이 그 사람을 다시 찾아가게 만든다. 바로 이때, 우리 안에서 '이상적 자아'와 '순응하는 자아'가 서로 다른 방향으로 나를 이끈다.

심리학자 칼 로저스(Carl Rogers)가 말한 '자기이론(Self Theory)'을 떠올려 보면, 우리가 겪는 마음의 흔들림은 '이상적으로 바라는 나'와 '지금 이 순간의 나' 사이의 간격과 닮아 있다. 타인에게서 받는 '가치의 조건'에 의해 자신의 잠재력이 억압되면 현실 자아가 왜곡되어 타인에게 순응하는 방향으로 나아가게 되며, 이는 이상적 자아와의 간극을 키워 심리적 불안정성을 초래한다. 이상적 자아는 내가 되고 싶은 나, 혹은 '이렇게 해야만 한다.'는 기준을 품은 내면의 목소리이다. 그것은 언제나 완벽함을 추구하며, 흔들림 없이 옳은 선택을 해야 한다고 말한다. 그래서 관계 속에서 내가 흔들리거나 감정적으로 약해질 때, 이상적 자아는 날카롭게 속삭인다. "이러면 안 돼. 더 단단해야지. 이 관계쯤은 초연하게 정리해야해." 그 말은 마치 옳은 방향으로 이끄는 것 같지만, 그 안에는 '약한 나'를 허락하지 못하는 냉정함이 숨어 있다. 반면 순응하는 자아는 '버려질까 두려운 나', '사랑받고 싶은 나'의 다른 얼굴이다. 이 자아는 타인의 기대에 맞추려 애쓰며, 불편한 상황에서도 조용히 자신을 누른다. "괜찮아, 이번엔 내가 참으면 돼.", "이 정도는 이해해줘야지." 그렇게 순응하는 자아는 관계를 유지하기 위해 자신의 욕구를 억누르고, 타인의 감정에 자신을 내맡긴다. 하지만 그 '착함'은 결국 자신을 희미하게 만든다. 관계는 이어질지 몰라도, 그 안에서 나는 점점 사라져간다. 이상적 자아와 순응하는 자아는 모두 나를 지키려는 방식에서 비롯되었다. 이상적 자아는 상처받지 않기 위해 강해지려 하고, 순응하는 자아는 버려지지 않기 위해 맞춰주려 한다. 둘 다 나를 보호하려 하지만, 방향이 다르다. 하나는 완벽을 향해 나를 몰아세우고, 다른 하나는 관계를 잃지 않기 위해 나를 희생시킨다. 그 사이에서 우리는 점점 혼란스럽다.

"어느 쪽이 진짜 나일까?"
"나는 도대체 어떻게 살아야 할까?"

이상적 자아는 늘 "이렇게 해야 해."라는 말로 나를 몰아붙인다. 상처받지 말아야 하고, 흔들리지 말아야 하고, 더 성숙하게 반응해야 한다고 다그친다. 반면, 순응하는 자아는 "그렇지만 그 사람도 힘들잖아."라며 상대의 마음부터 살핀다. 두 목소리가 동시에 밀려올 때, 정작 내가 무엇을 원하는지는 점점 흐려진다. 강해져야 한다는 압박과 이해해야 한다는 마음이 부딪히다 보면, 나는 내 자신의 판단을 믿지 못하게 된다. 그러다 보니 관계 안에서 내가 원하는 방향보다 타인의 기대를 따르는 것이 더 편해지고, 겉으로는 괜찮아 보여도 마음속에서는 조금씩 힘이 빠져나간다. 이럴 때 필요한 건 억누르는 것이 아니라, 내 안의 두 마음이 모두 나를 지키려는 시도였다는 사실을 솔직히 인정하는 일이다. 도망치려는 것도 아니고, 누군가를 탓하려는 것도 아니다. 그저 나에게 귀를 기울이는 순간이다. 그렇게 내 쪽으로 시선을 돌리면, 흐트러졌던 마음이 서서히 제자리를 찾아가는 것이다.

때론 나를 지키는 것이 사랑이다.

모든 관계가 회복되어야만 잘 끝난 것은 아니다. 어떤 거리는 나를 존중하기 시작했다는 신호이고, 어떤 끝맺음은 오히려 나를 살리는 선택이 된다. 더 이상 나에게 필요하지 않은 무게를 내려놓으면 마음은 제 리듬을 되찾고, 그 빈자리에는 '잃어버린 나'가 조금씩 돌아온다.

이렇게 나에게 집중하는 시간이 길어질수록, 관계의 모습도 자연스럽게 바뀐다. 누구를 설득하거나 붙잡기보다, 나를 잃지 않는 방향으로 선택하려는 힘이 자란다. 억지로 유지한 관계는 언젠가 균열이 생기지만, 나를 지키며 만든 관계는 오래 버틴다. '이 관계는 여기까지구나!' 이 말에는 체념이 아니라 이해가 담겨 있다. 그리고 이 이해는 더 성숙한 관계로 나아갈 준비가 되어 있다는 조용한 신호이기도 하다. 결국 건강한 관계는 나를 지키는 마음에서 시작된다. 그런 마음이 있는 사람은 어떤 관계 속에서도 자신을 잃지 않는다.

화해하지 못했다고 해서 인생이 멈추는 건 아니다. 어떤 관계는 끝내 이해받지 못한 채 남고, 어떤 감정은 정리되지 않은 상태로 우리 안에 오래 머문다. 중요한 건 그 미완의 자리에서도 여전히 '나답게' 살아가는 일이다.

하윤은 여전히 몇 해 전 친구와의 갈등을 떠올리면 마음이 불편해졌다. 당시 친구는 하윤의 고민을 다른 사람에게 이야기했고, 그 일로 둘의 관계는 멀어졌다. 하윤은 직접 화를 내지 못했다. "괜히 더 어색해질까 봐…… 그냥 잊는 게 낫다고 생각했어요." 하지만 잊은 줄 알았던 감정은 예상치 못한 순간마다 올라왔다. 비슷한 상황을 보면 가슴이 답답해지고, 누군가의 말에 괜히 예민해졌다. 상담에서 하윤은 처음으로 자신의 마음을 들여다보았다. 그녀는 '화내지 못한 자신'이 아니라 '상처받은 자신'을 용서하지 못하고 있었다. 상담자는 물었다. "그때 하윤 씨는 어떤 마음이었나요?" "사실, 서운했어요. 믿었던 사람이라서요. 그런데 그 마음을 표현하면, 내가 약해 보일까 봐 두려웠어요." 그날 이후 하윤은 화내지 못한 자신을 탓하는 대신, 그때의 자신을 위로해 주기로 결심한다. 분노보다 더 깊은 곳에는 애정과 상처가 함께 있었다. 그녀는 일기장에 이렇게 썼다. "나는 그때 최선을 다했어. 이제 괜찮아." 시간이 지나면서 화해하지 못했다고 해서 미완의 삶으로 남는 건 아니라는 것을 알게 되었다.

화해보다 중요한 것은 나

삶에는 매끄럽게 마무리되지 않은 이야기들이 많다. 가족과의 오래된 응어리, 끝내 풀리지 않은 우정, 그리고 쉽게 화해되지 않는 나 자신과의 관계까지. 이런 미완의 장면들 앞에서 우리는 '완전히 해결해야 한다.'는 압박을 받곤 한다. 마치 모든 감정과 관계가 깔끔해야만 앞으로 나아갈 수 있는 것처럼 느껴지기 때문이다. 하지만 아무리 애써도 모든 관계가 완벽하게 복원되는 것은 아니다. 상대가 변하지 않을 수도 있고, 나도 예전의 모습으로 돌아갈 수 없을 때가 있다. 그 사실을 받아들이는 순간, 관계는 비로소 현실을 품은 새로운 모습으로 자리 잡는다. '화해'라는 말에 매달리다 보면, 오히려 내 감정을 억누르거나 상대의 기준에 나를 맞추며 자신을 잃어버리기도 한다. 진짜 회복은 누군가와 손을 맞잡는 순간이 아니라, 내 마음을 있는 그대로 인정하는 자리에서 시작된다.

관계가 불완전하다는 사실을 받아들이는 것은 나약함이 아니다. "이렇게 살아도 괜찮다."는 내면의 허락이며, 나를 향한 존중이다. 상대를 바꾸려는 마음을 내려놓으면, 그동안 관계에 묶여 있던 에너지가 나를 회복시키는 쪽으로 흘러간다. 나는 더 이상 관계의 소용돌이에 끌려가지 않고, 내가 원하는 속도로 숨을 고를 수 있게 된다. 그 과정에서 우리는 이런 질문과 마주한다. "이 관계가 완성되는 것이 정말 나의 행복과 연결되어 있을까?" 만약 답이 "아니요."라면, 우리는 관계의 완성보다 나의 성장을 선택해야 한다. 미완의 관계가 남긴 아픔은 실패가 아니라, 어떤 상처는 굳이 덮거나 고치려 하지 않을 때 오히려 낫다. 억지로 화해를 이루려 는 것보다, 지금의 나에게 편안한 마음자리를 선택하는 순간도 옳다.

나로서 다시 살아가는 힘

감정적으로 자립한다는 건, 누군가의 인정에 기대어 서 있던 마음을 조금씩 내 쪽으로 돌리는 과정이다. 혼자 버티는 능력이 아니라, 상황이 흔들려도 '나답게 머물 수 있는 힘'에 가깝다. 그래서 관계 속에서 마음이 불편해질 때, 자연스레 묻게 된다.

"무엇이 나를 불안하게 했을까?"

이 작은 질문들은 내 마음의 경계선을 다시 그어주는 일과 같다. 그 속에서 나는 내가 무엇을 지키고 싶었는지, 어떤 방식일 때 더 편안해지는지 조금씩 알아간다. 내 안의 중심이 단단해지기 시작하면, 타인의 표정이나 말투가 나를 끌고 다니지 못한다. 그때의 나에게 화해는 반드시 이루어야 하는 목표가 아니라, 필요하면 선택할 수 있는 '여지'가 된다. 감정적 자립이 깊어질수록 마음 안에서는 또 다른 힘이 자란다. 쉽게 꺾이지 않는 회복력이다. "이 정도면 다시 일어설 수 있겠다."는 조용한 확신이 생기면, 상처가 아프더라도 그 아픔이 나를 무너뜨리는 방식으로 남지 않는다. 나는 상처를 끌어안고도 앞으로 걸어갈 수 있다는 것을 알 수 있다. 자기 존중은 이 과정의 바탕이 된다. 미완의 관계를 인생의 흠처럼 바라보지 않고, 그저 사람 사이에 일어날 수 있는 자연스러운 흐름으로 받아들이게 한다. 그러면 과거의 나를 탓하던 마음 대신, 그 시절의 나를 다독여 주는 마음이 들어선다. "그때의 나는 혼자였구나! 그래서 더 애썼구나!" 이렇게 말할 수 있을 때, 나는 비로소 나를 지켜낼 책임을 다시 내 손에 돌려준다. 어떤 충격이 와도 마음 한편에서 작은 목소리가 올라온다.

"나는 나를 버리지 않아."
"나는 나를 끝까지 데려간다."

이 믿음이 곧 나로서 살아가는 힘이다. 이 힘은 어떤 화해보다 오래 남는다. 관계의 흐름에 따라 흔들리지 않고, 누구의 감정에도 휘말리지 않는 나만의 중심이 생긴다. 그래서 우리는 모든 관계를 완벽하게 마무리하려 애쓰는 대신, 그 과정에서 나를 잃지 않는 쪽을 선택하게 된다. 미완의 관계가 마음 한구석에 남아 있어도 괜찮다. 내가 나를 지키고 있다면, 그 장면들은 더 이상 나를 무너뜨리는 방식으로 작동하지 않는다. 외부의 소란에서 잠시 벗어나 보자.

미완의 자리에서 나를 단단하게

관계가 남기고 간 빈자리를 바로 채우려 하면 마음은 더 복잡해질 수 있다. 공백을 그대로 둔다고 해서 아무것도 하지 않는 건 아니다. 그 시간은 감정이 가라앉고 생각이 정리되는 내면의 여유 공간이며, 그 속에서 우리는 자연스럽게 메타인지, 즉 '지금 내 마음이 어떻게 움직이고 있는지 알고 바라보는 능력'을 회복한다. 감정이 요동칠 때는 그 마음 안에 갇히지만 잠시 멈추어 공백을 만들어주면, 그 감정을 바라보는 위치로 옮겨갈 수 있다. 이 거리가 생겨나는 순간, 문제보다 '나'가 먼저 보이기 시작한다. 하지만 마음이 불안하면 관계를 붙잡고 싶어 하고, 빈자리를 다급히 채우려 한다. 그럴 때는 아주 작은 연습부터 시작하면 좋다.

오늘 하루에 단 5분이라도 스마트폰을 멀리 두고 숨을 고르는 시간, 답장을 서두르지 않고 한 번 더 내 감정을 읽어보는 시간, 불편했던 대화를 떠올릴 때 '내가 왜 그랬을까?'보다 '그때 나는 어떤 감정을 느꼈을까?'를 먼저 묻는 시간. 이런 짧은 여유들이 모이면, 마음은 서서히 공백을 견딜 힘을 갖게 된다. 공백을 잘 확보하는 또 하나의 방법은 물리적 거리 두기다. 잠시 산책을 나가거나, 같은 공간이라도 다른 방에 머무르거나, 적어도 눈을 감고 호흡을 느끼는 것만으로도 심리적 거리가 생긴다. 이 거리 속에서 감정은 조금씩 정돈되고, 나는 서둘러 결론을 내리지 않아도 괜찮다는 걸 배운다. 공백은 결핍이 아니라 '정리의 시간'이라는 사실을 몸으로 이해하게 된다. 그렇게 마음의 여지를 지켜낼 수 있을 때, 나는 이전보다 더 또렷한 시선으로 나를 바라본다. 공백은 나를 혼자 두려는 시간이 아니라, 마음의 방향을 다시 나에게로 돌리는 시간이다.

6장 건강한 관계를 위한 심리 습관

좋은 관계가 단 한 순간의 진심으로 완성된다면 얼마나 쉬울까. 하지만 관계는 언제나 느리게 자란다. 하루하루 마음을 다듬고, 감정을 돌보는 작은 습관들이 쌓일 때 비로소 단단해진다. 결국 관계를 결정하는 건 상황이 아니라, 내가 어떤 마음으로 살아가느냐다. 우리는 흔히 관계를 '사람과 사람 사이의 일'로 여기지만, 사실은 '나와 내 마음 사이의 일'에 더 가깝다. 내 감정이 흔들리면 관계도 흔들리고, 마음이 평온하면 관계도 자연스레 안정된다. 감정을 조절한다는 건 억누르는 것이 아니라, 내 마음의 온도를 알아차리고 다독이는 일이다. 어떤 순간에도 나를 잃지 않는 그 조용한 균형감이 관계를 오래 지탱하는 힘이 된다.

관계는 말보다 '듣기'에서 시작된다. 잘 듣는 사람 곁에는 언제나 대화가 머문다. 상대를 바꾸지 않아도 관계를 회복시키는 힘으로는 경청과 공감이 있다. 마음을 열고 듣는다는 건, 내 기준을 잠시 내려놓고 상대의 세상으로 들어가는 일이다. 그 안에서 비로소 서로의 다름이 이해로 변하는 것이다. 솔직함도 기술이 될 수 있다. 진심을 말하되 상처를 남기지 않는 말, 나를 숨기지 않으면서도 상대를 존중하는 태도, 관계의 성숙은 바로 그 미묘한 균형에서 만들어진다. 선을 긋는 게 아니라, 나답게 연결되는 법을 배우는 일이다. 관계를 오래 지켜내기 위해서는 작고 꾸준한 습관이 필요하다. 마음이 흔들릴 때 잠시 숨 고르기, 하루를 돌아보며 내 감정 점검하기, 지친 날엔 스스로 다독여 주기. 이런 작고 단순한 루틴이 관계를 단단하게 만든다.

① 감정조절이 관계의 질을 바꾼다

감정이 요동칠 때, 우리는 본능처럼 누군가를 탓하거나, 상황을 바꿔보려 몸부림친다. 그 순간 마음은 이미 밖으로 향해 있다. 하지만 진정한 변화는 바깥이 아니라, 내 안에서 일어난다.

진아는 감정이 쉽게 요동치는 편이다. 누군가의 말투가 조금만 날카로워도 얼굴이 달아올랐고, 상대의 반응이 냉담하면 하루 종일 머릿속을 떠나지 않았다. '나는 왜 이렇게 감정에 휘둘릴까. 이러면 안 되는데…….' 그녀는 늘 자신을 다그쳤지만, 오히려 감정은 더 커져만 갔다. 상담 초반 진아는 "화를 참는 게 성숙한 거잖아요. 그게 편하기도 하고요."라고 말했다. 하지만 상담자는 "참는 건 통제가 아니라 억눌림일 때가 많아요. 성숙은 감정을 인식하고 다루는 거예요."라고 안내했다. 그녀는 처음으로 '참는 나'와 '느끼는 나'를 분리해 보기 시작했다. 하루는 직장 상사가 회의 중 그녀의 보고서를 비판했을 때, 진아는 평소처럼 억눌러 삼키지 않고, 퇴근 후 감정노트에 자신의 감정을 적었다. '속상했다. 나는 그 말을 듣고 초라하다고 느꼈다.' 그렇게 감정을 기록하는 연습을 시작하자, 감정이 휘몰아치던 강도가 점점 낮아졌다. 몇 주 뒤 진아는 달라진 자신을 느꼈다. 예전 같으면 상사의 한마디에 얼굴이 굳었을 상황에서 그녀는 잠시 숨을 고르며 우선 자신의 신체 변화를 감지하려고 노력했다. 또한 부정적 스토리텔링 대신 '서로 생각이 다를 수 있지.' 하고 자신의 몸과 마음을 살폈다. 이후 진아는 감정을 억누르거나 폭발시키는 대신, '멈추고 알아차리는 일'을 반복했다. "예전엔 감정이 나를 끌고 다녔는데, 지금은 내가 감정의 손을 잡고 같이 걸어요."

감정을 다스리지 못했을 때 무너지는 관계

살다 보면 문득, 감정을 주체하지 못해 일을 그르치거나 가까운 사람과의 관계가 단번에 멀어지는 순간이 있다. 평소엔 잘 지내던 사람에게 뜻밖의 말을 내뱉거나, 자신도 낯설 만큼 예민하게 반응할 때가 있다.

'그때 왜 그랬을까?'
'그렇게까지 화낼 일은 아니었는데…….'

후회가 밀려온다. 하지만 그 후회의 순간엔 이미 관계가 조금은 어색해져 있다. 후회는 늘 조금 늦게 온다. 말이 지나가고, 표정이 굳은 뒤에야 '아, 내가 왜 그랬을까?' 하는 생각이 밀려온다. 하지만 그때는 이미 마음이 어딘가 서먹해져 있다. 관계는 예전 같지 않고, 대화는 조심스러워진다. 이런 일이 반복되면 사람은 점점 스스로를 믿지 못하게 된다. '나는 왜 자꾸 관계를 어렵게 만드는 걸까.' 그 생각이 마음 한구석에 자리 잡고, 그 불안이 다시 관계를 더 어렵게 만든다.

감정이 휘몰아칠 때 사람은 본능적으로 누군가를 탓한다. "저 사람이 나를 이렇게 만든 거야.", "이 상황 때문이야." 그렇게 말하면 잠시 속이 시원해진다. 하지만 마음의 파문은 그리 쉽게 가라앉지 않는다. 결국 감정은 바깥에서 오는 게 아니라 내 안에서 만들어진다. 같은 말을 들어도 어떤 사람은 웃고, 어떤 사람은 상처받는다. 감정은 사건이 아니라, 그 사건을 바라보는 나의 방식에서 자란다. 그래서 감정을 다스린다는 건 내 마음을 꾸짖는 일이 아니라, 다정하게 들여다보는 일이다. 마음이 요동칠 때 '지금 내 안에서는 무슨 일이 일어나고 있지?', '이 마음은 어디서부터 시작됐을까?' 하고 조용히 물어본다. 그러면 감정이 조금씩 결을 드러낸다. 처음엔 엉켜 있던 마음이 '아, 내가 지금 화가 났구나.', '나는 이해받고 싶었구나.' 하고 스스로 말을 건다. 그렇게 이름을 붙이면 마음이 나를 몰아가지 못한다.

감정을 이해하기 시작하면 사람을 대하는 태도도 달라진다. 예전엔 불편하게 느껴졌던 말이 이제는 조금 다르게 들린다. 상대의 반응 속에서 내 마음의 흔적을 보고, 그 안에서 나를 다시 배운다. 감정을 다스린다는 건 결국 나를 알고, 그 앎으로 세상과 더 부드럽게 만나는 일이다. 그렇게 하루하루, 나는 관계를 이어가고 내 마음의 자리를 단단하게 한다.

감정은 몸의 언어다

감정을 이해하려면 먼저 감정이 어떻게 생겨나는지를 알아야 한다. 심리학자 윌리엄 제임스(William James)와 생리학자 칼 랑게(Carl Lange)는 감정이 외부 자극에 대한 몸의 반응을 인식한 결과라고 말했다. "우리가 슬퍼서 우는 게 아니라, 울기 때문에 슬픈 것이다."라는 말처럼, 심장이 빨리 뛰기 때문에 두렵고, 웃기 때문에 행복하다는 것이다. 감정은 머리로만 느끼는 것이 아니라, 몸이 가장 먼저 알아차리는 신호다. 이후 샥터(Stanley Schachter)와 싱어(Jerome Singer)는 감정이 단순히 몸의 반응만으로 생기는 게 아니라, 그 상황을 어떻게 해석하느냐에 따라 달라진다고 설명했다. 예를 들어, 같은 심장 두근거림도 '좋아하는 사람을 만나는 중'이면 설레지만, '시험을 앞둔 순간'이라면 불안하게 느껴진다. 몸은 똑같이 반응하지만, 마음이 붙이는 해석이 다르기 때문에 전혀 다른 감정이 만들어지는 것이다.

『회복탄력성』의 저자 김주환 교수는 감정이 머리가 아닌 몸에서 시작된다고 말한다. 어떤 자극이 오면 몸이 먼저 반응하고, 그 반응을 뇌가 해석하면서 감정을 만들어 낸다는 것이다. 다시 말해, 우리가 불안을 느끼는 건 심박수가 빨라져서가 아니라, 빨라진 심박수를 뇌가 '불안하다.'라고 해석하기 때문이다. 그래서 감정을 조절하려면 생각보다 몸에 집중해야 한다. 김 교수는 감정을 다스리기 위해 '멈춤의 기술'을 연습해 보길 권한다. 자극을 느꼈을 때 즉시 반응하지 말고, 단 몇 초라도 몸의 변화를 관찰하는 시간을 갖는 것이다. 예를 들어, 이런 순서로 해보면 좋다.

1) 자리에서 잠시 멈춘다.
말을 하거나 행동하기 전에 단 10초라도 그대로 선다.
2) 몸의 감각을 살핀다.
심장이 빨리 뛰는지, 어깨가 굳어 있는지, 턱을 꽉 물고 있지는 않은지 느껴본다.
3) 호흡을 천천히 조절한다.

숨을 깊게 들이마시고, 내쉴 때는 들이쉰 시간보다 조금 더 길게 한다.

이 세 가지만 의식적으로 해도 몸은 금세 달라진다. 심장이 조금 느려지고, 어깨에 들어갔던 힘이 풀린다. 김 교수는 이런 짧은 멈춤이 뇌의 편도체(두려움과 불안을 담당하는 부위)를 안정시키고, 전전두엽(이성과 자기조절을 담당하는 부위)을 활성화한다고 설명한다. 분노나 두려움처럼 강렬한 감정의 한가운데에서는 이 멈춤조차 어렵게 느껴질 수 있다. 하지만 하루에 한 번이라도, 작은 자극 앞에서 잠시 호흡을 고르는 연습을 해보면 몸이 그 경험을 기억한다. 감정을 다스리는 일은 내 몸의 변화를 알아 차리고 잠시 숨을 고르는 일에서 시작된다.

감정 조절은 마음의 근육을 기르는 일

살다 보면 마음이 한순간에 무너질 때가 있다. 사소한 말에 서운함이 밀려오고, 작은 일에도 분노가 치밀어 오른다. 그럴 때마다 '왜 나는 이 정도 일에 이렇게 흔들릴까?' 자책하게 되지만, 사실 그건 누구에게나 자연스러운 일이다. 다만 어떤 사람은 그 감정에 오래 머물고, 어떤 사람은 그 감정을 부드럽게 흘려보낸다. 그 차이를 만드는 건 마음의 근육이다. 단단한 마음은 매일의 경험 속에서 길러진다. 감정의 파도가 밀려올 때, 우리는 본능적으로 반응한다. 누군가의 말에 상처받으면 즉시 방어하거나, 마음을 닫아버린다. 그러나 잠시 멈춰 서서 내 안의 소리를 들어볼 수 있다면, 감정은 조금 다른 얼굴을 보여준다. '나는 지금 왜 이렇게 화가 날까?', '이 마음의 밑에는 어떤 바람이 숨어 있을까?' 이렇게 자신에게 묻는 순간, 마음은 조금 다르게 보인다. 통제해야 할 무언가가 아니라, 나를 이해하게 해주는 신호처럼 느껴진다. 마음을 밀어내지 않고 바라보는 그 짧은 순간에, 이미 감정은 조금 누그러지고 나에게 말을 걸기 시작한다. 화는 사실 서운함의 다른 이름일 수도 있고, 불안은 나를 지키고 싶은 마음의 표현일 수도 있다.

감정조절은 인내심과는 다르다. 마음을 눌러 담는다고 단단해지지 않는다. 오히려 그 감정을 알아차리고, 잠시 멈춰 자신을 들여다볼 때 마음은 방향을 잡는다. 하루의 끝에서 '오늘 나는 어떤 마음으로 살았을까?' 하고 자신에게 묻는 일, 화가 치밀 때 눈을 감고 천천히 숨을 내쉬는 일, 혹은 불현듯 떠오르는 고마운 사람을 떠올리는 일 등의 그런 순간들이 모여 마음에 작은 근육을 만든다. 감정이 사라지는 일은 없다. 다만 그 감정에 휩쓸리지 않고 나를 단단히 붙잡을 수 있게 된다. 불안이 찾아오면 도망치지 않고 마주 서고, 화가 날 때는 그 안의 서운함을 알아차린다. 그렇게 내 마음을 다루다 보면 관계는 조금 더 따뜻해지고, 하루는 이전보다 부드럽게 흐른다. 감정을 다스린다는 건 참거나 견디는 일이 아니라, 내 마음이 걸어갈 길을 스스로 밝혀주는 일이다.

사람의 마음은 이해받을 때 가장 크게 열린다. 입보다 귀가 더 많은 이유는, 아마 듣는 것이 사랑의 시작이기 때문일 것이다. 누군가의 이야기를 끝까지 들어준다는 건, 그 사람의 존재를 온전히 받아들이겠다는 조용한 약속이다.

재훈은 회의 중 동료의 비판적인 발언에 자주 예민하게 반응했다. 겉으로는 웃으며 넘겼지만, 속에서는 분노와 수치심이 동시에 올라왔다. "나를 무시하는 것 같아요. 그 사람 말 한마디면 하루 종일 기분이 망가져요." 상담에서 그는 그렇게 말했다. 상담자는 재훈에게 감정을 억누르지 말고, 떠오르는 감정의 이름을 구체적으로 말해보게 했다. "화나요. 억울하고, 또 불안해요. 내가 부족해 보일까 봐서요." 그 순간 재훈은 자신이 분노를 느꼈던 건, 사실 인정받고 싶었던 마음이었다는 걸 깨달았다. 몇 주 후, 비슷한 상황이 다시 찾아왔다. 동료가 회의 중 그의 아이디어를 수정하자 재훈의 가슴이 또 뛰기 시작했다. 하지만 이번엔 잠시 숨을 고르며 자신에게 물었다. '지금 화가 난 이유는 그 사람 때문일까, 아니면 내가 완벽해지고 싶어서일까?' 그는 즉각적인 반박 대신, "좋은 지적이에요. 그럼 이렇게 바꾸면 어떨까요?"라고 차분히 대답했다. 회의가 끝난 후에도 마음이 훨씬 덜 흔들렸다. "상황은 똑같은데, 제 반응이 달라졌어요. 감정을 알아차리니까 관계가 훨씬 편해졌어요."

잘 듣는다는 것은, 내가 잠시 멈추어 서서 상대에게 자리를 내어주는 일이다

우리가 다른 사람과 이야기를 나누는 이유는 무엇일까. 어떤 심리학자는 "인간의 대화 대부분이 '부탁'과 '감사'로 이루어진다"라고 말했다. 곰곰이 생각해 보면 정말 그렇다. "이건 좀 도와줄래?", "고마워" 결국 우리가 전하는 말의 상당수는 이 두 마음에서 나온다. 그렇다면 서로의 부탁과 감사를 편안하게 주고받을 수 있다면 관계는 훨씬 부드러워질 텐데, 실제로는 그렇게 간단하지 않다.

"이해할 수는 없지만, 사랑할 수는 있다."

남편과 내가 신혼 시절 수없이 갈등을 겪을 때, 남편이 내게 해준 말이다. 서로를 잘 안다고 믿었지만, 어긋나는 순간마다 어떻게 마음을 풀어야 할지 막막했다. 결국 우리가 원했던 건 단 하나였다. '내 마음 좀 알아줘.' 지금은 눈빛만 봐도 서로의 상태를 알아차리는 '절친'이 되었지만, 이 자리에 오기까지 많은 시간과 연습이 필요했다. 우리는 상대의 마음을 이해하는 법도, 자기 마음을 스스로 돌보는 법도 제대로 배워본 적이 없었기 때문이다. 그렇다면 이해와 공감은 어떻게 시작될까. 발달심리학자 대니얼 스턴(Daniel Stern)은 건강한 관계의 핵심을 '정서적 조율(emotional attunement)'이라고 설명한다. 정서적 조율이란 상대의 감정과 마음결을 따라가 주는 능력이다. 단순히 말의 내용을 이해하는 것이 아니라, 그 말속에 스며 있는 감정의 떨림을 느끼고 함께 머무는 것이다. 이 조율이 이루어질 때 사람은 '내 마음이 전해졌구나.'라는 깊은 안도감을 경험한다. 정서적 조율은 상담실에서만 중요한 것이 아니다. 부부 사이, 부모와 자녀 사이, 직장 동료 사이에서도 똑같이 작동한다. 그리고 이 조율의 핵심에는 '잘 듣는 힘'이 있다.

그렇다면 잘 듣는다는 것은 무엇일까. 전문용어로는 '적극적 경청', '반영적 경청'이라고 부르지만, 익숙한 말로 풀면 훨씬 간단하다. 잘 듣는다는 것은, 내가 잠시 멈추어 서서 상대에게 자리를 내어주는 일이다. 말을 끊지 않고, 서둘러 판단하지 않고, 해결책을 먼저 내놓지 않는 태도다. 그 사람의 말에 담긴 감정의 온도를 살피며 '아, 지금 이런 마음이구나……' 하고 조용히 짚어주는 일, 이것이 일상의 적극적 경청이다. 그리고 반영적 경청은 상대의 감정을 '그대로 따라 말해주는 것'이 아니라 그 사람이 느꼈을 감정의 결을 내 언어로 가만히 비춰주는 일이다. "회사에서 큰소리를 들었어. 정말 별일 아닌데 너무 속상하더라고."라는 말을 들었다면, "아…… 작은 일 같아도 마음이 꽤 아팠겠다." 이렇게 건네는 말이 반영이다. 상대의 감정을 대신 정리하는 것이 아니라, '나는 네 마음을 이렇게 느끼고 있어'라고 조심스럽게 보여주는 과정이다.

공감은 어두운 방에서 함께 손을 잡고 문고리를 찾는 일과 닮았다. 그도 잘 모르고 나도 잘 모르는 감정 속을 더듬더듬 함께 걸어가는 것이다. 그래서 "나도 이런 적 있어.", "나도 네 마음 알아." 같은 말은 때로는 그 손을 놓아버리는 결과를 낳는다. 마음을 헤아리기보다 내 경험을 앞세우는 방식이기 때문이다. 우리가 일상에서 공감을 키우고 싶다면 아주 작은 연습부터 시작하면 된다.

'상대의 감정을 무시하거나 가볍게 평가하지 않기'
'해결책을 바로 제시하고 싶은 마음을 잠시 내려놓기'
'동의하지 못하더라도 그 감정 자체는 인정하기'

이 세 가지가 자연스럽게 이어질 때, 상대는 '내 마음이 진심으로 닿았다.'는 깊은 경험을 한다. 이것이 스턴이 말한 정서적 조율의 일상적 모습이다. 그리고 이 조율이 가능해질 때, 우리는 서로의 부탁도 감사도 훨씬 가볍고 자연스럽게 주고받을 수 있다. 결국 대화의 목적은 '맞는 말'을 하는 것이 아니라, 그 사람의 마음에 닿는 말을 건네는 데 있다.

나는 지금 너를 보고 있어

사는 게 너무 고되고 외로워서 모든 것을 내려놓고 싶어지는 순간에도, 단 한 사람만이라도 내 마음을 제대로 알아주는 사람이 있다면 다시 살아보고 싶다는 마음이 피어오를지도 모른다. 칼 융(Carl Jung)은 "조현병 환자가 자신이 이해받고 있다고 느끼는 사람을 만나면, 더 이상 그 환자는 정신분열증 환자가 아니다."라고 말했다. 누군가에게 내가 하는 말, 내가 의미하는 바가 온전히 전해졌다는 느낌은 사람을 다시 세우는 힘이 있다. 마음을 알아주는 단 한 명의 존재만으로도 소외감은 조금씩 풀리고, 외로움은 다시 연결감으로 바뀐다. 결국 건강하고 따뜻한 관계가 사람을 살리는 것이다. 공감을 경험한 사람은 스스로가 있는 그대로 존중받을 가치가 있으며, 사랑받아도 되는 존재라는 감각을 되찾는다. 그 감각은 삶을 버티게 하는 가장 깊은 토대가 된다. 실존주의 심리학자 랭(R.D. Laing)은 인간이 자신의 내면-감정, 생각, 경험이 타인에게 인식되고 인정될 때 비로소 '나는 실재하는 사람이다.'라는 감각을 얻는다고 말했다. 존재가 투명하게 느껴지는 순간에도, 누군가 "나는 지금 너를 보고 있어."라고 말해주는 경험이 우리를 현실로 붙잡아준다.

실존주의 철학자 마틴 부버(Martin Buber)도 『나와 너(Ich und Du)』에서 진정한 만남이 인간 존재의 본질이라고 했다. 그는 타인의 시선과 관계 속에서 비로소 '참된 나'가 형성된다고 말했다. 결국 내가 나답게 살기 위해서 누군가의 공감, 이해, 수용이 필요하다는 뜻이다. 우리는 혼자서는 완전히 다 자라나지 못한다. 서로의 마음을 비추어 주는 관계가 있어야만 자기 안의 깊은 목소리가 또렷해진다.

수많은 관계 속에서 상처받고, 외로워하며, 때로는 두려움 속에서 하루를 견디고 있는 누군가에게 우리가 줄 수 있는 가장 큰 선물은 거창한 위로가 아니다. "당신은 여기 있다. 이렇게 소중하고 가치 있는, 유일한 당신은 나에게 의미 있는 존재다."라고 전해주는 마음이다. 그 문장이 말로 표현되지 않더라도, 그런 태도로 곁에 있어 주는 일 자체가 누군가를 살리는 힘이 된다. 그리고 그 선물은 우리 자신에게도 마찬가지일 것이다. 우리 또한 누군가에게 공감을 바라던 존재였고, 지금도 여전히 그렇다.

③ 솔직하지만 상처 주지 않는 말하기

우리는 어릴 때부터 어떻게 말해야 하는지는 배워왔지만, 어떻게 들어야 하는지는 배워본 적이 거의 없다. 그래서 사람 사이의 많은 오해는 '말의 부족'이 아니라 '듣기의 결핍'에서 생긴다. 사실, 관계를 살리는 힘은 말보다 듣기에 있다.

승주는 회의 자리에서 동료의 실수를 지적한 뒤, 분위기가 싸늘해지는 걸 느꼈다. "그건 잘못된 접근이에요. 다시 검토해야 할 것 같아요." 그녀는 단지 일을 바로잡으려 했을 뿐이었지만, 이후 동료는 며칠 동안 말을 걸지 않았다. 승주는 속으로 생각했다. '내가 틀린 말 한 것도 아닌데, 왜 다들 불편해하지?' 그녀가 말했다. "저는 솔직하게 말한 건데, 그게 왜 상처가 되는지 모르겠어요." 상담자는 잠시 미소를 지으며 물었다. "승주님은 '무엇을 말했는가'보다 '어떻게 말했는가'를 돌아본 적 있나요?" 그 질문은 그녀를 멈추게 했다. 승주는 그제야 자신이 언제나 정답을 말하려는 태도로 대화했다는 걸 알아차렸다. 다음 회의에서 그녀는 의도적으로 목소리 톤을 낮추고, 동료의 노력을 먼저 인정한 뒤 의견을 덧붙였다. "이 부분 정말 고민 많이 하셨겠네요. 그런데 이렇게 하면 더 좋아질 것 같아요." 회의가 끝난 뒤, 동료가 웃으며 말했다. "오늘은 기분이 덜 상했어요. 오히려 고맙네요." 진심은 언제나 필요하지만, 진심만으로는 관계를 살릴 수 없다는 걸 배운 순간이다. 말의 힘은 정직함보다도 따뜻한 배려에서 시작된다.

진심을 전하는 방법, 듣는 용기에서 시작된다.

우리는 어릴 때부터 '사람은 솔직해야 한다.'라는 말을 귀에 못이 박히도록 들으며 자라왔다. 거짓말을 하면 안 된다는 가르침은 늘 분명했지만, 정작 '어떻게 들어야 하는가'에 대해서는 거의 배우지 못했다. 그래서인지 많은 관계의 문제는 '말의 부족'에서가 아니라 '듣기의 결핍', 즉 '제대로 듣지 못하는 데서' 비롯된다. 우리는 말하는 법은 배웠지만, 듣는 법은 익히지 못한 채 어른이 되어버린 것이다. 진심을 담아 솔직하게 말한다고 해서 늘 좋은 관계가 만들어지는 것은 아니다. 어떤 솔직함은 상처가 되고, 어떤 솔직함은 위로가 된다. 둘의 차이는 아주 작은 지점, 바로 '배려'라는 한 곳에서 갈린다. 많은 사람은 '내가 느낀 진실을 그대로 이야기하는 것'을 솔직함이라고 여기지만, 진짜 솔직함은 '상대가 받아들일 수 있는 언어'로 진심을 전하는 것이다. 말은 진심을 담는 그릇일 뿐, 진심 그 자체는 아니다.

최근 상담실을 찾은 내담자는 첫인상부터 자신감이 넘쳤다. 그는 "저는 솔직한 게 제일 중요하다고 생각해요. 저는 뒷담화 안 해요, 뒤끝도 없어요. 그런데 왜 회사 사람들이나 가족들이 저를 피하는지 모르겠어요."라며 억울한 표정을 지었다. 그러나 그의 대화 방식에는 상대를 향한 여백이 없었다. 질문의 맥락과 상관없이 자신이 하고 싶은 이야기만 이어갔고, 나의 반응에는 크게 관심이 없어 보였다. 그의 이야기를 들으며 나는 '솔직함'이라는 말의 진짜 의미를 곱씹었다. 솔직함은 결국 일방적인 말하기가 아니라, 상대의 말을 들을 준비가 된 마음에서 시작되는 태도였다. 대부분의 사람들은 솔직하게 '말할 용기'를 배우지만, 솔직하게 '들을 용기'는 배우지 못한다. 그러나 대화의 본질은 '내가 무엇을 말했는가'보다 '상대의 말을 어떤 마음으로 듣고 있는가'에 있다. 진정한 대화는 내 말로 상대를 설득하는 순간이 아니라, 상대의 말 속에서 내 마음이 조금 흔들릴 때 시작된다.

관계 안에서 자주 부딪히는 이유는 서로가 '솔직함'의 정의를 다르게 생각하기 때문이다. 누군가에게 솔직함은 '있는 그대로 드러내는 것'이지만, 다른 누군가에게는 '상대를 존중하면서 표현하는 것'이다. 그래서 내 기준의 솔직함을 절대적인 것으로 여겨 상대에게 강요하는 순간, 관계는 서서히 불편해진다. 그렇다면, 서로에게 진실하고 솔직하게 말하되, 무례하지 않고 상처 주지 않게 말하는 방법에는 어떤 것들이 있을까?

첫째, 말하기 전에 '이 말이 정말 필요한가?'를 잠시 묻는 것이다. '진실을 말해야 관계가 건강하다.'라고 믿지만, 때로는 그 진실이 너무 거칠게 닿아 상대의 마음을 닫게 만들기도 한다. 솔직함은 관계를 지키는 힘이 될 수도 있지만, 준비되지 않은 진실은 칼날이 되어 돌아오기도 한다. 말을 내뱉기 전, 그 말이 지금 이 순간 꼭 필요한 말인지, 혹은 단지 내 불편함을 덜기 위해 꺼내려는 말인지 자신에게 한번 물어보면 좋겠다. 잠시의 멈춤이 때로는 관계를 구한다.

"나는 네가 너무 늦게 와서 속상했어."

"너는 왜 맨날 늦어?"

두 문장은 겉으로는 비슷해 보여도, 들리는 마음은 전혀 다르다. 전자는 마음의 솔직함이 담겨 있고, 후자는 비난의 기운이 섞여 있다. 같은 사실을 말하더라도 말의 방향이 달라지면, 관계의 온도도 달라진다. 흔히 생각할 때, 말을 해야만 관계가 이어진다고 생각하지만, 사실은 '해야 할 말을 안 하게 되는 시점'부터 관계가 닫히기도 한다. 한 발짝 멈추어 서서 자신에게 묻는 그 짧은 순간이, 상대에게는 배려로, 나에게는 지혜로 남는다.

둘째, "너는 왜 그래?" 대신 "나는 그렇게 느꼈어."로 바꾸는 것이다. 같은 사실이라도 주어를 바꾸면 대화의 방향이 완전히 달라진다. "너는 왜 그렇게 말해?"라고 하면 상대는 방어적으로 반응하게 되지만, "그 말을 들으니 조금 서운했어."라고 하면 마음의 문이 닫히지는 않는다. '너'라는 말은 상대를 분석하고 판단하는 언어이지만, '나'라는 말은 내 감정을 드러내는 언어다. 전자는 상대를 긴장시키고, 후자는 관계의 문을 연다. 예를 들어보자. "너는 맨날 내 말을 무시하잖아."라는 말에는 그동안 쌓인 서운함이 비난으로 전달된다. 반면 "내가 얘기할 때 네가 휴대폰을 보면, 내가 중요하지 않은 사람처럼 느껴져."라고 하면, 같은 상황이라도 훨씬 부드럽게 흘러간다. 하나는 상대를 몰아세우는 문장이고, 다른 하나는 내 마음을 설명하는 문장이다.

셋째, 상대의 말 속에서 의도를 찾으려 하지 말고, 감정을 먼저 읽는 것이다. 우리는 자주 '저 사람이 왜 저런 말을 했을까?'를 먼저 생각한다. 하지만 대부분의 말 뒤에는 의도가 아니라 감정이 자리한다. 서운함, 외로움, 두려움, 인정받고 싶은 마음 같은 것들 말이다. 그 마음을 먼저 봐주면, 대화의 온도는 놀랍도록 달라진다. 누군가 "너는 늘 자기 얘기만 해."라고 말했을 때 우리는 '날 비난하네?'라고 받아들이기 쉽다. 하지만 조금만 멈춰서 생각해 보면, 그 말의 밑바닥에는 "내 얘기도 좀 들어줘."라는 마음이 깔려 있다. 의도를 따지면 싸움이 되고, 감정을 읽으면 이해가 된다. "왜 그렇게 말했어?"라고 묻는 순간 상대는 방어막을 세우지만, "그 말속에 어떤 마음이 있었을까?"라고 묻는다면, 그는 비로소 자신의 진심을 이야기하기 시작한다. 이것이 비폭력 대화의 핵심이며, 진정한 배려의 출발점이다. 사람은 논리로 설득되지 않는다. 그저 '내 마음을 알아주는구나!' 하는 경험을 통해 변화한다. 그래서 대화의 목적이 이기거나 가르치는 것이 아니라, 서로의 마음을 비추어보는 것이라면 우리는 더 이상 오해로 다투지 않는다. 말보다 마음을 먼저 보아야 한다.

넷째, 듣는 동안 '내가 대답해야 할 말'을 준비하지 않는 것이다. 누군가의 말을 듣는 척하면서, 사실은 이미 머릿속으로 다음 문장을 쓰고 있을 때가 많다. '이럴 땐 뭐라고 해줘야 하지?', '저 말에는 어떻게 반응해야 하지?' 하지만 그런 생각이 떠오르는 순간, 마음의 귀는 이미 닫힌다. 진정한 듣기는 상대의 말이 끝난 후에야 시작된다. 그가 하는 말을 끊지 않고, 고치려 하지 않고, 그냥 거기 머물러 있는 태도 안에 신기할 만큼 큰 위로가 있다. 대부분의 사람들은 조언이 아니라 '내 이야기를 들어주는 사람'을 찾는다. "그랬구나, 그래서 많이 힘들었겠다." 이 한 문장은 백 마디의 충고보다 깊게 상대의 마음에 닿는다. 반대로 "그건 네가 잘못 생각한 거야.", "그럴 땐 이렇게 해야지."라는 말은 순식간에 대화를 멈추게 만든다. 듣는 척하면서 가르치려는 순간, 상대는 마음을 닫고 더 이상 아무 말도 하지 않는다. 듣는다는 건 귀로 듣는 일이 아니라, 상대의 마음이 내 안에 안전하게 머물 수 있게 자리를 내어주는 일이다. 그 자리가 충분히 따뜻하다면, 백 마디의 말보다 짧은 한숨에서도 마음이 전해진다.

솔직함이란 '진실을 말하는 용기'와 '그 진실을 건네는 섬세함'이 함께 할 때 비로소 완성된다. 진심만으로는 관계를 지킬 수 없고, 배려만으로는 마음을 온전히 전할 수 없다. 말과 마음이 균형을 이루는 그 지점에서 비로소 대화는 이해로 이어진다. 서로의 다름을 인정하고, 감정의 결을 존중하며, 때로는 말보다 침묵으로, 설명보다 공감으로 머무를 때 관계는 조금씩 단단해진다. 상대의 마음을 다치게 하지 않으면서도 나의 마음을 숨기지 않는 자세가 필요하다.

④ 경계를 지키는 동시에 연결되는 법

누군가와 가까워질수록 경계를 세우는 일은 어렵기만 하다. 거리를 두면 냉정해 보일까 봐, 선을 긋는 사람이 될까 봐 두려운 것이다.

유정은 동료 교사들과의 관계에서 늘 '좋은 사람'으로 보이려 애썼다. 누군가 부탁하면 거절하지 못했고, 다른 이의 감정까지 챙기느라 정작 자신의 시간을 잃곤 했다. "거절하면 관계가 틀어질 것 같아요. 그래서 결국 다 떠맡게 돼요." 상담자는 그녀에게 '경계의 의미'를 묻는 대신, "유정님이 마음이 지칠 때, 몸이 어떻게 반응하나요?"라고 물었다. 그 질문에 유정은 "머리가 띵해지고, 아무 말도 하기 싫어요. 그때마다 누군가가 또 부탁을 하죠." 그녀는 마음보다 몸이 먼저 '그만하라.'는 신호를 보내고 있었음을 알아차렸다. 그 후 유정은 작은 연습을 시작했다. "미안하지만 이번에는 어려울 것 같아요." 그 문장을 메모장에 써두고, 꼭 필요할 때 하나씩 꺼내 썼다. 처음엔 죄책감이 들었지만, 시간이 지날수록 이상하게 마음이 가벼워졌다. 거절을 통해 누군가를 밀어낸 게 아니라, 오히려 자신을 지켜내고 있다는 걸 느낀 것이다. 며칠 전, 유정은 웃으며 이렇게 말했다. "예전엔 관계를 유지하려고 나를 버렸는데, 이제는 나를 지키니까 관계도 더 편해졌어요."

괜찮아, 나니까

　자율성은 스스로 가치와 신념, 감정에 따라 어떤 선택을 하고 이를 행동으로 옮길 수 있는 능력을 말한다. 자율성이 약할 때, 우리는 타인의 인정에 과도하게 집착하고 의존하려는 행동을 반복하게 된다. '저 사람이 나를 싫어하면 나는 괜찮지 않아.' 또는 '그가 나를 인정해 주지 않으면 나는 무가치한 사람 같아.'라는 생각이 들기 쉽다. 많은 교육학, 심리학 이론에서 자율성을 매우 중요하게 여기는 이유도 바로 여기에 있다. 사람은 외부의 압력이 아니라 스스로 판단하고 선택하고 싶어 하며, 자신의 의지에 따라 결정하고자 하는 욕구가 있다. 그리고, 자신이 선택한 그 결정을 지키기 위해 노력하는 존재인 것이다. 이는 인간관계에도 그대로 적용된다.

　자율성이 낮은 사람은 늘 주변의 '영향력 있는 누군가'에게 인정받기 위해 지나치게 애쓴다. 그러다 보면 정작 자신의 욕구나 감정, 가치관보다는 상대의 기대에 맞추려는 행동을 자주 하게 된다. 하지만, 이 같은 행동은 자신의 신체적, 정신적인 욕구와 감정을 외면하게 되어 시간이 지날수록 지치고, 점점 더 버거워지는 것을 느끼게 된다. 혹시 나도 이와 같은 때가 있지 않은가? 상대의 요구나 부탁을 거절하면 '좋은 사람'이라는 말을 듣지 못하게 될까 봐, 혹은 '이기적인 사람'이라는 말을 듣게 되지는 않을까 하는 불안과 걱정 때문에 내 안의 목소리를 외면하지는 않았는지, 다시 한번 되짚어 보자. 건강한 자율성을 지닌 사람은 이렇게 말한다. '저 사람과 친하게 지내고 싶지만, 그렇지 않아도 괜찮아. 나는 나니까'라고. 이

제는 다른 사람의 기대보다, 지치고 상처 입은 '나'를 먼저 다독이고
보살펴주자.

가까워지되, 나를 잃지 않기

　누군가와 친해지고 싶은 마음은 자연스럽다. 하루의 일상을 나
누고, 속마음을 털어놓으며 조금이라도 더 가까워지고 싶어 애쓴
다. 하지만 어느 순간부터 마음이 조금 무거워질 때가 있다. 상대
의 기분에 따라 내 하루가 흔들리고, 그 사람이 원하는 대로 행동하
지 않으면 미움을 살까 봐 불안하다. 그러다 보면 어느 순간, 친밀
함보다 부담감이 더 커질 때도 있다. 그렇게 조금씩 나를 잃어가며,
관계가 편안하기보다는 조심스러워지기 시작한다. 친밀함은 모든
것을 공유한다고 생기는 것이 아니다. 말하지 않아도 전해지는 온
기, 서로의 다름을 인정하면서도 이어지는 마음, 이런 것들이 관계
를 안정적이고, 부드럽게 이어주는 힘이다. 경계는 차갑게 거리를
두는 벽이 아니라, 마음을 다치지 않게 감싸주는 투명한 선이다. 그
선이 있을 때, 우리는 각자의 자리를 지키면서도 서로를 존중하며
편안하게 함께 있을 수 있다. 때로는 "싫어요.", "지금은 어렵습니
다."라는 말을 해야 할 때가 있다. 그 말은 냉정함이 아니라 용기다.
내 마음을 지키면서도 상대를 존중할 수 있는 방법이기 때문이다.
건강한 거절은 관계를 깨뜨리지 않는다. 내 마음을 지키면서도 상
대를 존중하기 때문에 오히려 오래도록 안전하게 이어지게 해준다.
내 감정을 숨기지 않아도 괜찮은 관계, 그게 진짜 가까운 사이다.

유대감은 함께 웃고, 같은 풍경을 바라보고, 마음이 닿는 순간들 속에서 자란다. 서로의 삶에 지나치게 간섭하지 않으면서도, 마음으로는 곁에 있는 느낌. 그 사람의 삶을 대신 살아주려 하지 않고, 그저 잘 살아가길 바라는 마음. 그럴 때 관계는 무겁지 않다. 얽히지 않아도 연결되어 있고, 떨어져 있어도 따뜻함이 남는다. 가까워지되, 나를 잃지 않는다는 건 서로에게 맞추지 않겠다는 뜻이 아니다. 내 마음을 지키며, 동시에 상대의 마음에도 자리를 내어주는 일이다. '우리가 얼마나 가까운가'보다는 '그 가까움 속에서 얼마나 편안하게 숨 쉴 수 있는가'이다. 좋은 관계는 늘 옆에 붙어 있어야만 유지되는 것이 아니다. 때로는 서로를 바라보는 거리가 적당히 있을 때, 그 사이의 여백에서 따뜻한 공기가 흐르고, 그 공기 속에서 우리는 조금 더 부드럽게 연결된다. 그렇게 서로가 자기 모습 그대로 서 있을 때, 관계는 비로소 편안해진다. 너는 너의 자리에서 숨 쉬고, 나는 나의 자리에서 마음을 고른다. 그 사이의 여백에 따뜻한 공기가 흐르고, 그 공기 속에서 우리는 조금 더 부드럽게 연결된다.

너는 너로서, 나는 나로서

사람과의 관계는 가까워질수록 더 따뜻해질 것 같지만, 이상하게도 너무 가까워지면 마음이 자주 지쳐간다. 서로의 안부를 묻고, 일상을 나누며, 더 많이 이해하려 노력하지만, 어느 순간부터 숨이 막히는 듯한 기분이 든다. 상대의 감정에 휩쓸리고, 그 사람의 기분에 따라 나의 하루가 결정되는 듯할 때가 있다. 사랑과 배려라는 이름 아래에서 나의 마음을 지나치게 내어주다 보면, 어느새 내 자리가 조금씩 사라진다. 너무 가까운 관계는 따뜻하기보다 뜨거워서 데고, 아플 수도 있다는 걸 깨닫는다. 하지만 그렇다고 거리를 멀리 두면 외로움이 찾아온다. 마음을 닫고 자기를 지키려 하다 보면, 상대의 온기도 함께 밀려 나간다. 그렇게 마음이 식으면 서로의 존재감도 희미해진다. 너무 가까워도 힘들고, 너무 멀어도 쓸쓸한 게 사람 사이의 일이다. 그래서 관계에는 '적당한 거리'가 필요하다. 서로를 밀어내지도, 움켜쥐지도 않는 거리. 그 안에서 우리는 각자의 자리에서 숨을 고르고, 다시 바라볼 여유를 얻는다.

경계는 벽이 아니라 마음을 건강하게 지켜주는 부드러운 선이다. 그 선이 있을 때, 관계는 더 단단해진다. 서로의 감정이 뒤섞이지 않으면서도, 여전히 연결되어 있다는 느낌이 남아 있다. 진짜 친밀함은 '서로에게 맞춰야 한다.'라는 의무감이 아니라, '그 사람의 다름을 그대로 인정할 수 있는 마음'에서 시작된다. 중요한 건, 내 마음의 온도를 유지한 채 상대에게 다가가는 일이다. 상대도 자기 온도를 지키며 내 옆에 서 있을 때, 두 온도가 자연스럽게 섞이며 '편안한 사이'가 된다. 서로가 조금 달라도 괜찮고, 생각이 어긋나더라도 애써 통제하려 하지 않아도 된다. 그저 있는 그대로의 그 사람을 바라보고, 그 곁에서 나 자신을 잃지 않는 것. 그게 관계를 오래도록, 따뜻하게 지켜주는 힘이다.

'너는 너로서 괜찮고, 나는 나로서 괜찮다. 그 모습 그대로 함께 있어도 충분해.' 이 말 안에는 진짜 친밀함의 비밀이 담겨 있다. 서로에게 기대하지만 의존하지 않고, 다가서되 얽히지 않는 거리. 그 온도 속에서 우리는 비로소 편안해진다. 가까이 있어도 숨이 막히지 않고, 멀리 있어도 마음은 여전히 닿아 있는, 서로의 온기가 편안하게 머무는 그런 관계. 그것이 진정한 친밀함이 아닐까.

⑤ 나를 단단하게 하는 '관계 루틴'

누군가와 잘 지내고 싶다는 마음은 결국 나를 잘 돌보고 싶다는 마음과 같다. 관계를 지킨다는 건 화해의 기술이나 대화의 센스보다, 하루를 어떻게 살아내느냐의 문제일 때가 많다.

현주(간호사)는 늘 바쁜 병원 생활 속에서도 "좋아요. 상관없어요."를 입에 달고 살았다. 환자와 보호자, 동료들 사이에서 감정이 휘몰려도 표정 하나 흐트러지지 않았다. 그러나 집으로 돌아오는 길엔 이유 없는 피로와 공허함이 밀려왔다. "사람을 돕는 일인데, 왜 이렇게 마음이 메말라 가는지 모르겠어요." 그녀는 상담에서 그렇게 털어놓았다. 상담자는 그녀에게 '하루의 마음 기록'을 제안했다. "오늘 나를 가장 힘들게 했던 순간은 언제였나요?", "오늘 내가 고마움을 느낀 사람은 누구였나요?" 이 두 가지 질문을 매일 자기 전 5분 동안 적어보기로 했다. 처음 며칠은 '시간 낭비 같다.'는 생각이 들었지만, 일주일쯤 지나자 작은 변화가 찾아왔다. "적다 보니까, 제가 하루 종일 참았던 감정이 보였어요. 그리고 고마운 사람도 떠올라서 마음이 조금 따뜻해지더라고요." 현주는 점점 자신의 감정에 이름을 붙이는 법을 배웠고, 그 덕분에 타인의 말에도 덜 예민해졌다. 어느 날, 그녀는 한 동료의 투정 섞인 말을 듣고도 예전처럼 무너지지 않았다. '오늘 나는 최선을 다했어. 그 사람의 기분은 나의 책임이 아니야.' 그렇게 마음속으로 자신을 다독였다. 이제 현주는 하루의 끝에서 자신에게 묻는다. "오늘 나는 내 마음을 어떻게 돌봤을까?"

나를 돌보는 습관이 관계를 살린다

누군가와의 거리감에 마음이 흔들릴 때마다 나는 내 일상의 루틴을 떠올린다. 거창한 다짐보다 더 중요한 건, 작은 습관 하나다. 하루의 끝에 조용히 나 자신에게 묻는 일. '오늘 나는 어떤 마음으로 사람들을 대했을까?' 그 질문 하나가 나를 단단하게 만든다. 하루를 돌아보는 그 순간, 마음속에 남은 작은 불편함이나 미안함이 조용히 모양을 드러낸다. 어쩌면 관계의 회복은 그때 이미 시작되는지도 모른다. 건강한 관계는 거창한 이벤트나 희생에서 자라지 않는다. 매일 아침 일어나 마시는 물 한 잔처럼, 당연하고 꾸준한 마음의 습관 속에서 피어난다. 관계가 무너질 때를 떠올려보면 그건 언제나 커다란 사건 때문이 아니었다. 사소한 오해, 잠깐의 무심함, 하루의 피로 속에서 건넨 말 한마디가 천천히 틈을 만들었다. 그래서 관계를 지킨다는 건 누군가를 바꾸는 일이 아니라, 내가 나의 마음을 잃지 않는 일이다.

나는 하루에 한 번, '마음 점검표'를 꺼내듯 나 자신에게 묻는다. 오늘 어떤 순간에 서운했는지, 누구의 말에 마음이 조금 흔들렸는지. 감정을 억누르지 않고 바라보는 그 습관이 결국 나를 단단하게 만든다. '괜찮아.'라는 말로 덮어버리면 그 감정은 사라지지 않고 마음속 어딘가에 남는다. 하지만 '오늘은 조금 서운했어.'라고 솔직히 인정하는 순간, 감정은 나를 괴롭히는 적이 아니라 나를 이해하게 하는 스승이 된다.

건강한 관계의 첫걸음은 내 감정에 솔직해지는 일에서 시작된다. 나에게 진실할 때, 비로소 타인에게도 부드러워질 수 있다. 공감은 타인의 감정을 대신 느끼는 것이 아니라, 나의 감정을 정직하게 바라보는 데서 자란다. 내가 내 마음의 움직임을 알아차릴 때, 누군가의 슬픔이나 서운함에도 자연스럽게 온도가 맞춰진다. 그리고 나는 배워간다. 과거에 얽매이거나 오지 않은 미래를 걱정하기보다, 지금 여기에 머무는 법을, 누군가와 마주 앉아 있을 때 내 마음이 온전히 그 자리에 있을 수 있도록 나를 단련시키는 법을, 그게 나를 지키는 루틴이다.

관계 속에서 단단히 서 있으려면 확고한 자기돌봄이 필요하다. 건강한 관계의 뿌리는 결국 '나'이기 때문이다. 충분한 수면, 규칙적인 운동, 하루의 한순간이라도 모든 것을 멈추고 숨을 고르는 시간. 그 시간이 쌓여 마음의 중심을 잡아준다. 나는 가끔 아무 말도 하지 않고 앉아서 명상을 한다. 그저 숨을 들이쉬고 내쉰다. 만약 당신도 오늘 하루가 조금 버거웠다면, 이 방법을 함께 해보면 좋겠다.

먼저 등을 곧게 세우고, 어깨의 긴장을 천천히 풀어낸다. 눈을 살짝 감은 채 코로 천천히 숨을 들이마시고, 입으로 길게 내쉰다. 들숨마다 신선한 공기가 몸 안으로 스며드는 걸 느끼고, 날숨마다 마음속 불필요한 생각이 천천히 빠져나간다고 상상한다. 그렇게 몇 번의 호흡을 반복하다 보면, 마음이 서서히 잔잔해진다. 지금 이 순간, 해야 할 일도, 후회도, 걱정도 잠시 내려놓는다. 오직 숨만 들이쉬고 내쉬는 그 단순한 리듬에 집중한다. '지금, 나는 숨 쉬고 있다'

는 그 사실 하나가 마음을 현재로 데려온다. 불안은 과거와 미래 사이에서 생기지만, 평온은 언제나 '지금 이곳'에 있다.

5분쯤 지나면 머릿속의 복잡한 생각이 서서히 흩어지고, 온몸에 따뜻한 기운이 퍼진다. 그 짧은 시간 동안 나는 아무것도 하지 않아도 괜찮다는 사실을 새삼 느낀다. 하루에 단 몇 분이라도 이렇게 나에게 돌아오는 시간을 만들면, 마음의 중심이 조금씩 단단해진다. 나는 매일의 반복 속에서 마음을 확인하고, 지친 하루를 다독이며, 내일의 나에게 조금 더 따뜻해지려 애쓴다. 그렇게 작은 습관을 이어가며 나는 단단해지고, 그 단단함이 내 곁의 관계를 오래 지켜준다.

감사로 하루를 닦아내는 시간

나에게는 마음의 근육을 천천히 단단하게 만들어 주는 작은 루틴이 있다. 하루가 저물면 조용히 책상 앞에 앉아 감사 노트를 펴는 일이다. 처음엔 그저 하루를 정리하려는 가벼운 습관이었지만, 시간이 흐를수록 내 마음을 붙잡아주는 하나의 의식이 되었다.

십여 년 전, 아이가 갑작스러운 질병으로 생사의 기로에 섰던 적이 있었다. 세상이 한순간에 기울어지는 것 같았고, 엄마로서 느끼는 무력감이 깊은 어둠처럼 밀려왔다. '어쩌다 이렇게 되었을까!' 하는 자책과 두려움 속에서 하루를 견디는 일조차 버거웠다. 그때 나는 마음속으로 조용히 다짐했다. 원망을 붙들기보다, 지금 여기에 남아 있는 것들을 하나씩 바라보자! 감사할 것이 잘 보이지 않던 시절이었다. 그래도 억지로라도 이유를 찾아 적어 내려갔다. 아이가 아직 내 옆에 있다는 사실, 치료받을 수 있는 환경이 마련되어 있다는 점, 옆에서 함께 걱정해 주는 사람들이 있다는 것…… 소소하고 평범한 것들이었다. 그런데 그 일상적인 것들을 한 줄씩 적다 보면, 마음 깊은 곳에서 설명하기 어려운 평온이 조금씩 올라왔다. 세상이 여전히 불안정했지만, 그 순간만큼은 내가 흔들리지 않는 중심을 다시 찾은 기분이었다. 그때부터 나는 매일 저녁, 하루를 감사로 마무리하고 있다. 감사 노트를 펼치는 시간은 마음을 천천히 정돈하는 조용한 의식이다. 분주한 하루 속에서 흘려보낸 감정들, 말하지 못하고 고였던 서운함, 마음 어딘가에 쌓였던 작은 피로들이 종이 위에서 하나둘 자리 잡는다. 그리고 그렇게 마음을 다듬고 나면, 하루의 무게가 조금은 부드럽게 내려앉고, 내 마음도 다시 단단해진다.

'오늘은 무척 힘들었지만 잘 버텼어.'
'마음이 불안했지만 그래도 웃으려 했구나!'

그렇게 감사를 적다 보면, 어느새 내 마음이 조용히 나에게 말을 건넨다. 물론 감사의 이유를 억지로 찾아야 하는 날도 있다. 불안이 길게 따라붙은 하루였거나, 마음이 크게 무너진 날이라면 감사라는 단어가 쉬이 떠오르지 않는다. 그럴 때 나는 아주 작은 것부터 시작한다.

'오늘 아침 커피가 따뜻해서 참 좋았어!'
'비가 쏟아지는데 아이가 무사히 집에 도착했다.'
'오늘 하루도 숨을 쉬며 버텼다.'

그렇게 사소한 문장들이 쌓여서 마음을 다시 세운다. 감사를 적는다는 건 결국 나 자신에게 말을 거는 일이다.

"오늘도 잘했어."
"수고했어."
"힘든 하루를 견뎌줘서 고마워."

이 문장들을 적을 때마다 내 안의 '나'가 조금씩 고개를 들고, '오늘 지금 이 시간이 허락된 것에 감사하고, 직장을 주셔서 일할 수 있고, 필요한 사람을 만날 수 있음에 감사하구나!'라며 내가 나를 다독여줄 수 있음을 배워간다. 그건 내면의 나 자신에게 건네는 가장 따뜻한 안부다. 감사 노트를 쓴다고 해서 삶의 문제가 사라지지는 않는다. 하지만 마음의 중심이 조금은 단단해진다. 감정의 파도에 흔들리던 내가, 그 노트를 쓰는 동안에는 잠시 숨을 고를 수 있게 된다. 감사라는 단어가 나를 억지로 긍정하게 만들지는 않는다. 그보다는 세상의 어두운 면을 그대로 인정하면서도, 그 안에서 여전히 반짝이는 조각 하나를 찾아내게 만든다.

⑥ 관계를 통해 나답게, 너답게 살아가기

관계는 언제나 나와 타인의 경계선 위에서 흔들린다. 어떤 날은 그 경계가 흐려져서, 나의 감정보다 상대의 기분을 먼저 살피며 하루를 버티기도 한다.

지안은 연인과의 관계에서 늘 '맞춰주는 사람'이었다. 작은 의견 충돌이 생겨도 "괜찮아, 네가 하고 싶은 대로 해."라며 양보했고, 그럴수록 연인은 더욱 결정권을 쥐게 되었다. 언젠가부터 그는 "넌 왜 늘 내 눈치만 봐?"라며 지안을 답답해했다. 지안은 혼란스러웠다. '나는 그 사람을 위해 참았는데, 왜 그런 내 마음을 모르는 걸까?' 그녀는 '좋은 관계는 갈등이 없는 관계'라고 믿고 있었다. 그러나 상담자는 "좋은 관계는 서로의 차이를 견디는 힘에서 자란다."고 말했다. 그 말은 지안의 마음에 오래 남았다. 그녀는 처음으로 '맞춰주는 사랑'이 아니라 '함께 자라는 사랑'을 고민하기 시작했다. 그 후 연인에게 솔직하게 말했다. "나는 네가 좋아서 많이 맞춰왔는데, 이제는 나도 내 의견을 말하고 싶어. 그게 우리 관계를 더 건강하게 만들 거 같아." 그 말을 들은 연인은 잠시 놀란 듯했지만, 이내 웃으며 고개를 끄덕였다. "그래, 나도 그런 네 모습이 궁금했어." 그날 이후, 둘은 완벽하게 닮으려 하지 않았다. 대신 서로의 다름을 배우고, 존중하며 성장해 갔다. 관계는 나를 잃지 않으면서도 너에게 닿아가는 일, 결국 '너를 위해 나를 버리는 일'이 아니라 '너와 함께 나로 살아가는 일'이다.

나의 중심을 세우며 관계 속에 서다

'좋은 사람'이라는 말이 듣고 싶어서, '나쁜 사람'이 되기 싫어서, 나도 모르게 마음을 접어두고 미소로 덮는다. 하지만 그 미소 속에서 자꾸 무너지는 건 결국 나 자신이었다. 때로는 불편한 솔직함이, 때로는 잠시의 거리감이 오히려 관계를 지속하게 만든다. 나는 하루의 끝에서 조용히 나에게 말을 걸어본다.

'오늘 나는 어떤 표정으로 사람들을 대했을까?'
'그때 느낀 불편함은 상대 때문이었을까?, 내 마음의 피로감 때문이었을까?'

이런 질문들이 나를 내 중심으로 데려온다. 감정을 억누르지 않고 바라볼 때, 마음의 방향이 조금씩 바로 선다. 누군가에게 휘둘리지 않는다는 건 차가운 거리를 두는 게 아니다. 오히려 내 안이 단단해야, 상대의 감정에도 부드럽게 닿을 수 있다. 내 중심을 세운다는 건 벽을 세우는 게 아니라, 내가 설 자리를 잃지 않도록 마음의 뿌리를 내리는 일이다. 결국 관계는 기술이 아니라 태도다. 어떻게 말하느냐보다 어떤 마음으로 마주 서느냐가 중요하다. 오늘 하루의 대화 속에서 내가 조금 덜 흔들리고, 조금 더 나답게 설 수 있다면, 그게 바로 관계 안에서 단단히 서 있다는 증거일 것이다.

나와 너, 경계 위에서 존중을 배우다

"엄마, 또 내 방 치웠어요? 제발 제 허락 없이 치우지 좀 마요. 엄마가 자꾸 치우는 바람에 제가 뭘 찾을 수가 없잖아요!"

어느 날이었다. 학교에서 돌아온 아이가 방문을 열자마자 소리를 높였다. 아이의 말투가 날카롭게 들려 순간 마음이 움찔했다. 때마침 옆에서 듣고 있던 아빠가 "엄마가 청소해 주면 고맙다고 해야지, 어디 엄마한테 소리를 지르냐?" 하고 한마디를 보탰다. 그 말은 나를 생각해서 한 것이었겠지만, 오히려 상황이 더 불편하게 느껴졌다. 사실 나는 아이의 허락도 없이 방을 치우긴 했다. 지저분해 보이는 공간이 눈에 걸려 '이 정도는 도와줘도 되겠지!' 하는 마음으로 정리해 놓았을 뿐이었다. 그런데 아이의 반응을 듣고 있자니 조금 섭섭했다. 고마워하길 바라서 그런 건 아니었지만, 나름 애쓴 마음이 무시당한 것처럼 느껴졌기 때문이다. 그날 밤, 감사 노트를 쓰다 보니 그 장면이 다시 떠올랐다. 아이의 화는 어쩌면 '내 공간을 지켜달라.'는 마음의 표현이었을지도 모른다. 나는 돌봄의 마음으로 한 행동이었지만, 아이에게는 자신의 영역이 침범당한 느낌이었을 것이다. 그렇게 생각하니 낮에 느꼈던 섭섭함이 조금은 풀렸다.

가까워질수록 선을 넘는다. 좋아하는 마음이 깊어질수록 상대의 생각을 바꾸고 싶은 유혹이 생기고, 이해하고 싶은 마음이 어느새 통제하려는 마음으로 바뀔 때가 있다. 사랑이라는 이름을 내세

웠지만, 사실은 서로의 마음 안으로 너무 깊숙이 들어가고 싶었던 건지도 모른다. 그러나 어느 순간 깨닫게 된다. 너무 가까이 다가가면 결국 서로의 숨이 차오른다는 것을. 관계의 온도를 적당히 유지한다는 건 생각보다 어렵다. 너무 멀면 마음이 식고, 너무 가까우면 마음이 상하는 법이니까. 그 사이 어딘가, 서로의 온기는 느끼되 각자의 숨을 지킬 수 있는 미묘한 거리가 필요하다. 진짜 존중은 상대를 멀리 두는 것이 아니라, 그 사람이 자신만의 속도로 숨 쉴 수 있도록 공간을 내어주는 일이다. 비워둔 간격이 오히려 관계를 오래 숨 쉬게 만든다. 이 마음의 원리를 나는 아이를 통해 다시 배웠다.

어느 날, 내가 아이에게 조심스레 물었다.

"청소년부에서 교사로 섬겨달라는데…… 엄마가 해도 괜찮을까?"
"엄마는…… 공든 탑 무너뜨리기 선수야."

아이의 대답은 예상 밖이었다. 순간 무슨 뜻인지 몰라 눈을 크게 뜨자, 아이는 조금 장난스럽지만 솔직하게 말을 이어갔다.

"엄마는 9번쯤 꾹꾹 참다가, 10번째에 확 터져서 폭풍 잔소리를 쏟아내잖아요. 애들한테는 그거 하나만 조심하면 돼요."

그 말이 농담처럼 들리면서도 어딘가 따끔했다. 나는 그동안 괜찮은 척, 아무렇지 않은 척 참는 습관이 있었다. 마음을 솔직하게 말하는 일이 어렵다 보니, 내 감정을 흘려보내지 못하고 가만히 쌓아두었다가 결국 사소한 계기에 한꺼번에 터지곤 했다. 그러다 보니 아이와 잘 지내고 싶다는 내 진심과는 달리, 결국 내가 참아온 말들이 봇물 터지듯 쏟아지는 순간 아이의 마음을 닫아버리는 일이 반복되었다. 아이의 말은 서운하기보다 정확했다. 사랑하는 마음이 클수록 더 잘하고 싶다는 마음이 앞섰고, 그 마음이 쌓일수록 오히려 경계를 잃은 채 강하게 표출되곤 했다. 타인과의 관계에서도, 그리고 아이와의 관계에서도, 결국 가장 먼저 배워야 할 경계는 '내 감정을 적절히 나누는 일'이다.

나는 타인에게 내 생각을 이야기하며 도움을 청하는 것이 힘들다. 그렇다 보니 괜찮은 척 참는 것이 습관이 되었다. 그러다 결국 사소한 것에서 폭발하게 되는 것이다. 결국 아이와 잘 지내고 싶은 내 마음과는 달리 참고 참았던 잔소리가 봇물 터지듯 터져 나오는 순간 아이의 마음을 닫아버리게 했다. 예전엔 '싫다.'는 말을 어려워했다. 누군가의 부탁을 거절하면 관계가 깨질까 봐, 늘 웃으며 괜찮다고 했다. 하지만 그 웃음 뒤에는 피로가 쌓였고, 그 피로는 결국 서운함이 되어 관계를 무겁게 만들었다. 하지만 이제는 안다. 정중하게 '아니요.'라고 말하는 단호함은 벽이 아니라 다리라는 것을. 내가 나를 존중하여 정당한 경계를 지킬 때, 상대 또한 그 경계를 넘어오지 않고 나를 존중하게 된다. 자기 존중은 관계 성장의 첫 번째 디딤돌이다. 너는 나와 다르게 생각할 수 있고, 나 또한 너처럼 느끼지 않을 수 있다. 하지만 그 다름 속에서도 이어지는 연결이 있다. 바로 '너는 너대로, 나는 나대로 괜찮다.'는 문장이다. 그 문장이 관계의 바닥에 깔려 있을 때, 우리는 서로를 고치려 하지 않고 이해하려 한다.

이제 누군가를 내 기준에 맞추려 하지 않는다. 대신 그 사람이 살아온 방식, 말투, 속도, 마음의 결을 존중하려 한다. 그 안에서 불편함이 생길 때마다 되묻는다. '이건 내 문제일까, 아니면 그 사람의 방식일까.' 그 질문 하나가 관계를 더 오래가게 한다.

함께 성장하는 삶, 나답게 그리고 너답게

성숙한 관계의 궁극은 함께 성장하는 삶에 있다. 그것은 서로를 닮아가는 일도, 똑같이 맞춰가는 일도 아니다. 각자의 자리에서 충실히 살아내며, 그 과정과 변화를 함께 나누는 일이다. 너는 너의 속도로 성장하고, 나는 나의 방향으로 걸어가지만, 그 길의 중간에서 우리는 서로의 삶을 비춰본다. 내가 단단해질수록 너는 나에게서 안정감을 얻고, 네가 깊어질수록 나는 그 너머의 가능성을 배운다. 관계는 그렇게 서로의 거울이 되어, 조금 더 나은 사람으로 이끌어주는 힘이 된다. 관계는 서로의 부족함을 메우기 위해 매달리는 의존이 아니다. 오히려 각자의 온전함으로 만나서, 그 온전함이 맞닿을 때 비로소 새로운 에너지가 태어난다. 내가 나로 존재하고, 너도 너로 존재할 수 있을 때, 그 사이에는 억지로 꾸미지 않아도 되는 편안함이 흐른다. 좋은 관계는 내가 나를 잃지 않아도 함께 할 수 있는 관계다. '너를 위해 나를 버리는 일'이 아니라, '너와 함께 나로 살아가는 일'이기 때문이다.

때로는 서로의 삶이 다르게 흘러가도 괜찮다. 그 다름이 관계를 멀어지게 하는 게 아니라, 각자의 세계를 더 풍성하게 만드는 밑거름이 되기 때문이다. 함께 성장하는 관계는 경쟁이 아니라 영감의 관계다. 네가 빛나면 나도 더 나은 빛을 내고 싶어지고, 내가 성장하면 너도 함께 기뻐한다. 그렇게 서로의 성장을 응원하며 살아가는 일, 그것이야말로 성숙한 관계의 완성 아닐까? 함께 걷는다는 건 발을 맞추는 일이 아니라, 서로의 리듬을 알아가는 일이다. 어떤 날은 내가 조금 느리게 걷고, 또 어떤 날은 네가 앞서간다. 하지만 속도가 달라도 괜찮다. 중요한 건 우리가 같은 방향을 바라보고 있다는 사실이다. 서로의 걸음을 재촉하지 않고, 각자의 호흡을 존중하며 걸어가는 그 길 위에서 관계는 조금씩 자라난다. 좋은 관계란 함께 있으면서도 각자의 삶을 살아낼 수 있는 여백을 가진 사이 아닐까? 나는 너의 그림자 속에 숨지 않고, 너 또한 내 울타리 안에 갇히지 않는다. 다만 각자의 세계를 지키며, 그 사이의 공간에서 서로를 비춘다. 그러다 문득 고개를 들어 보면, 우리는 어느새 같은 풍경을 보고 있다.

나는 나로, 너는 너로 존재하면서…

한국형 감정노동평가도구:K-ELS 11(Korean Emotional Labor Scale)

다음 설문은 귀하의 감정노동 수준을 평가하기 위한 것입니다.
현재 업무 수행 상황을 토대로 가장 가까운 곳에 V 표시하세요.
(1점–전혀 그렇지 않다, 2점–그렇지 않다, 3점–그렇다, 4점–매우 그렇다)

		문항 내용	전혀 그렇지 않다	그렇지 않다	그렇다	매우 그렇다
감정규제	1	고객을 대할 때 회사의 지침이나 요구대로 감정표현을 할 수밖에 없다.				
	2	업무상 고객을 대하는 과정에서 나의 솔직한 감정을 숨긴다.				
감정부조화	3	나의 능력이나 권한 밖의 일을 요구하는 고객을 상대해야 한다.				
	4	고객을 응대할 때 나의 감정도 함께 팔고 있다고 느껴진다.				
	5	고객을 대하는 과정에서 마음의 상처를 받는다.				
조직모니터링	6	직장이 요구하는 대로 고객에게 잘 응대하는지 감시를 당한다(CCTV 등).				
	7	고객 응대에 문제가 발생했을 때, 나의 잘못이 아닌데도 직장으로부터 부당한 처우를 받는다.				
감정노동 보호체계	8	고객 응대 과정에서 발생한 문제를 해결하고 도와주는 직장 내의 공식적인 제도와 절차가 있다.				
	9	직장 내에 고객 응대 과정에서 문제(악성 고객 응대 등)가 발생했을 때 대처할 수 있는 행동지침이나 매뉴얼이 마련되어 있다.				
	10	고객 응대 행동 지침이나 매뉴얼은 나를 보호하는 데 도움이 된다.				
	11	고객의 요구를 해결해 줄 수 있는 권한이나 자율성이 나에게 주어져 있다.				

* 감정노동 보호체계(8,9,10,11문항)는 역점수로 계산

한국형 감정노동평가도구(K-ELS 11)의 성별 참고치

구분	성별	정상	위험
감정규제	남자	2~5	6~8
감정규제	여자	2~6	7~8
감정부조화	남자	3~6	7~12
감정부조화	여자	3~7	8~12
조직모니터링	남자	2~4	5~8
조직모니터링	여자	2~5	6~8
감정노동 보호체계	남자	4~8	9~16
감정노동 보호체계	여자	4~8	9~16

* 출처: 한국산업안전보건공단(2021). 고객응대 근로자의 감정노동 평가 지침

성인 애착에 대한 질문지

다음 문항은 정서적으로 친밀한 관계에서 경험하는 느낌에 관한 것입니다.
(1점-전혀 그렇지 않다, 2점-거의 그렇지 않다, 3점-약간 그렇지 않다, 4점-보통이다, 5점-약간 그렇다, 6점-거의 그렇다, 7점-매우 그렇다)

	문항	1	2	3	4	5	6	7
1	다른 사람들과 지나치게 가까워지는 것을 원치 않는 편이다.							
2	때때로 다른 사람들은 분명한 이유 없이 나에 대한 그들의 감정을 바꾸곤 한다.							
3	다른 사람들과 가까워지는 것은 비교적 쉽다.							
4	다른 사람들이 내게 가까워지려고 하면 불편하다.							
5	다른 사람들에게 모든 것을 다 이야기한다.							
6	다른 사람들은 내가 화가 나 있을 때만 나에게 주목하는 것 같다.							
7	다른 사람들은 나와 내 욕구를 잘 이해한다.							
8	버림받을까 봐 걱정하는 일은 별로 없다.							
9	다른 사람들과 여러 가지에 대해 의논한다.							
10	내가 다른 사람들에게 관심을 갖는 것만큼 그들이 내게 관심을 가져주지 않을까 봐 걱정한다.							
11	다른 사람들에게 내 마음속 깊은 감정을 드러내는 것을 원치 않는 편이다.							
12	다른 사람들의 기대에 못 미칠까 봐 걱정된다.							
13	다른 사람들이 내가 얻고자 하는 애정과 지지를 보내주지 않을 때는 화가 난다.							
14	내가 다른 사람들에게 호감을 표현했을 때 그들이 나에 대해 같은 감정이 아닐까 봐 걱정된다.							

15	다른 사람들이 나를 진심으로 사랑하지 않을까 봐 자주 걱정한다.							
16	다른 사람들에게 속내를 털어놓는 것이 편하지 않다.							
17	다른 사람들은 내가 내 자신에 대해서 회의를 하게 만든다.							
18	필요할 때 다른 사람들에게 의지하는 것은 도움이 된다.							
19	다른 사람들을 의지하는 것이 어렵다.							
20	내가 다른 사람들에게 갖는 호감만큼 그들도 내게 강한 호감을 가지기를 자주 원한다.							
21	다른 사람들과의 대인관계에 대해 걱정이 많다.							
22	사람들과 매우 가까워지고 싶은 나의 욕구 때문에 사람들이 내게서 멀어지기도 한다.							
23	다른 사람들이 나를 떠날까 봐 걱정하는 일은 거의 없다.							
24	다른 사람들은 내가 바라는 만큼 나와 가까워지려고 하지 않는다.							
25	다른 사람들이 잠시 떠나 있으면 그들이 나 아닌 누군가에게 관심을 갖게 될까 봐 걱정한다.							
26	다른 사람들의 사랑을 잃을까 봐 두렵다.							
27	다른 사람들과 가깝게 지내는 것이 매우 편하다.							
28	다른 사람들에게 다정하게 대하는 것은 쉬운 일이다.							
29	다른 사람들에게 의지하는 것이 편하게 느껴진다.							
30	다른 사람들에게 의지하는 것은 쉬운 일이다.							
31	다른 사람들이 나와 함께 있기를 원하지 않을까 봐 자주 걱정한다.							
32	다른 사람들과 가까워지는 것은 어렵지 않다.							
33	내 문제나 걱정거리를 보통 다른 사람들과 의논한다.							
34	사적인 생각과 감정을 다른 사람들과 나누는 것에 대해 편안하게 느낀다.							

| 35 | 다른 사람들이 내게 너무 가까워지려고 하면 불안하다. | | | | | | | |
| 36 | 일단 다른 사람들이 나에 대해 알게 되면 그들이 있는 그 대로의 내 모습을 좋아하지 않을까 봐 두렵다. | | | | | | | |

회피요소:문항(1,3*,4,5*,7*,9*,11,16,18*,19,27*,28*,29*,30*,32*,33*,34*,35) *표시 문항은 역채점

불안요소:문항(2,6,8*,10,12,13,14,15,17,20,21,22,23*,24,25,26,31,36) *표시 문항은 역채점

→ 점수가 높을수록 불안, 회피애착의 수준이 높다는 것을 의미한다.

*출처: 김성현(2004)의 번안·타당화한

"친밀관계 경험 척도 개정판(Experiences in Close Relationships Scale–R: ECR–R)"

눈치 척도

다음은 주변 사람들과의 관계에서 흔히 일어날 수 있는 느낌이나 행동들을 나열한 것입니다.
각 문항들을 잘 읽고 자신의 모습을 가장 잘 나타낸 곳에 V표 해 주세요.

문 항	전혀 그렇지 않다	그렇지 않다	보통 이다	그렇다	매우 그렇다
1. 다른 사람과 대화할 때 상대방의 의도를 빨리 알아차릴 수 있다.	1	2	3	4	5
2. 상대방의 의도를 잘 파악한다.	1	2	3	4	5
3. 다른 사람이 돌려 이야기하더라도 그 의미를 잘 파악한다.	1	2	3	4	5
4. 상대방이 무엇을 원하는지 빨리 파악하는 편이다.	1	2	3	4	5
5. 상대방의 기분이나 감정을 빨리 파악하는 편이다.	1	2	3	4	5
6. 무언가 필요한 상황이면 먼저 알아차린다.	1	2	3	4	5
7. 다른 사람이 이야기하려는 요지를 잘 파악한다.	1	2	3	4	5
8. 말할 때 주위의 상황과 상대방의 입장을 고려해서 말한다.	1	2	3	4	5
9. 남을 배려한다.	1	2	3	4	5
10. 상대방의 기분을 고려하여 적절한 말을 하거나 행동을 한다.	1	2	3	4	5
11. 다른 사람이 처한 상황이나 기분을 파악하여 상대에게 필요한 것을 해 준다.	1	2	3	4	5
12. 다른 사람을 불편하게 하지 않는다.	1	2	3	4	5

* 1~7번 눈치 파악, 8~12번 눈치 행동
점수가 높을수록 눈치 파악을 잘하고, 눈치 행동을 많이 하는 것이다.

◎ 노성현

☐ 소개

1. 새숨심리상담센터 대표

2. J.S 갤러리 관장

3. 상담학 박사(가족상담 전공)

♥ 품은 마음 : 예쁜 눈, 예쁜 마음으로, 예쁜 것만 바라보며 살아갈 수 있기를 …….

메일: nsh—0827@hanmail.net

◎ 고혜인

□ **소개**

1. 교육학(상담심리전공) 석·박사/ 교육학·특수교육 학사

2. 사단법인 제주국제명상센터(한국상담학회 교육연수기관) 상담교육원장
   제주대학교 교육대학원 교육학과 강사
   한국상담학회 지역학회 제주상담학회 12대 회장

3. 임상심리사 1급, 청소년상담사 1급 외

4. 주요경력 : 정신건강의학과 임상심리사, 초록우산 어린이재단 제주특별
   자치도 아동보호전문기관 임상심리치료사, 특수학교 및 통합
   학급 특수교사 등

5. 대외활동 : 제주대학교 학생상담센터 객원상담원, 대법원 법원행정처 아
   동 관련 전문가, 제주지방법원 가사상담위원 및 자문위원, 제
   주특별자치도교육청 학교안전공제회 자문위원 등

6. 종합심리평가, 개인 및 집단상담, 교육 및 특강, 자문, 연구 및 저술 활동 등

♥ 품은 마음: 사람과 사람 사이에도 틈이 필요하다. 삶의 복잡한 감정 속에
   서도 다시 회복할 수 있는 사람들의 가능성을 믿으며, 상담과
   글쓰기를 통해 사람의 내면에 숨은 빛을 발견하고자 한다.

메일: thedoor_kr@naver.com

◎ 이지연

☐ 소개

1. 교육학 박사

2. 한국상담심리학회 상담심리사 1급, 주수퍼바이저

   임상심리사 1급, 청소년상담사 1급, 청소년지도사 1급

3. 한양대학교 미래인재교육원 겸임교수

   숭실대학교 글로벌미래교육원 심리학 전공 지도교수

   여기스터디 청소년학 전공 운영교수

4. 서울경찰청 위촉 범죄피해평가전문가

   식품의약품안전처 인증 마약류 예방 및 재활 전문인력

5. 전) 육군본부 군사경찰실 위촉 범죄피해평가전문가

   전) 의정부지방법원 가사상담위원

6. 기타 활동: 개인상담, 심리검사, 수퍼비전, 예방교육, 청소년 기관 자문,
   연구·저술 등

7. 공저: [군 상담 이론과 실제], [내 마음에 바람이 분다], [오늘도 운동 완료], [나는 너를 좋아해 그대로의 너를, 그대로의 나를], [담에 기대어 마음을 쓰다] 외

♥ 품은 마음: 내가 할 수 있을 만큼만, 애쓰고 살아가길 소망합니다.

메일: verangel@nate.com

◎ 정난숙

■ 소개

1. 교육학 박사(상담심리전공)

2. 한국상담학회 전문상담사 1급, 주수퍼바이저

   전문상담교사 1급

3. 한국비폭력대화교육원 강사

4. 전) 동명대학교 학생상담센터 상담교수

   전) Wee센터 및 Wee클래스 전문상담교사

   현) 부산교육활동보호센터 외부상담사

   현) 인하대학교 외래교수

5. 기타 활동: 개인상담, 집단상담, 수퍼비전, 아동청소년교육, 갈등중재, 강

   의 등

♥ 품은 마음: 사랑합니다. 사랑하며 살겠습니다.

메일: nansukj@hanmail.net

◎ **박영현**

🔲 소개

1. 심리학 박사(임상 및 상담심리 전공)

2. 덕성여대 심리학과 겸임교수

3. 한신대학교 심리·아동학부 외래교수

4. 온(on):곁 심리상담연구소 소장

5. 한국상담심리학회 상담심리사 1급, 주수퍼바이저, 청소년상담사 1급, 가족상담사 2급, 에니어그램 일반강사
   국제공인 이마고 부부치료전문가

7. 기타 활동: 개인상담, 집단상담, 부부 및 가족상담, 인간중심상담, 포커싱 체험심리치료, 수퍼비전, 강의·연구·저술 등

♥ 품은 마음: 따뜻함을 나누고 연결감을 느끼며 더불어 사는 삶을 살아가기를...

메일: zeroyh@hanmail.net

◎ 권민성

☐ **소개**

1. 현직 전문상담교사

2. 교육학 박사(상담심리 전공)

3. 전문상담교사 1급, 도덕·윤리 정교사 2급

   청소년상담사 2급, 사회복지사 1급, 임상심리사 2급

   상담심리사 2급(한국상담심리학회), 전문상담사 2급(한국상담학회)

   MBTI 일반강사, 에니어그램 일반강사 등

4. 부모교육, 교사 연수, 개인상담, 가족상담, 집단상담, 강의·연구·저술 등

♥ 품은 마음: 나와 너, 그리고 우리가 어우러져 더불어 숲을 이루는 삶을 꿈
      꿉니다.

메일: soop2018@korea.kr

◎ 최꽃닢

☐ **소개**

1. 심리학 박사 수료

2. 울산 가정법원 면접교섭 상담위원

3. 한국 상담학회 전문상담사 1급, 청소년 상담사 2급

4. 개인상담, 부부상담, 집단상담, 저술활동 등

♥ 품은 마음: 바람이 지나간 자리에 향기가 남듯, 따뜻한 품은 오랫동안 마음을 데운다.

메일: lovenip813@naver.com

◎ 전희원

□ **소개**

1. 나아감 심리상담센터 대표 naagam.com

2. 심리치료학 석사(여성 및 성심리치료전공)

3. 한국상담심리학회 상담심리사 1급, 수퍼바이저

   한국임상심리학회 임상심리전문가, 수퍼바이저

   한국상담심리학회 성상담연구회 홍보위원

   청소년 상담사 2급, 한국산업인력관리공단 임상심리사 1급, MBTI 전문강사

4. 다리꿈심리상담센터 전문상담사

5. 전) 파크심리상담센터 수석상담사, 원장

   전) 인하대학교 학생상담실 위기개입 시간제 상담사

   전) 포스코인터내셔널 송도 휴스마일 상담사

6. 개인상담(성인, 청소년), 심리평가, 집단상담, 상담자 교육 및 수퍼비전 등

♥ 품은 마음: 있는 그대로의 나를 사랑하며 한 걸음씩 함께 나아갑니다.

메일: maumband@gmail.com

◎ 김미선

☐ 소개

1. 심리학 석사(상담심리치료 전공)

2. 한국상담심리학회 상담심리사 1급

   한국상담학회 전문상담사 1급

   임상심리사 1급

   Somatic Experiencing®(SE) 기초 수료

   Prepare-Enrich 국제공인 커플/부부 상담사

   여성가족부 인증 성폭력/가정폭력 전문상담원

   에니어그램 일반강사

3. 이너스심리상담센터

4. 전) W정신건강의학과 전문상담사

   전) 호시담 전문상담사

5. 기타 활동: 개인상담, 집단상담, 심리검사, 부모교육, 트라우마 상담전문가, 공공기관 진로/스트레스 강의 등

♥ 품은 마음: 우리 안에는 이미 회복의 힘이 있다.

메일: sara509@naver.com

◎ 고종숙

☐ **소개**

1. 허그맘허그인 구리갈매센터 대표원장

2. 한국 상담심리학회 상담심리사 1급

   국제이마고 부부치료사(CIT), 한국부부상담학회 부부상담전문가 1급

   임상심리사1급, 청소년상담사2급, 아동심리상담사2급

   그림책심리지도사1급, 국제아로마테라피스트

3. 안전한대화(SC) 교육강사

4. 상담학 석사, 아동심리치료 박사과정중

5. 공저 [담에 기대어 마음을 쓰다], [나는 너를 좋아해 그대로의 너를, 그대로의 나를]

6. 개인 상담, 부부 상담, 아동청소년 상담, 양육상담, 강의 등

♥ 품은 마음: 우리는 모두 연결되어 있다.

메일: kjs7068@naver.com

◎ 김경옥

☐ 소개

1. 심리치료교육학과 석사
2. 한국상담심리학회 상담심리사 2급, 청소년상담사 2급, 임상심리사 2급,
   한국독서치료학회 독서심리상담사2급, MBTI전문강사
3. 심리상담클리닉 뜨락 전문상담사
   천개의 별 지엘연구재단 심리상담사
4. 전)아주대학교 학생상담소 인턴상담사
   전)야탑청소년수련관 전문상담사
5. 전자책 공저(그림책으로 만나는 마음풍경)
6. 개인상담, 청소년 집단 상담, 저술 활동 등

♥ 품은 마음: 삶의 고통에서 자유로워지길 바랍니다.

메일: flight737@naver.com

◎ 이혜숙

☐ 소개

1. 철학 박사(상담심리전공)

2. 서울기독대 상담심리학과 겸임교수

3. 한국상담학회 전문상담사 1급,

   한국기독교상담심리학회 전문상담사 1급, 수퍼바이저

   청소년상담사 1급, 임상심리사1급, 사회복지사 외

   한국코치협회 KAC

4. 동신시니어가족지원센터 대표

   시니어 여성의 '자율성 되살리기' 글쓰기 지도

5. ㈜연세다움상담코칭센터 전문상담사

   재난심리지원센터 상담활동가

   카리스비젼센터 EAP 전문상담사

6. 공저 [담에 기대어 마음을 쓰다], [나는 너를 좋아해 그대로의 너를, 그대로의 나를]

7. 기타 활동: 개인상담, 심리검사, 수퍼비전, 예방교육, 기업강의, 연구 등

♥ 품은 마음: 우리 안에 있는 작은 가능성들이 꽃처럼 피어나기를 바랍니다.

메일: easderlee@ hanmail.net

◎ 김지현

▢ 소개

1. 오산 공군기지 방공관제사령부 병영생활전문상담관
2. 한국상담심리학회 상담심리사 2급, 한국임상모래놀이치료학회 모래놀이
   상담사 2급

   청소년 상담사2급, MBTI 일반강사, 에니어그램 일반강사 외
3. 상담심리치료학 석사
4. 개인상담, 집단상담, 심리검사, 모래놀이상담, 예방교육 등

♥ 품은 마음: 내가 나를 따뜻한 시선으로 볼 때, 비로소 꽃이 된다.

메일: t7782000@hanmail.net

◎ 손희주

□ 소개

1. 심리학 석사(상담 및 임상심리 전공), 문학 석사(아동복지 전공)

2. 한국상담심리학회 상담심리사 2급

   임상심리사 2급, 청소년상담사 2급, 사회복지사 1급, 보육교사 1급 등

3. 현) Wee센터 전문상담사

4. 전) 서울북부지방법원 상담위원

   전) 서울시교육청 학습상담사

   전) 서울시교육청 학교보건진흥원 중독 전문상

   전) 한국직업능력개발원 커리어넷 진로상담전문가

   전) 서울대학교 산학협력지원단 동기강화 집단상담 프로그램 개발 자문위원

   전) 종합사회복지관 사회복지사(10년)

5. 기타 활동: 개인상담, 집단상담, 심리검사, 아동·청소년 교육 및 부모교
             육, 강의, 자문 등

♥ 품은 마음: 나는(너는) 있는 그대로 이미 충분하고 가치롭다.

메일: tokipool@naver.com

◎ 차정란

☐ 소개

1. 강동대학교 학생진로상담센터/대학인권센터 전문상담사

2. 생명나무심리상담센터 대표

3. 상담심리학 박사수료

4. 청소년상담사 1급

5. 전) 인천교육지원청 학습상담사

   전) 강서양천교육지원청 학교폭력전담조사관

6. 오운완 몸을 움직이면 마음도 움직인다

   전자책 출판

♥ 품은 마음: 자기성장을 통해 안정된 마음을 기르고, 그 마음으로 내담자
　　　　와 세상을 따뜻하게 품고자 합니다.

메일: kchoran@naver.com

◎ 이은진

☐ **소개**

1. 00고등학교 Wee클래스 전문상담사

2. 상담심리학 박사과정중(아동청소년상담심리전공)

3. 한국상담학회 전문상담사 2급

   한국산업인력관리공단 임상심리사 2급

4. 전) 00청소년상담복지센터 팀원

5. 오운완 몸을 움직이면 마음도 움직인다

   전자책 출판

♥ 품은 마음: 지금-여기에서, 내 몸의 감각을 알아차리며 살아가기를 ……

메일: trumpjin@naver.com

◎ 백소라

□ 소개

1. 한국상담심리학회 상담심리사 2급

2. 교육학 석사(상담심리 전공)

3. 한국코치협회 인증 전문코치(KAC)

4. 전문상담교사 1급, 초등 1급 정교사

5. 내면소통명상 지도자(1기), 한국버츄프로젝트 FC

6. 성인상담, 청소년상담, 아동상담, 가족상담, 가족상담, 부모교육

♥ 품은 마음: 오늘도 작은 친절 베풀기, 나에게 그리고 당신에게.

메일: intime100@hanmail.net

◎ 김정

☐ **소개**

1. 교육학 박사(교육 및 상담심리 전공)

2. 현) 전남대학교 교육대학원(상담심리전공) 강사

3. 전) 목포대학교 교육학과(교육학) 강사

4. 현직 전문상담교사

5. 교육청 Wee센터, 중학교 Wee클래스 전문상담교사

6. 전문상담교사 1급, 청소년상담사 1급, 임상심리사 1급

7. 한국상담심리학회 정회원, 한국교육심리학회 정회원

8. 기타 활동: 교원 직무연수, 부모교육, 강의·연구·저술 등

♥ 품은 마음: 따뜻한 시선으로, 긍휼함으로 나와 너를 만난다.

메일: jung022118@naver.com

◎ **이공주**

□ **소개**

1. 치유상담학 석사(가족상담 전공)
2. 한국상담학회 전문상담사 2급, 청소년상담사 2급, 진로상담사 1급
3. 전)순심리상담센터 상담사
4. 개인상담, 아동/청소년상담, 부모상담, 심리검사, 저술활동 등

♥ 품은 마음:'Trans Personal Power' 있는 상담사가 되길 소망합니다.

메일: juu1023@naver.com

◎ 임 려 원

□ 소개

1. 모은상담 심리연구소 공동 소장

2. 마음자람심리센터 공동 소장

3. 다움 book 출판 대표

4. 교육학 박사(상담 심리전공)

5. 한국 상담심리학회 상담심리사 1급, 주수퍼바이저

   청소년 상담사 1급, 사회복지사 1급, 임상심리사

6. 마음 드라이빙(23년 세종도서 우수도서 선정) 외

   전자책, 종이책 포함 40권 출판

7. 심리학 강의, 책 쓰기 강의, 개인 상담, 가족 상담, 집단상담, 저술활동 등

♥ 품은 마음: 이 세상 모든 사람이 작가가 되었으면 좋겠다.

메일: saim1009@hanmail.net